阅读成就思想……

Read to Achieve

黑天鹅意识

企业如何应对充满变数的未来

［瑞典］霍坎·扬肯斯加德（Håkan Jankensgård） ◎ 著

张瀚文　杨吉风 ◎ 译

The Black Swan Problem

Risk Management
Strategies for
a World of Wild Uncertainty

中国人民大学出版社
·北京·

图书在版编目（CIP）数据

黑天鹅意识：企业如何应对充满变数的未来 / （瑞典）霍坎·扬肯斯加德著；张瀚文，杨吉风译. -- 北京：中国人民大学出版社，2023.10
书名原文：The Black Swan Problem: Risk Management Strategies for a World of Wild Uncertainty
ISBN 978-7-300-32183-7

Ⅰ.①黑… Ⅱ.①霍… ②张… ③杨… Ⅲ.①企业管理－风险管理－研究 Ⅳ.①F272.35

中国国家版本馆CIP数据核字(2023)第174377号

黑天鹅意识：企业如何应对充满变数的未来
［瑞典］霍坎·扬肯斯加德（Håkan Jankensgård） 著
张瀚文　杨吉风　译
HEITIANE YISHI：QIYE RUHE YINGDUI CHONGMAN BIANSHU DE WEILAI

出版发行	中国人民大学出版社		
社　址	北京中关村大街31号	邮政编码	100080
电　话	010-62511242（总编室）	010-62511770（质管部）	
	010-82501766（邮购部）	010-62514148（门市部）	
	010-62515195（发行公司）	010-62515275（盗版举报）	
网　址	http://www.crup.com.cn		
经　销	新华书店		
印　刷	天津中印联印务有限公司		
开　本	720 mm×1000 mm　1/16	版　次	2023年10月第1版
印　张	16.5　插页1	印　次	2023年10月第1次印刷
字　数	211 000	定　价	69.00元

版权所有　　侵权必究　　印装差错　　负责调换

The Black Swan Problem
Risk Management Strategies for
a World of Wild Uncertainty

推荐序

  黑天鹅在澳洲被发现之前，欧洲人普遍认为天鹅是白色的，黑天鹅指代的是指不可能存在的事物。但当远航归来的船带回第一只黑天鹅后，这个不可动摇的信念就彻底改变了。2007年，纳西姆·尼古拉斯·塔勒布（Nassim Nicholas Taleb）的著作《黑天鹅：如何应对不可预知的未来》让黑天鹅一词风靡全球。黑天鹅事件通常被认为是低概率、难以预测并会产生重大负面影响的事件。

  但是，从长远的角度看黑天鹅事件并不鲜见。仅以21世纪为例，从"9·11"恐怖袭击到俄乌冲突，从汶川大地震到新冠疫情，黑天鹅事件总是以不同形式出现，深刻地影响着我们的社会和经济生活。

  对于一家企业来说，黑天鹅事件则往往意味着致命的打击。1953年，时任通用汽车公司总裁查尔斯·威尔逊（Charles E. Wilson）被当时的美国总统艾森豪威尔提名为国防部长候选人，他在参议院的听证会上被问到是否会做出对美国有利但对通用汽车不利的决定，威尔逊回答说不会，因为他认为不可能出现对美国有利但是对通用汽车不利的事情。

但是他万万没有想到，若干年之后，对美国有利但是对通用汽车不利的美国新能源车企业特斯拉出现了。通用汽车一直是美国工业的代表，目前新能源汽车技术革命的黑天鹅正在冲击着以通用汽车为代表的传统车企。2022 年，通用汽车的销量在全球汽车品牌中只排名第七，市值只有特斯拉的 1/15。2023 年 8 月，越南电动车 VinFast 上市后，几天内市值就超过了 2000 亿美元，是通用汽车的近 5 倍。

面对黑天鹅事件，企业是应该被动防御还是主动应对？《黑天鹅意识：企业如何应对充满变数的未来》一书为我们带来了答案。作者认为，黑天鹅级别的事件蕴含着巨大的风险，但对于具有黑天鹅意识的企业来说则是一种难得的机遇。当黑天鹅来临时积极拥抱风险，让极大的不确定性为我所用，站在时代的风口上随风起舞，也许是企业超常规发展或者转型的重要时刻。

本书对于企业经营者和创业者来说非常有益，有助于大家更好、更深入地认识风险的本质。在面对风险时，我们该如何更好地去拥抱、驯服、捕捉和驾驭黑天鹅。阅读这本书对于当下的中国企业更加具有特殊的意义。我国的经济在经历了改革开放 40 多年的高速增长之后开始进入新常态，经济周期、地缘政治、气候变化以及技术变革，使得企业比以往有更大的概率遭遇黑天鹅，这些黑天鹅事件既有可能给个别企业带来灾难，也有可能使一个产业瞬间瓦解，我们应该对此做好准备。

廖理

清华大学五道口金融学院讲席教授、博士生导师

2023 年 9 月于清华五道口

The Black Swan Problem
Risk Management Strategies for
a World of Wild Uncertainty

| 前　言 |

我首次接触黑天鹅这个概念并非源自纳西姆·尼古拉斯·塔勒布于2007年出版的那本著作。①

早在考摩托车驾照时，教练就给我灌输了相似的观念。那次我们在十字路口停车，当交通指示绿灯亮起的时候，我便启动车辆右转。教练立即要求靠边停车，责问我右转时为什么不观察左侧车况。对此他很不满。"绿灯亮了，交叉车道的车不是都停下来了吗？车辆不都是在绿灯时才能够通行？""这是你的想法，"教练大声吼道，"你能完全地信赖所有的人会遵守交通规则吗？千万不能这么想！"这句话让我恍然大悟。我对凡事的认知过于天真和自我。这很傻，因为这样的认知可能蕴含着非常大的风险，尽管发生的概率很小，却是需要足够重视的。

黑天鹅理念的深层含义并不是要让人变得谨小慎微，或是对他人缺乏

---

① 参考纳西姆·尼古拉斯·塔勒布于2007年出版的《黑天鹅：如何应对不可预知的未来》（*The Black Swan: The Impact of the Highly Probable*）一书。

应有的信任。其本质是避免将自己的所作所为建立在自我假定的基础上，认为社会上的一切应该如自己认为的模式运转。更加危险的是，我们仅凭经验与观察就勾勒出了一个有序的世界，而且根据平日的所见所闻，我们对此一直是肯定的。塔勒布的隐喻——黑天鹅——正是对这个问题的深刻讨论。人们总是想当然地认为天鹅都应该是白色的，这种认知持续了几个世纪，已然成了无可辩驳的常识，而当人们发现了澳大利亚这块新大陆，并在那里看到了黑天鹅时，他们惊讶不已。这完全颠覆了数百年来在人们脑中对天鹅的固有形象。同样有这样的可能，想当然的司机在某一路段会发现，红灯亮时对应车道的车辆竟然会不停车。塔勒布的黑天鹅理念则反复强调，我们要为不在认知范围以内的事情做好准备。

　　那么，黑天鹅这种比喻更确切的含义是什么呢？根据塔勒布的说法，黑天鹅有三种属性：第一，在发生之前，黑天鹅事件被认为是不可能发生的，因为它不在人们的认知范围以内；第二，当黑天鹅事件发生时，其后果是严重的；第三，在黑天鹅事件发生之后，对我们来说，这样的事情又是完全可能发生的。最后这种属性要归功于大脑强大的辩解能力，它就像一位"逻辑严谨的律师"，能将一些可以利用的线索拼接起来使其具有连贯性，从而合理地解释了事件发生的必然性。但是，黑天鹅事件所处的时空充斥着不确定性，这意味着连贯性和合理性是不存在的。对于支离破碎的线索，我们会发现这些碎片在不断变化，事件大大超越了我们对事物的认知。

　　黑天鹅理念的影响是巨大的。虽然这或许还未渗透到人们的思想意识中，但受过教育的民众似乎在很大程度上也认识到了这一点，无论他们是否读过本书。塔勒布因其作品招致了相当多的批评。许多时候，批评针对的是他粗暴和自我吹嘘的写作风格，以及对诸如托尼和瓦莱里娅等人物的塑造。批评者还称在他的思想体系中发现了许多矛盾的地方。我不打算纠缠这些争论。我要指出，接受黑天鹅理念的人习惯于将它视为低概率高影响事件（通常是灾难性的）的同义词。我们不需要让风险专家来设定专业术语，但塔勒布确实让我们更加重视这个看似简单的现象。

把"黑天鹅"一词仅仅当作低概率高影响事件的简称，显然有失偏颇。这使得黑天鹅理念丧失了它的重要性，偏离了其核心思想。在本书中，我将再次强调未雨绸缪在黑天鹅形成过程中的重要性。这是一个关键点，意味着我们可以通过各种方式控制和改善其危害性，将至少一部分黑天鹅变成预测中的极端风险。我还将强调，预期对黑天鹅的假设与设想具有一定的战略意义。毫无疑问，对随机性本质更加现实的认识本身就很有价值，但当我们发现有人可能因为对随机性不现实的假设而必然陷入危险境地时，会更加重视这种价值。前车之覆，后车之鉴，对某些人来说是黑天鹅的事情，对我们不一定是。而且，通过这些黑天鹅事件，我们能够从中得到警示。

本书的宗旨是将黑天鹅理念根植于企业文化之中，并探索对企业战略的影响。塔勒布的初衷在于对历史和文明以及随机性的哲学基础进行大扫除，他对企业机构的组织形式没有兴趣。然而，如果我们接受了黑天鹅理念，就想知道这对经营企业会产生什么影响。企业经营管理着社会的大部分资源，人们大多依靠企业才能维持生计，并希望以此成就自己的一番事业。极端的不确定性可能带来极大的风险，但也可能带来幸运与机遇。

事实证明，企业在某些方面是特殊的实体。首先，企业的经营任务是实现价值最大化，这就引入了对成本最小化的关注，进而极大地影响了企业对极端事件的关注。还有一些应该引起关注的特点，如所有权和控制权的分离、有限责任、持有不同观点的多层次的权益人，等等。所有这些特征都深刻影响着我们处理不确定性时的态度，而本书就是要探讨这些问题。我们站在公司的立场上应该如何看待这些问题：公司需要拨出多少资金为极不可能发生的灾难做准备才是合理的？我们应对黑天鹅事件的策略是什么？怎样才能使不确定性因素对我们有利，而不会成为威胁？

在第1章中，我们会首先回顾黑天鹅的一些核心理论。这一章阐述了构成黑天鹅的条件，同时探索在现实世界中决策者面对的随机性，以及我们的预期会产生怎样的关键作用。我们首先确定了黑天鹅的一大特性，即同行业的不同公司会对黑天鹅形成不同的预期，从而最终出现不一样的结果。

在第2章中，我们探讨黑天鹅理念在企业管理中具有怎样的意义。有时候公司董事的期望既可能会决定黑天鹅的产生，也可能导致遭遇黑天鹅的概率增加。因为相比执行团队，董事们处于信息劣势。更令人无奈的是，实际上董事会正是黑天鹅的潜在来源。这就是为何会有这么多黑天鹅的原因。除了自然界和社会复杂系统产生的黑天鹅，我们还将探讨其他的于企业特定领域产生的黑天鹅类型。

在第3章中，我们深入探讨了风险，特别是极端风险[①]与公司市值的关系。纯粹地从经济角度考虑，企业为管理极端风险所付出的成本是值得的。由此获得的收益将会大于成本付出。这一分析为管理极端风险提供了论据支持，当然论证是比较困难的。因为当某个事件发生的概率极小，几乎趋于零时——就像黑天鹅那样，风险成本也应该同样趋于零。因此，在管理极端风险上，任何一项支出都是不合理的。黑天鹅问题的第二部分

---

① 极端风险（Tail Risks）指的是不太可能发生，不过一旦发生则代价相当高的风险，也被称为"尾部风险"。——译者注

是很难对极端事件做出有效的应对。无论是个人还是组织，对此都存在偏见。

在第4章中，我们不仅要讨论必须改变对随机性的态度（这是制定应对黑天鹅事件策略的第一步），还要认识到，人们只愿意花很少的资金来管理相关的风险。贯穿本书的是如何正确看待极端风险管理和经济效率之间的关系。面对一个充满不确定性的世界，这意味着要承认，有时候黑天鹅就是由我们所信任的人创造出来的。董事会需要扩大它们对黑天鹅的认知版图，以涵盖各种已知的威胁，譬如并购、衍生品投资组合，以及执行团队可能遭遇的风险。

在第5章中，我们讨论了如何使自己在不确定的情况下保持沉着稳定，即使在比预期更糟糕的情况下，也能解决生存和发展问题。我们深入探讨了缓冲和灵活性在实现复原力方面的作用，特别强调了风险资本，这是一套能够吸收冲击并确保生存和战略执行的金融资源。我认为，压力测试是企业对抗黑天鹅的一个特别重要的工具，但目前还没有得到充分利用。在这些测试中，我们将复原力推向极限，进而得出风险管理战略被打破的临界点。本章从广义角度讨论模型在发展复原力过程中的作用。一方面，它们通过降低复杂性和突出重点帮助我们认清事实；另一方面，它们也会使我们对模型之外的事物视而不见。

在第6章中，我们介绍了反脆弱性的概念，它不同于复原力，甚至可能超越了复原力，它能寻找到那些从无序混乱中生成的机会。在这一章中，我们还充分探讨了期望值和准备程度的差异所产生的影响。黑天鹅有可能摧毁企业战略，这或许会成全更强大的竞争对手。我们不能仅仅依据自身的脆弱性来设计风险管理战略——应该将竞争对手的脆弱性也考虑在内。

在第 7 章中，我们站在另一个层面，惊世骇俗地转变了态度：热爱风险，寻找积极的黑天鹅。当紧急的补救措施有可能取得成功时，我们要将油门踏板踩到底。在容忍巨大风险的同时，发挥所有可动员的力量，追求利益最大化。

目 录

1 回顾黑天鹅

随机性的本质 / 003

不确定的尾部风险 / 006

预期的作用 / 011

是什么让我们成为外行 / 014

黑天鹅的相对性 / 019

遇见预言家 / 024

2 企业级黑天鹅

针对董事会的黑天鹅 / 028

黑天鹅的袭击 / 030

战略层面的黑天鹅 / 032

内部的黑天鹅 / 037

迷恋增长 / 040

恐惧因素 / 046

针对首席执行官的黑天鹅 / 048

企业级黑天鹅的崛起 / 051

3 黑天鹅问题

尾部风险和公司价值 / 060

淘汰出局 / 066

战略破坏 / 072

僵尸企业 / 078

负担能力的问题 / 080

难题 / 086

059

4 拥抱黑天鹅

随机性重现 / 094

行而不辍，未来可期 / 102

集体性盲目 / 107

黑天鹅制造者 / 113

工具和模型 / 117

董事会中的黑天鹅雷达 / 122

093

5 驯服黑天鹅

划定最后界限 / 128

与清算之间的距离 / 137

风险资本 / 139

压力测试 / 149

退出方案 / 156

复原力与耐力 / 161

流动性为王 / 175

127

6 捕捉黑天鹅

反脆弱 / 181

回归正途 / 185

抄底 / 188

机会资本 / 192

安全飞行 / 198

风险策略 / 204

7 驾驭黑天鹅

风险转移 / 213

优秀的战略 / 219

增长的动能 / 224

自恋的积极意义 / 229

另外两家公司的故事 / 233

旅程的结束 / 237

黑天鹅，是蜜糖还是砒霜 / 240

后记 / 245

回顾黑天鹅

　　事实证明，不确定性普遍存在。事实上，在人为制定游戏规则以外的世界，几乎不存在已知概率。这种情况与预测不成功的原因完全相同：我们对世界的理论知识存在严重的瑕疵。

在人们的想象中，黑天鹅会从晴空万里的蓝天上俯冲下来，在短时间内造成难以想象的混乱。我们理解的黑天鹅是突发性的，是一场可怕的悲剧。典型的黑天鹅也许应该像 2001 年 9 月 11 日纽约双子塔遭受恐怖袭击。几乎没有人能够想象会出现这样的事情。然而，在一瞬间，它确确实实地发生了，并且改变了世界发展的方向。由于这次自杀性袭击产生了一个全新的安全机构，引发了反恐战争和伊拉克战争，而这只是其后果的一部分。

事实上，"突如其来"并不是黑天鹅理念唯一的重要部分。塔勒布提到一些黑天鹅需要几年甚至几个世纪的时间才会出现。根据塔勒布的理论，黑天鹅只有三种属性，而且并没有上述的突然性：第一，黑天鹅是极其不可能的；第二，它会产生一系列的后果；第三，事发以后它能得到完美的解释。[①]当人们谈论黑天鹅时，通常关注的是前两个方面，仿佛这个词基本上是低概率高影响风险的简称。这样的简称与黑天鹅问题存在的原因是一致的，它反映了我们倾向于将这些现象的数量减少到便于理解的程度。

然而，将黑天鹅等同于"单纯的低概率高影响风险"是概念上的一种严重曲解。实际上，黑天鹅是有价值的，因为它代表了一种完全不同的看待世界的方式。塔勒布让我们重新审视了那些关键的假设——我们作为决策者会面临随机性，并且会根据以往的经验做出推断。此外，他让我们注意到了预期和态度在处理不确定性方面的关键作用。塔勒布将风险解释为

[①] "9·11"袭击事件确实动摇了黑天鹅的理论，主要是人们在解释的时候发现了问题。黑天鹅从事后看是能够加以解释的，但假如我们仔细思考，将每条线索串联起来，"9·11"事件仍有一种难以避免的感觉。至少我得出了这样的结论。我们今天知道一部分伊斯兰战士选择发起一场史诗级的战争，要与他们的敌人拼个你死我活。不管怎样，他们都会选择以这种方式来发起攻击，而且可以成功实现，然而这背后的原因至今仍令人费解。

第 1 章
回顾黑天鹅

我们对自身知识的局限性认识不足。假如我们相信世界是由随机性组成的，并且有信心可以加以掌握，那么当这种信念与现实发生冲突时，我们会遇到一些非常糟糕的意外事件。我们可以单纯地将自身的认知套入程式化的理论，但现实世界不会迎合我们的喜好。塔勒布把某些东西称为"柏拉图式"，他想到的就是这种对抽象美的坚持，这位著名的希腊哲学家窥见秩序的可爱之处，并坚持认为它可以叠加在我们身处的混乱的现实当中。

随机性的本质

随机性代表着不可预测。它适用于描述任意变量所产生的结果，例如在某个特定的工作日，卢浮宫的游客数量是无法事先明确知道的。随机性是指我们无法预测未来。尽管我们很努力，但似乎永远无法建立完美的预测算法，并使它一直保持正确。事实上，正如塔勒布不厌其烦地指出的那样，我们在预测方面的总体记录是很糟糕的（后面会有更多的展开）。

通常情况下为什么人们无法预测未来会发生什么？要回答这个问题，首先要认识到随机性本质上源自物理世界本身，经由我们无法完全理解的过程而不断变化。科学确实在不断发展，逐步减少对于某些随机性的未知。但尽管已经发现或掌握了许多自然规律，我们仍然无法预测下一次闪电会击中哪里，或者洋流对冰层融化的影响。在这些高度动态的系统中，有太多的变量和太多复杂的反馈机制。除此以外，还叠加了人类文明介入的因素。在已经逝去的过往年代，人类活动十分简单原始，局限在一个固定的范围内，但随着时光的推移，社会的复杂程度已经远远超出了人们的预想。科学技术的迅猛发展创造出了先进的通信系统，可以把全球不同地区的人们联系到一起。这庞大复杂且彼此交互的系统最终将导致怎样的结果？从根本上讲这完全是不可预知的。

预测未来的困难还与归纳法的问题有关，这是一个哲学经典问题。数据可以告诉我们很多关于自然世界的知识，但哲学家和怀疑论者大卫·休谟（David Hume）让我们认识到，我们无法根据观察和经验获得真正的知识。归纳问题告诉我们，无论获得了多少经过观察分析和研究的结果，你仍然不能确定这些模式在未来是否可行。这种固有的局限性是黑天鹅理念的核心。塔勒布表示，任何通过观察获得的知识都是有缺陷的。这也是黑天鹅隐喻所要表达的内容。回顾一下，对白天鹅的传统知识让我们信誓旦旦地认为，所有天鹅都应该是白色的，不过一旦发现黑色天鹅的存在，就证明了传统的知识是错误的。按照同样的思路，1996年彼得·伯恩斯坦（Peter Bernstein）在其关于风险的长篇大论的叙述中指出，"历史会重演，但只是在多数情况下"[①]（重点在后面半句）。这句话总结了以上的叙述，解释了为什么用归纳法假设未来是风险的始作俑者。

一旦承认了我们无法预测未来，退而求其次的事情就是描述随机性本身，将随机性具体化。这样一来，我们就可以对偏离预期的范围有所了解。对随机性的描述涉及对事物的量化，例如可以假设变量值的范围，以及结果在该范围内如何分布。我们会发现这种对随机过程的描述是有实际意义的，有助于做出明智的决定，我们未来的生活品质也会取决于这些相关变量。例如，它有助于对多类型投资的风险和收益进行权衡和分析。

---

① 参考伯恩斯坦于1996年出版的《与天为敌：风险探索传奇》（*Against the Gods: The Remarkable Story of Risk*）一书。

第 1 章
回顾黑天鹅

在描述随机性时，首先要注意不确定性与已知概率的区别。① 不确定性意味着不知道概率。当随机性属于不确定性时，就无法确定结果的范围和结果产生的概率。相较而言，已知概率则意味着我们已经确定了结果的范围和结果发生的概率。最常见的例子是掷骰子，其中六个可能的结果具有相同的概率。从箱子中取出不同颜色的球则是另一个众所周知的随机性案例。

事实证明，不确定性普遍存在。② 事实上，在人为制定游戏规则以外的世界，几乎不存在已知概率。这种情况与预测不成功的原因完全相同：我们对世界的理论知识存在严重的瑕疵。当然，如果有足够的数据确实可以予以弥补。但是，世界根据我们无法掌控的机制和这些机制的相互作用，产生了近乎无限的可能性，每次只产生一个可观察的结果。我们难以客观地确定现实世界中各种现象的概率。例如，博彩公司将下一次总统选举结果作为博弈的主题，这只是一个高度主观的估计而已（根据博彩公司的利益而调整）。

只要有数据，我们就可以将其用于描述随机过程中的随机性，即将数据与理论概率分布图中的众多选项进行"匹配"。而这样做看似已经成功地描述了随机性，或者已经将其转化为已知概率。这就是基于统计推断的方法，其中数据获取的可靠性为近似概率提供了基础。例如，某种制造工艺的故障率可以作为未来故障概率的一个合理且可靠的指标。

---

① 弗兰克·奈特（Frank Knight）在 1921 年首次做出区分，将已知的概率称为"风险"。这个定义并不精确，为避免不必要的混淆，我们在本书中不引用该定义。本书中风险被理解为生活中的随机变量（例如公司业绩）的价值低于某些期望或关键水平（如偿债所需的水平）。因此，风险是一个不确定性的函数，但与概率是否已知无关。参考奈特于 1921 年出版的《风险、不确定性和利润》（*Risk, Uncertainty, and Profit*）一书。

② 这里我不展开论述亚原子层面的粒子，根据物理学的重要理论，这些粒子完全受随机性支配。相关理论认为，这种随机性可以用精确的数学术语来描述（即概率已知）。

然而，我们要意识到，即使能够运用大量的数据，我们仍然处于不确定性的领域。数据代表的发生频率遵循分布理论，但这只是在一般情况下。重要的是，收集、构建和分析这些数据的方式决定了描述随机过程的分布理论，进而把不同比例的概率配置在不同的结果上。在非专业人士看来，这似乎是客观、可信的概率，因为它们是由科学家进行数据推导生成的。但事实上，推导生成的过程总是带有某种程度的主观性。用于描述该过程的模型，最终可能会因不同的设计者而有所不同。把一个大数据集交给10个科学家，要求他们分析某个项目结果的概率是多少，你可能会得到10个不同的答案。正如上文所讨论的，由于归纳法的问题，总是存在这样的可能性，即过往的历史探索在未来完全是无用的。每当用数据对概率进行近似计算时，我们已经假定了所使用的数据对于描述未来是有借鉴意义的。

不确定的尾部风险

综上所述，我们可以得出结论：随机性的基本性质是不确定性。已知概率，即最纯粹意义上的概率，是概率中的个别现象。我们正在探讨不确定性问题，一个自然而然的后续问题是：不确定性是什么样的？在这方面，我们将区分温和不确定性和疯狂不确定性。[①] 温和不确定性是指我们对最终形成结果的过程并不完全了解，但观察结果好像符合我们能够认可

---

① 在塔勒布的术语中，疯狂不确定性发现自极端斯坦（Extremistan），而温和不确定性则源自平均斯坦（Mediocristan）。

的统计过程。这方面的典型例子是人群中身高和智商的分布，正态分布看似与此颇为接近。

虽然正态分布在温和的随机过程的讨论中经常被提及，但许多其他类型的分布似乎能更准确地描述现实世界的现象。因此，在温和不确定性的概念中，并不能排除偏离正态分布的情况，如尾部较高和倾斜。这仅仅意味着数据在很大程度上符合某些理论分布的假设，并且随着时间的推移看似一直如此，就像我们掌握了随机性一样。

疯狂不确定性意味着超越常规认知的变化，所探讨的结果与以往截然不同，远离了我们对可能发生的事情的预期。想象一下，长期的平静突然被一些极端事件所打断。在这样的情况下所发生的一切都与过去无甚关联。在识别疯狂不确定性时要注意的关键词是"前所未有""闻所未闻"和"不可思议"，这些词汇虽然已被滥用，但仍表明我们所面临的情况是罕见的，使我们茫然不知所措。

疯狂不确定性的独特表现是尾部分布的严重不对称。换言之，历史上记载的最悬殊的结果都可能被超越。我把尾部分布背离常规变化的想法称为难以捉摸的尾部。在疯狂不确定性的情况下会出现超出既定范围（远远超出）的结果。这样的事件意味着分布的尾部形状发生了非常不同的变化。换言之，尾部发生了定性的转变。我们之前认为了解的有关该变量的一切都证明完全不正确。

"冰封的得克萨斯州"（the Texas Freeze）诠释了疯狂不确定性和难以捉摸的尾部。这是指 2021 年 2 月发生的一系列严重的暴风雪，时间跨度超过 10 天。暴风雪和随之而来的低温严重破坏了基础设施，其中受影响的还有与电力生产和分配有关的变电站和发电机组。随着冰冻期的到来，人们疯狂使用电力保暖，以维持日常生活，从而导致用电量激增。为平衡市场供需，得克萨斯州电网的运营商 Ercot 将电价提高到了法律规定的 9000 美元/兆瓦时的价格上限。此前，电价曾多次触及该上限——但总时长只有 3 个小时。这一极端性事件使得 Ercot 公司连续 90 个小时将电价保持在这一水平，而正常的价格区间仅为 20 ~ 40 美元/兆瓦时。

在 2021 年 2 月之前，对市场的分析都认为尾部风险仅仅是短暂的用电高峰，如果将几个用电日加以平均，并不会产生严重的市场价格问题。但是得克萨斯州的冰封事件扭曲了尾部情况——这是一只黑天鹅，对市场参与者的影响很大。① 纵观历史记录，没有任何突发事件会使得价格在最高点持续 90 个小时。事后细想这样的事情显然是可能发生的。虽然得克萨斯州冬季长时间的冰封是极为罕见的，但随着气候日益极端化，这种可能性也就出现了。

"大多数情况下"是疯狂不确定性的一个限定用语。因为我们所拥有的数据库，只有一部分代表尾部分布。这相对于正常状态存在罕见的偏差。在现有的数据库中，观测值分布图的两端，即一个最大值和一个最小值，代表着迄今为止最极端的情况。

除非我们讨论的是一个断崖式分布图，比如个人收入以零为下限，否则认为"真实的"数据生成会被限制在最低和最高值范围之内便是错误的。假如将所有的观察结果都输入一款统计软件，我们就可以用软件分析出哪个随机过程最有可能产生数据中的极端模式。现在，如果我们采用程序确定随机过程，并在模拟中生成随机值，可以得到一个分布，其中会包

---

① 一部分选择放弃标准的公用事业固定费率的零售客户在几天内就支付了 8000 ~ 10 000 美元的电费，因为他们选择直接从电力公司购买电力。冬季风暴的影响使得克萨斯州的电力公司 Griddy 进入破产状态（《金融时报》2021 年 3 月 15 日报道）。

含超出数据库中最低和最高值的结果，其概率不会降至零。假设确实存在一些可能的随机过程会产生极端数据，我们可以使用真实数据来逼近它，因为这种情况一定会发生。仿佛做拟合的软件"明白"，即便已经观察到某些极端值，也不能排除更极端的观察结果。如果观察到标准普尔500指数在一定时期内下降了58%，谁能肯定下降60%就是不可能的呢？模拟的极端值将位于数据中观察到的最小（最大）值的左（右）方。我们用这种方式模拟的尾部会包括观察到的实际尾部，并进一步延伸。

这种讨论的结果就是：经历一个比迄今为止观察到的最低和最高值只差一点的异常值，应属于温和不确定性的范畴。对此我们不该感到惊讶。模拟分布中隐含的概率不等于不会发生，但是必须加上"发生很多次"，才算得上是疯狂不确定性，因为那样的话，尾部就会急剧变化，而且是以历史记录中没有任何前例的方式呈现的。即使用于预测未来的潜在随机过程已经涵盖历史记录中的所有尾部事件，这仍是一个未被考虑到的非常极端的异常值，其发生概率趋近于零。

在疯狂不确定性条件下，很明显，概率理论开始显得越来越主观和缺乏可信度。事实上，塔勒布把概率称为"所有抽象概念之母"，并认为我们无法计算极端概率。[①] 但塔勒布仍然不赞同那些坚持使用对称正态分布的人。正态分布的特性很受欢迎，因为可以相对容易地得出我们所需要的各种结果，但塔勒布认为，在一个充满不确定性的世界里，将正态分布作为决策指南是非常危险的。为什么这么说？主要是因为它排除了极端的异常值，使我们对它们视而不见。正态分布的一个关键特征是，其尾部会很快变细，你离平均值越远，就意味着它们发生的可能性就越低。事实上，

---

① 参考塔勒布于2012年出版的《反脆弱：从不确定中获益》（*Antifragile: Things that Gain from Disorder*）一书。

当我们远离平均值时，其概率下降得非常快——在塔勒布看来，下降的速度太快了。例如，1987年10月的股市崩盘，回报率为-20.5%。按照正常情况，发生如此惨烈暴跌的概率大约是万亿分之一。换句话说，信奉正态分布的人都会认为，就实际情况而言，这绝对是一个不可能发生的事件。

因此，我们首先要摒弃正态分布。如果我们仍然觉得必须要借助概率进行分析与预测，塔勒布为我们提供了分形的概念。分形指的是一种几何模式，其中物体的结构和形状在不同尺度上保持相似。[①] 其实际含义是，极端事件发生的可能性会以更慢的速度减少。如果人们同意这种观点，那么发现一个超大型油田的概率并不比发现一个大型或中型规模油田的概率低，因为勘探这些油田的地质过程与油田规模无关。这种可能性和规模之间的关系与所谓的幂律分布有关，我们将在第7章中把它与社会经济过程联系起来。根据塔勒布的说法，分形的概念应该是我们的默认概念。

许多情况下，我们缺乏可供探索的数据来绘制随机过程的尾部。在这种情况下，不确定性更是会虎视眈眈、伺机而动。技术创新恰好符合这种情况，因为它带来了全新的事物，并将其注入目前动荡的世界之中。新的动态开始运行，这会引发意想不到的后果和一系列副作用，以不可预测的方式波及整个社会运行系统。我们不断创新，也不断改变游戏规则，同时不可避免地增加了社会生活的复杂性。技术进步过程中出现的两只大的黑天鹅是互联网社交媒体和智能手机。在此之前，我们没有任何既有数据库可以研究、预测这种历史性的冲击波即将发生。或者，更重要的是，人们认为根本就没有这种可能性。要知道目前人类完全沉迷其中无法自拔，并认为理所当然的前沿技术实际上就是最大的黑天鹅，是疯狂不确定性的实

---

① 分形，通常被定义为"一个粗糙或零碎的几何形状，可以分成数个部分，且每一部分都（至少近似地）是整体缩小后的形状"，即具有自相似的性质。——译者注

例，请思考纽约大学的亚当·阿尔特（Adam Alter）教授下面的话：

> 只要回到20年前（即2000年）……想象一下，这样告诉人们，假如你去到餐厅，每个人都会安静地坐在那里，看着一个小设备，然后他们会回到家里，花四个小时看那台设备。然后在早上醒来，继续看着那台设备。……甚至人们关心那个设备超过了自己的身体……当时的人们一定会说这是胡说八道。①

阿尔特的思想实验是回到20年前，想象与人们谈论以后会发生的具有重大影响的事件，这对于决定某件事情是否为黑天鹅是很有用的。假如他们认为你描述的事情是荒谬的，或者是一个童话故事，那么你有可能发现了一只黑天鹅。

预期的作用

继续讨论。很显然，随着我们远离数据驱动的方法，任何对随机过程的解释都会越来越主观。我们离开了从数据中推理的世界，开启了想象空间。推理和逻辑能力可以部分弥补数据的不足——我们会虚构一些事物。当想象力失效时，我们就有了真实的黑天鹅，以及那些无法想象的"未知数"。我们已经提到过，"9·11"袭击事件就属于这一类。

---

① 参考《乔·罗根的脱口秀》(Hce Joe Rogan Experience)。阿尔特的话指的是一些人（主要是年轻人）声称他们宁愿手指被打断，也不愿手机被打碎。

黑天鹅最为关键的一个方面是，它们总是违背预期和先前的知识及经验。许多人都低估了这一点。如前所述，大多数人使用这个词的场景很宽泛，很大程度上将之等同于让我们感到震惊且影响深远的事件。这其中最主要的或许在于黑天鹅本身就意味着完全不可预测。因此，人们不应该为刚发生的黑天鹅事件而受到责备。在尾部风险中犯错可能会被追责。但黑天鹅呢？它似乎免除了每个人对所发生的事件的一切责任，因为没有人能够预见它的到来。

前面提到的将黑天鹅等同于"单纯的"尾部风险的习惯，忽略了一个非常重要的层面，即我们对事件的预期。由于预期的作用，属于黑天鹅范畴的事件就是不可能的事件。引用塔勒布的术语，这是一个"傻瓜问题"。无知的人更容易经历黑天鹅，因为他们没有形成对现实的正确期望。为了诠释这个观点，塔勒布用美国某地的一只火鸡作为例子——因为感恩节临近，这只火鸡一生都在丰衣足食中度过，对即将降临的灾难毫无防备。这是最典型的黑天鹅。然而，屠夫显然很清楚应该在感恩节做些什么，因此他并不认为这是黑天鹅——完全相同的事件，但预期却大不相同。

黑天鹅的相对性影响大相径庭。每当一个产生巨大影响的事件发生，它可能会也可能不会令人震惊。有趣的讨论在于：有人泰然处之，毫发未损；有人"人在家中坐，祸从天上来"。黑天鹅也会产生有利的方面。对那些傻瓜来说，似乎只是尾部风险，但对那些对世界持有不同看法的人来说就不一定了。因此，每当我们听到有人提到黑天鹅时，应该立即想到的是后续问题："那么，对谁来说是黑天鹅？"

新冠疫情的大流行就是一个典型的例子。这次疫情是一只黑天鹅吗？该事件当然符合影响深远的标准。值得注意的是，塔勒布本人已经公开表示，新冠疫情并不是黑天鹅。他的观点是，早在新冠疫情之前就有不少以

第 1 章 回顾黑天鹅

大流行病为主题的电影,针对现代生活中便捷交流(借助旅行手段)的基本分析都指出了全球大流行病的合理性。一些受人尊敬的机构在 21 世纪初就发布了全球大流行病的警告。比尔·盖茨早在 2015 年曾就这一问题进行了深思熟虑的演讲,向那些愿意倾听的人发出了警告。这使得那些熟悉历史的聪明人敏感地意识到这种可能性会在他们的有生之年成为现实。

然而,随机观测表明,我们大多数人没能达到这种智慧状态。许多人拒绝阅读,也从未听说过全球的互联互通。所有以自我为中心的偏见,都会否认大流行病,认为那不过是杞人忧天。法国哲学家阿尔伯特·加缪(Albert Camus)很了解这一点:

> 每个人都知道瘟疫会在世界范围内反复出现。但不知何故,我们很难相信瘟疫会突然从天而降。①

对大多数人来说,看一部某个主题的电影会让该主题显得不真实。它与布鲁斯·威利斯(Bruce Willis)在即将砸向地球的陨石上钻洞一样,纯粹是一种娱乐。② 如果是这样,消费电影可能会把我们变成傻瓜,因为它们扭曲了我们的期望。既然我们现在把僵尸作为电影娱乐而忽略了其可能性,那么当它们真的出现在家门口的那一天,我们就惨了,因为我们从没有为这种可能的情况做过任何准备。

无论如何,即使我们读过关于大流行病的书,并意识到另一次大流行病的概率显然不是零,也会产生一系列严重后果。黑天鹅有两个维度:可

---

① 参考加缪于 1947 年出版的《鼠疫》(The Plague)一书。
② 我在这里应该更加谨慎一些。地球正在遭受太空陨石的威胁,如果发现及时,那我们的主要应对策略很可能是试图用能量把它们推到另一条行进轨道上。当然,其他方案或许也包括派人到陨石上尝试某种操作。让我们把有关这个话题的方案选项先搁置一旁。

能性和后果。认可某事的可能性是一种二元情况：承认这种事情可能发生（而不是说它不可能发生）。即使我们愿意接受某事发生的可能性，但一旦事件真的发生，我们仍可能成为首当其冲的受害者。这就是为什么对大多数人来说，新冠疫情是一只令人恐惧的黑天鹅。我在上学期间就听说过大流行病，但谁能想到整个国家会封闭？封锁持续数月之久？旅游业几乎完全停滞？人们疯狂冲进超市——甚至相互斗殴——就为了抢购卫生纸？能冷静地解释这一切，需要你自己是一个相当博学的历史学者，而且要充满丰富的想象力，才能想到后果的严重性。因此，对于地球上绝大多数居民来说，新冠疫情确实是一只黑天鹅。按照同样的思路，如果仅仅因为在此之前就发生过革命，而否定把具有明显疯狂后果的法国大革命称为黑天鹅，同样不可思议。

  谈到某件事发生的可能性，历史提供了很多不同类型的重大事件。我们可以将其视为"已知的未知数"，因为我们显然有能力理解它们。但是，即便是最有创造力的和受过良好教育的头脑也无法想象这些事件发生在今天的后果。完全不同的历史环境，同样的事所造成的后果将天差地别。历史只会在大部分时间重演。关于后果，大多数人都是外行，特别是当涉及现实生活和所处的年代时。每当那些可以预想到的重大事件发生在身边时，我们仍然会感受到极大的震撼。

是什么让我们成为外行

  上一节简要地提到了"这在我这辈子不会发生"的观点。我们就此稍作展开,这是理解黑天鹅的另一个关键点,以及为什么我们本质上是天生的外行。大多数人都会坦率地承认,人类将面临这样或那样的灾难。迟早有一天,小行星会将我们撞得魂飞魄散,但这不会发生在现在,一定会发生在遥远未来的某个时刻。这在我有生之年一定不会发生。为什么?因为我在某种程度上是特别的。这些事情只会发生在其他人身上,而我注定要过着体面且舒适的生活。基于这种以自我为中心的观念,我们或许会冷静地承认,从长远来看,某些事情终将发生,但就我们的一生和世界的一隅而言,我们几乎完全忽略了这种可能性。我们不会公开这么说,甚至直接用这种方式思考,它更像是每个人心照不宣的默契。

这种"因为我很特别"的自我安慰机制在很大程度上为黑天鹅创造了条件。然而,这只是我们众多被扭曲的观点之一,这让我们想到了学者们已经发现并描述出来的长长的偏见清单。偏见可以说是一种在决策过程中犯错误的倾向,因为它使我们偏离了一个理性和博学的人会做出的认真权衡利弊的决策。偏见的共同点是,它们使我们显得特别地不懂行。它们是现今商业书籍(尤其是关于风险管理的书籍)的主打内容,让受过教育的读者感到反感。由于这是黑天鹅理念的基础,我们还是要简要地回顾一下。下面是一份不完全的清单,列出了某些有据可查的偏见,它们以各种方式促成了黑天鹅现象。人们普遍地认为,这些偏见在历史漫长的进化过程中是有利的,但在我们今天所处的复杂的环境中,它们往往是一种负能量。

巧舌如簧

在解释为什么我们处理随机性的能力如此之差时,塔勒布把重点放在了他所说的"巧舌如簧"上，将其定义为"我们把一次事件或模式与一系列相关或不相关的事实结合起来的需求"。我们为已经发生了的事物编造原因，从而满足内心对得到答案、得到真理的需求。事实证明，我们不乐意接受偏离与违和，所以大脑会不自觉地寻找各种合理化的道理或理由对它们加以解释，从而逐步完善和平复那些棘手问题，形成一个通情达理的叙述，让事情变得顺理成章。一切事情都有机地联系到一起，井井有条且具有正能量。这就是我们解决不和谐因素的方式。我们往往趋向于用简易的解读满足对合理化的期望。然而，当把人为的因果解释强加给现实，用强词夺理来满足我们对解释的需求时，我们很容易使自己忽略客观存在的强大机制。

证真偏差

这是本书中讨论的导致黑天鹅盲目症的主要原因之一。其中，塔勒布认为"证真"是"一个危险的错误"。我们普遍倾向于提出某种理论或观点，然后开始寻找能证实它的证据。当持有这种偏见时，所有获取到的数据会证实我们的理念是正确的；我们坚持的理论确实是真实的。任何与该理论相矛盾的事例都会被删除或忽略，或以支持我们原有信念的方式重新加以解释（调整）。卡尔·波普尔（Karl Popper）的"证伪"理念被抛之脑后，而它才是科学和开放探索的真正标志。以证伪为标准，如果与理论相矛盾的证据是确凿无疑的，那么这个理论就应该被抛弃。在管理风险的具体背景下，证真偏差确实是一道难题。我们已经习惯于代入稳定的观察分析，以表明未来尽在掌控之中。

乐观的偏见

研究表明,人类倾向于把世界看得比实际情况更加美好。在决策情况下,人们倾向于制订接近最优状况的计划和预测。① 用丹尼尔·卡尼曼教授的话说(2011年):"证据表明,只要个人或机构愿意承担重大风险,乐观的偏见就会发挥作用,有时甚至发挥主导作用。更多的时候,风险承担者低估了他们所面临的危险性,并且没有投入足够的精力去制定应对策略。"② 对一个天性乐观的人而言,显然不会首先去考虑极端的、可能是灾难性的结果。秉持过于乐观的态度会无限放大他们的预期,进而招致黑天鹅的降临。

短视的偏见

在判断心理学的文献中,短视指的是倾向于更多地关注短期后果而非长期影响。由于渴望即时性的满足,我们对未来收益和损失的重视程度远远低于对近期收益和损失的重视程度。梅耶(Meyer)和坤瑞特(Kunreuther)教授称这是所有偏见中最"严重"的偏见,导致我们对灾难的准备严重不足,而这些灾难本可以用相对简单的方法来缓冲。③ 2004年的印度洋海啸就是如此。仅仅在灾害发生的前几年,泰国还讨论了成本相

---

① 这种偏见会与消极偏见并存,后者使我们过度关注消极的方面,做出过度反应。例如,如果你做的事情收到了100个好评,只有一个是负面的,那么你很可能会在一周的剩余时间里反复思考那个负面评论。
② 参考卡尼曼于2011年出版的《思考,快与慢》(Thinking, Fast and Slow)一书。
③ 参考梅耶和坤瑞特于2017年出版的《奥斯特里赫特悖论:为什么我们对灾难的准备不足》(The Ostricht Paradox: Why We Underprepare for Disaster)一书。

对更低的防范措施，结果却被否决了。原因有很多，但最重要的是，人们担心这可能会给游客带来不必要的恐慌。在为后果严重的事件做防备时，这种不足道的短期利益占了上风。

过度自信的偏见

人们很容易高估他们对自身处境的控制能力。证明这种趋势最容易的方法是考虑这样一个事实：几乎每个司机都认为自己的驾驶水平高于平均水平。塔勒布喜欢用一个更幽默的例子，即大多数法国人在性爱的艺术方面对自己的评价远高于其他人。至于过度自信对决策的影响会更加严重——却不是有利的。斯科特·普鲁斯（Scott Plous）教授在1993年提出，大量的灾难性事件，如切尔诺贝利核事故和"挑战者"号航天飞机爆炸，都可以归纳为过度自信。他做出了如下总结："决策过程中，没有任何问题……比过度自信更普遍，更有可能造成灾难。"[①] 过度自信可以被用来解释一系列的现象，如尽管现有数据表明亏损的投资者远远大于盈利的投资者，但企业家仍愿意进入金融市场进行交易。

考虑到上述情况，人们倾向于同意塔勒布的看法："……我们好像手持一本错误的用户手册，试图为充满不确定性的世界开启成功的导航。"我们喜欢简单而连贯的叙述，重视经典的理论。我们认为自己是特殊的，周遭的世界毫无恶意。最终塔勒布语出惊人，"我们的头脑似乎不是用来思考和反省的"，因为从历史上看，这是"一种巨大的能量浪费"。

---

① 参考普鲁斯于1993年出版的《判断和决策的心理学》（*The Psychology of Judgment and Decision Making*）一书。

第 1 章
回顾黑天鹅

事实上，可能帮助我们超越外行状态的信息，其获取和处理的成本很高。想象一下，我提出了核恐怖袭击可能威胁美国的某个主要城市的可能性。这种情况涉及几十万人的死亡和我们所熟知的生活方式的剧变，我们甚至还没有考虑到可能的反击措施。任何在美国开展业务的公司都有可能受到这场灾难的巨大影响。现在，你对这个拟议的谈话主题的反应是什么？很可能，你的下意识反应是立即将其关闭。这个话题引起的不愉快使我们不愿意去思考，即使时间很短但是内容太沉重了，坦率地说太恐怖了。所以，为了节省心理能量，我们愿意采取否认的策略，说实话这样做真的舒服多了。

对问题本身，极端和抽象的可能性，它们与日常生活相距甚远，不足以激发我们的关注。它们是不可见的，根本无法长时间保持对它们的注意力。我们的思想会被一些更实际的东西所吸引，一些能在此时产生令人满意的成就感的行动。处理遥远的可能性往往需要付出巨大的努力，我们很少有这种心情。因此，它们不一定是"未知的未知数"，而是可以被视为"未知的可知数"。未知的可知数是指在我们的能力范围内，对可能性及其大部分后果的理解，但由于懒惰或不感兴趣，我们未能这样做。这使得它最终成为一只黑天鹅，与未知的未知数一样。至少对某些人来说是这样，因为或许有人会准备接受挑战。

黑天鹅的相对性

在本章前面的部分，我们谈到对黑天鹅的普遍认识是，它们会迅速地、出乎意料地发生。只不过黑天鹅理念并没有说它必须是突发的，甚至必须在相对较短的时间内发生（比如几个月）。事实上，塔勒布书中讨论的许多例子都是在历史书中看起来很明显、很有条理的事件，但都是长期性事件，有着漫长的先导阶段。第一次和第二次世界大战都属于这个类别。基督教的崛起则被称为另一个黑天鹅事件。对于生活在耶稣诞生前后的人来说，一个占主导地位的基督教无疑是个荒谬的命题。但其产生的后果是巨大的，所以也符合黑天鹅的标准。基督教花了数个世纪才站稳脚跟，让人们开始感受其影响力。前面提到互联网和社交媒体的兴起是技术驱动的黑天鹅的例子。它们也是在多年后逐渐出现的，一步一个脚印地渗透进我们的生活。因此，从现实世界中的决策者的角度来看（这也是塔勒布敦促我们应该采取的观点），它们并不是在一瞬间出现的。

巨大的变化可能需要长时间的酝酿，这一事实增加了黑天鹅的相对性。那些不那么拘泥于理论框架，更愿意重新构建自己的思考逻辑的人会更快地接受变化。这为黑天鹅引入了一种属性，即它们是变革的巨大推动者。值得注意的是，当有部分人无法接受不断变化的现实时，那些敢于打破陈规的积极进取者的价值就会倍增。而那些与你存在竞争关系的人是否处于外行状态便是一个值得关注的变量，这也是我们在本书中会反复提到的主题。

除了思维的偏见之外，信息和知识是通常意义上决定黑天鹅相对性的因素。我们对高质量信息处理的能力投资越多，参考资料就越丰富，经历黑天鹅的概率就越小。以2016年唐纳德·特朗普当选美国总统为例，这于一直对他不屑一顾的人来说是一只黑天鹅。当他的候选资格首次被公布时，许多人认为这纯属搞笑，并在整个竞选活动中严重低估了他。普遍的

第 1 章
回顾黑天鹅

假设是,美国终究会清醒过来,认清他的真面目,特朗普在他们看来完全不适合担任公职。然而,那些圆滑老到并了解美国社会黑暗面的人则胸有成竹。他们认为特朗普的胜选是必然的。因为他们意识到,相当多的美国人已经开始对当前体制不满。这个体制对他们不利,除了特朗普没有人能够撼动这个体制。这股潜流带来了匪夷所思的特朗普总统,并最终导致了国会山骚乱。对于那些没有察觉到美国广大民众情绪的人,这确实是一只实实在在的黑天鹅。

想要更深入地了解黑天鹅,一定要观看乔·罗根(Joe Rogan)播客的第 1222 集。这期节目阐明了将我们中的一些(大多数)人变成外行的几种因素,并特别指出,即使我们看待同一组事实,也会产生巨大的认知差异。谈话的主题是关于所有黑天鹅之首,即小行星撞击地球。根据罗根的嘉宾格雷厄姆·汉考克(Graham Hancock)和兰德尔·卡尔森(Randall Carlson)的说法,有令人信服的证据表明,在现代人类存在的 18 万年左右的时间里,曾多次发生宇宙撞击。除了改变地球的地理环境,还可能已经彻底抹去了当时存在的文明,以至于今天无法找到任何相关的考古学方面的证据。被一些人称为"灾难论者"的汉考克和卡尔森认为,人类文明并不是在 12 000 年前开始形成的,这是传统的观点,而是这之前几个世纪,一颗砸向地球的小行星彻彻底底地扫荡了当时的所有文明之后重新启动的。他们提到的小行星撞击之后,全球气候发生了极端变化。其中一个后果是冰原几乎瞬间融化,由此产生的洪水完全淹没了当时的人类(如果这是事实,就可以解释历史上传下来的史诗级洪水的神话)。

然而,主流科学坚持被称为"渐进主义"的观点,认为应该从迄今为止可以察觉到的发展过程向后做出推断。如今我们能感受到的一切,是历经了千百年渐进过程的结果。由于学术界是这种观点的既得利益群体，他们对汉考克和卡尔森提出的观点有很大的抵触。就宇宙撞击摧毁文明的可能性而言，这种抵触将我们带入了黑天鹅的探讨。以下是他们谈话的一些摘录。我们不必对他们的讨论表明自己的立场，只要去感受双方有关黑天鹅立场的观点。

汉考克：每当你提出大灾难并拿出证据的时候……可以肯定，你会被一群愤怒的批评者所包围。

罗根：作为一个物种，我们患有失忆症。

罗根：为什么他们要试图忽略这样的事情？

汉考克：当出现与既定理论相矛盾的新信息时……当你仍然非常执着于该理论模型时……你开始把自己与它联系起来，对它的任何攻击都会被视为对你个人的攻击。

汉考克：我们一再看到新发现的事实被驳回，因为它们不符合现有的理论……这是贯彻整个科学史的通病。我们将考古和历史看作某种意识形态，而非科学。

汉考克：有一种关于文明是如何发展的意识形态观点，那就是这种长期、缓慢、渐进以及政治崛起让我们最终达到了今天的成就，这是整个故事的高潮和巅峰。天哪，我们对自己的成就感到非常自豪。

汉考克：他们正处于否认的状态，只是不愿意承认这一点。

罗根：这太悲哀了。你指望这些人得到正确答案，但他们却将自我意识掺杂了进来……假如你有一个明确无误的解释，并且自信不存在任何偏差，那就意味着你是在说（站在权威的角度）"我们知道发生了什么，我们知道我们将去向哪里"。

第 1 章
回顾黑天鹅

卡尔森：我们现在正处于这种模式，人类是全球变化的唯一原因……现在我们说，不，在这个星球上已经释放出的力量使我们所做的一切相形见绌。这会对人们的传统认知产生怎样的影响？

汉考克：……在明尼苏达州南部有一个植被茂密的地区，覆盖着原始森林，这就是起火的原因。当陨石撞击到来时，这会产生大量的热量……将整个世界点燃。

罗根：哦，这让我起鸡皮疙瘩。……一个下午的时间，一切都彻底改变了，这颠覆了千年以来我们对世界的看法。

汉考克：我们都需要知道这一点……这是我们的背景，也是我们的来源，现在世界的秩序是从那一刻开始的。

上述谈话表明了一些正在发挥作用的偏见，这使我们处于非常有利于黑天鹅出现的无知的幸福状态。这是一种科学教条，一种证真偏差——输入的证据会被装入广为接受的解释模型中。任何对证据提出不同解释的异议者（正如罗根的客人所说）都会被无情地否定，并被剥夺资金来源。还有政治角度的考量，统治者的意识形态只支持最优的理论（例如，目前人类对全球变暖负有全部责任）。最后，还有一个纯粹的存在性问题，即我们中的许多人不喜欢被告知地球本质上是太空中的靶子，只是在等待下一颗小行星的到来。相比之下，其他人则保持开放的态度来考虑事实试图告诉我们什么，无论这会导致怎样的结论。巨大的期望差距已经打开，这很重要，尤其是在我们稍后所要关注的竞争性互动中。

遇见预言家

很少有人会比那些"预言家"更愿意接受对事实的其他解释。这些人非常认真地对待大灾难的问题，并满怀激情地为它们做准备。事实上，你可以指责他们过度的想象力。这场运动中确实有一个边缘因素，他们有明确的反政府立场，希望发展成准军事单位，即所谓的"生存主义者"。但对这一现象进行了深入调查的布拉德利·加勒特（Bradley Garrett）教授认为，准备工作实际上正在成为主流，并已发展成为一个价值数十亿美元的巨大产业。① 有趣的是（或许同样令人担忧的是），社会精英们正为末日情景做准备。现在有一个活跃的掩体市场，提供豪华和舒适性，让你以某种方式度过人类末日。很显然，富裕的企业家在市场上非常活跃，他们预见到随着技术发展继续降低对数以万计劳动力的需求，社会契约将逐渐走向崩溃。

你尽可以指责预言家的想象力过于天马行空，但这或许可以弥补其他人在这方面一贯表现出的不足。事实上，未雨绸缪者是最敏锐的黑天鹅发现者。他们对遥远和灾难性的可能性进行探索研究，达到的深度和广度一般人无法企及。鉴于他们的志向，他们不顺从或受制于正统的观点。相反他们远离传统观念，因此他们可以理性地将"未知的未知"变成"已知的未知"。他们竭尽所能地寻找可能引发动荡的因素，那么他们都发现了什么呢？在表1-1中，我列出了加勒特书中接受采访的预言家们提出的所有极端事件，以供参考。

---

① 参考加勒特于2020年出版的《为末世而建的碉堡》（*Bunker: Building for the End Times*）一书。

第 1 章
回顾黑天鹅

表 1-1	预言家的清单

- 核战争
- 核恐怖
- 大流行病
- 合成生物技术（由无赖国家/科学家设计的大流行病）
- 小行星撞击
- 来自太阳的电磁脉冲（这将"摧毁"所有电子产品）
- 人为的电磁脉冲（同上）
- 巨型火山喷发
- 逃逸技术（有些概念模糊）
- 人工智能转为敌对状态
- 飓风、洪水以及野火
- 海平面上升（根据一位预言家所言，到2040年，佛罗里达州将成为海床）
- 荒漠化（到2040年，欧洲将成为类撒哈拉地区，来源同上）
- 电网停电
- 生态系统崩溃
- 农作物歉收
- 全球贸易网络的停止
- 恶性通货膨胀
- 纸币的崩溃
- 金融崩溃
- 政府崩溃
- 没有法制的世界

在预言家的世界观中有一个反复出现的主题是，表1-1中的许多事件将以相互联系的顺序发生。用他们的话说，这会产生"涟漪效应"，系统的各个部分会像多米诺骨牌一样逐个崩溃。我把这个清单松散地组织了起来，从引发系统震荡的元事件，到随后出现的严重后果（这里没有暗示任何特别的顺序）。排列在后面的事情当然可以因为与前级无关而自然发生，而排在最前面的事情可能会发生在最后，例如政府崩溃很容易成为核灾难的诱因！变化是无穷无尽的。要说明的是，灾难往往不是单独发生的。当情况发生时，正如预言家说的那样，可能会很快在多个方面爆发。人们早就知道，风险不是相互独立的，在设计风险管理策略时，我们必须考虑到多元化危机袭击的可能。在预言家看来，概率分布图尾部的小概率事件同样如此。

企业级黑天鹅

我们意识到，尾部实际上是在不断变化的。谁知道未来会发生什么。我们开始相信，保持豁达的心态，有准备地去接受尾部再次发生剧变，甚至史无前例、翻天覆地。

在这一章中，我们换个角度，从公司的视角出发来探讨黑天鹅。既然我们生活在一个充满不确定性的世界中，那么这对公司的管理者意味着什么？他们如何增强在黑天鹅虎视眈眈的世界里生存和发展的能力？他们是否应该首先警惕概率分布尾部的风险？

站在企业的角度，我们会发现有一些值得注意的问题。公司本身有很多特别的方面。它们独有的特征影响着我们对黑天鹅现象的思考，我们在本书中会一一讨论。公司是在特定的授权下运作的，以创造利润为目的。或者说，为那些投资于公司的股东"创造价值"为目的，企业的所有权人并不直接管理公司，他们将公司的日常运作委托给执行团队，这种所有权和控制权之间的分离具有重要的意义。公司的特殊之处还在于所谓的有限责任，这是公司法的法规决定的，意味着股东的损失不能大于他们最初的投资水平。使公司成为值得研究实体的另一个因素是其决策过程的复杂性。有些公司有许多权益人（也就是股东），他们为了让自己的利益最大化而试图干预公司决策。公司有各种制衡措施，防止其中任何一个部门的影响力超标。在本章以及接下来的章节中，我们将探讨有这些特点的公司，如何应对疯狂不确定性。

| 针对董事会的黑天鹅

将"公司"视为一个统一的、理性的实体，这个想法是有失偏颇的，它淡化了在许多问题上可能出现的利益冲突，包括对尾部风险如何加以管理。董事会的董事、执行团队、业务单位领导、公司职能部门等，都有各

第 2 章
企业级黑天鹅

自不同的职责范围与优先事项。正如上文所讨论的，应对黑天鹅需要站在特定的利己的角度，我们必须进行选择。在本书中，我们选择董事会的视角，因为董事会与公司有着最密切的相关性，原因是他们代表了公司的所有人以及他们的利益。董事会实际上"拥有"公司，对公司的风险状况负主要责任，这与人们普遍认为的风险管理不同，它不仅仅是"运营"的问题。他们的任务包括确保承担的风险与公司业务追求的目标相匹配。

将视线转向董事们，我们会发现黑天鹅的数量增加了。浏览众多的商业书籍常常可以发现，它们忽略了极为重要的一点，即管理者本身可能就是黑天鹅的发源地。你或许不会相信，但董事会的职能之一是要谨防高管人员的不当行为。公司的全部资产及其无形资源都是实打实的财富。让一群没有监管的人员去管理、控制、运作这些资产，他们完全可能费尽心机，使用巧妙而隐秘的办法，把财富占为己有。这是典型的黑天鹅代理人，这在公司财务文案中会有针对这类人的详细的规定。这是带有讽刺意味的不争事实。所有权和控制权分离最明显的体现就是董事会的存在。事实上，董事会可以被视为繁忙交通道路上的交警，是防止公司良性运转失控的机制。

另外，回顾我们之前的讨论，黑天鹅和预期有关，而预期在很大程度上是由信息和知识组成的。与执行团队相比，董事在这两方面都处于严重的劣势。他们每年召开几次会议，而且董事们往往是由行业之外的人组成的，董事会的成员也经常变化。管理层对信息的传播有很大的控制权，可以选择不让董事会了解某些重要的信息。对于董事会，黑天鹅的认定标准被降低了，无论发生什么都可能是极大的意外。而管理人员其实早已经发现了黑天鹅的到来，却压制了相关信息的传播。更糟糕的是，或许他们直接成为黑天鹅的组成部分，参与其中。如果是这样，他们肯定不承认这是黑天鹅。至于风险管理经理，他们通常是受过良好教育且具备专业技术的人，可能会发现关于黑天鹅的事情，这些事情实际上是公司面临的真正威胁。然而，如果这些发现不能传达至董事会，使董事会能够采取应对措施掌控局面，那就毫无用处。

我们对企业黑天鹅的定义是：对公司会产生巨大影响，但对缺乏警惕性的董事会（也就是由独立董事组成的公司最高领导部门）来说却完全是个意外的事件。针对董事会的黑天鹅有这样几种类型：有些是企业所特有的，例如前文已经暗示过的；有些是在我们身边孕育的，它们不是从外面俯冲而下，而是从内部深处浮现出的。在此之前，让我们先讨论公司之外产生的企业级黑天鹅。

| 黑天鹅的袭击

我们已经得出了结论，随机性源自变化莫测的自然界。自然界的规模无边无际，其后果往往也是无法估量的。我们每天都可能见到世界各地品种不同的黑天鹅：自燃野火、飓风、洪水等新闻。

接下来是构成文明的各项因素：科学、技术、经济和政治体系引入了另一方面的随机性，能够引发产生可怕后果的大规模暴力事件。不过稍有不同的是，文明的各项因素通常都是为了提高我们的生存质量，使我们的生活安逸、幸福。如果没有像电网、中央供暖和垃圾处理厂这样的基础设施，我们将更加暴露于自然的变幻之中。只要获取权力相对温和，任何权

第 2 章
企业级黑天鹅

力的集中化都强化了抑制风险的功能。决策权的集中可以减少或减轻系统中的风险,因其集中了资源并有权力协调和使用资源。当自然灾害发生时,如果有国家的警卫队和其他中央危机应对机构立即采取措施,避免或减轻灾难带来的伤害,我们应该会感到自己很幸运。许多国家都有着完善的社会保障体系,在我们遭受健康或财务损失时提供一定程度的帮助。当出现意外问题时,这些安全体系会显著减轻所受到的打击的力度。因此在大多数情况下,可以认为这些系统降低了我们的生存风险。

但是,政府体系偶尔也会出现故障,并可能反过来攻击应该受到保护的我们。如果把这样的假设代入公司,董事会就成了黑天鹅的制造者。例如,政变或政权垮台会对某些公司的业务产生毁灭性后果。假如你是某政权体系内的一名承包商,该政权的解体可能就是这种商业模式的终结。至于技术性系统的崩溃可以回顾 2000 年初美国加利福尼亚州的停电事件。由于多种多样的原因,电网反复关闭和打开,这种情况成了许多企业的噩梦,使它们难以维持正常运营。通常技术系统会被自然界事件引发,从而造成社会混乱,成为预言家口中的连锁反应。

衰退是企业内部产生风险的典型例子。商业兴衰周期中的低谷使得人们灰心丧气地怀疑自己的未来,致使各项进取的策略变得趋于保守。这种"躺平"所引发的必然结果是,人们的支出大幅缩减。假如你正在经营一家企业,这绝对是个坏消息。既然我们理解经济衰退的必然性,那就应该同时对黑天鹅的可能性持开放态度。但是,尽管我们可以接受这种现象必然会偶尔发生,但仍会因其后果严重且影响深远而惊愕不已。21 世纪 00 年代末的大衰退呈现的正是这样一种破坏力。乔里斯·卢延代克(Joris Luyendijk)在他那本非常值得一读的著作《与鲨共游:我的银行家世界之旅》(*Swimming with Sharks: My Journey into the World of Bankers*)中,描述了他目睹的金融市场的场景：

> 一些人谈到了雷曼兄弟公司倒闭后的几小时、几天和几周……那是他们职业生涯中最痛苦的时期，甚至成了一生的梦魇。他们谈到同事们瘫坐在屏幕前，呆若木鸡……有些人则赶忙给家人打去电话；从自动取款机上拿出尽可能多的钱；赶紧去超市囤积食物……这不是恐怖电影，但确实让人不寒而栗。①

无论将大衰退视为单纯的尾部风险还是黑天鹅，急剧的衰退都是罕见的，并会带来恶性后果，这类事件都有各自独有的特征。这是从外部强加给企业的，对经营良好的企业同样造成了重大伤害，这些企业并没有不自量力的冒险之举，却同样深陷其中。外部强加的剧烈动荡肯定是一个重要的类别，不容小觑。对于公司而言，这并不是风险的全部，还有更多类型的黑天鹅扑腾着翅膀让它们胆战心惊。公司需要经常调整望远镜的聚焦点，继续寻找下一只可能出现的黑天鹅。

战略层面的黑天鹅

一些黑天鹅会悄悄地靠近企业，伺机来个釜底抽薪。我指的是这样一种情况，排除经济衰退，一家公司的战略有可能被竞争性的举措所击垮。为了方便理解，我们可以做以下解释。战略是虚拟词，我们可以简单

---

① 参考卢延代克于2015出版的《与鲨共游：我的银行家世界之旅》一书。

第 2 章
企业级黑天鹅

地理解为创造利润和价值的方法（为利润最大化所需要执行的长期可行的策略）。它所涉及的内容包括：提供有吸引力的产品、具备高效的生产力、建立供应链以确保及时交付，以及其他一系列使公司增值的举措。换句话说，战略会为企业提供净收益，将公司所创造的价值货币化。当我们努力制定一项战略以后，它不会即时产生效果。刚实施的战略既不会带来利润，也很难对未来利润的增长做出保证。

通常，公司会随着市场环境的不断变化而调整其战略。当竞争对手推出新产品或开展营销活动时，公司会采取有针对性的举措，以挽回部分损失。如果对手的某种设计或产品广受市场欢迎，公司也会取其之长而补己之短，提高本公司产品的性能，迎头赶上。这样就可以根据市场情况的变化不断重新配置调整公司的资源和目标。

市场中有时会突现一些颠覆性的变革，将企业彻底击溃，这便属于战略黑天鹅的范畴，它对公司战略的可行性构成了威胁。这不是通常意义上的市场份额争夺战。这些战略黑天鹅造成的后果是毁灭性的，关乎企业的生死存亡。它们通常是由一个新的技术创新或社会趋势的出现所引起的，足以使公司的战略成为历史。战略黑天鹅也可能是指一个竞争对手的意外出现，该竞争对手远远超越了同行，使其他公司的战略都成为明日黄花。这类黑天鹅的攻击力很强，一次压制性的打击就会彻底击败对手。它们无疑是罕见的。那么，要想自己成为这样的黑天鹅，只需要让那些即将出局的人盲目地抱着侥幸心理就可以了。

很适合用来解释战略黑天鹅的一个例子是发生在1892年的一次市场竞争，当时标准石油公司和罗斯柴尔德家族等人正在全球市场跑马圈地。那一年，一位名叫马库斯·萨缪尔（Marcus Samuel）的伦敦商人设计了一项颠覆市场的计划。此举甚至推翻了强大的标准石油公司，而标准石油公司曾经打败过那些挑战其市场地位的竞争对手（这是在反托拉斯法出台之前）。萨缪尔所追求的是利润丰厚的东亚煤油市场，为其在阿塞拜疆首府巴库市建立的生产基地提供理想的销售市场。正如丹尼尔·耶金（Daniel Yergin）教授在其关于石油历史中所讲述的那样，①萨缪尔策划了一个巧妙的计划来实现这一目标。他开展了一系列的辅助行动，秘密地配合这一策略成功实施，避免留给标准石油公司抢先的机会。他与亚洲的贸易公司合作，并联手罗斯柴尔德家族的一个分支，迅速采取行动，抢占了标准石油的一大片目标市场。进入了这些亚洲市场后，意味着萨缪尔为其大量生产的产品找到了出口市场。由此形成的规模经济使标准石油公司根本无从招架，不得不采取降价策略，这项以往得心应手的策略，曾迫使企图与之抗衡的其他竞争对手退出市场。

进入东亚市场需要克服困难重重的后勤挑战。油轮必须满足通过苏伊士运河的安全要求，从而大幅度降低运输成本（否则船只将不得不绕行好望角）。当时，出于安全考虑，运河并不对运载燃料的船只开放。萨缪尔用技术创新克服了这一障碍，例如改装散装船，以便运载他的轻质燃料油。他还驾轻就熟地进行了政治博弈与相关商业关系的活动，为其油轮的通行许可铺平了道路。当时的《经济学家》(The Economist) 杂志曾评论道："这项全新的举措是大胆、非凡且影响深远的。""传统的东方石油贸易已经变得过时了。"惊魂未定的标准石油公司高管们在现实面前醒悟过来时发现为时已晚。他们实际上已经彻底失去了东亚市场。萨缪尔一举赢得了这项意义重大的胜利，而这远远超出了标准石油公司董事会的预测。因此，对他们而言，这就是一只战略黑天鹅。

---

① 参考耶金于 1990 年出版的《石油大博弈：追逐石油、金钱、权力的斗争》(The prize: The Epic Quest for Oil, Money, and Power) 一书。

第 2 章
企业级黑天鹅

战略黑天鹅具有某些特征，它们一般采取全新的、突破性的方式。正如上文所述，以前人们从未想过利用苏伊士运河运输易燃的轻质燃料油的方法，只有精明的人才能别出心裁地制定出这样的方案：用数量众多的散装船来运载这种液体，并可以通过按照标准建造这种船只，从而安全地通过关键的瓶颈地带。而散装船可以按照使用要求设计和制造，这样就完成了多数人认为不可能的事情，这几乎肯定会把竞争者置于万劫不复之地。因此，战略黑天鹅涉及的主题是技术创新，同时改变了游戏规则，重新定义了客户体验，从而淘汰现有的市场产品。又或者是，通过创新使生产成本大幅降低，以至于使业内同行只能望尘莫及，自叹不如。例如亨利·福特（Henry Ford）在装配线上成功实现了福特 T 型车的大规模生产。

如前所述，技术也是黑天鹅的制造者，因为它实际上形成并支持了长期的不可预测性的存在。企业很大程度上在这种提心吊胆的背景中战战兢兢地存活着。它们的业务是为人们提供日常使用的产品和不可或缺的服务，而几乎所有这一切都必须依赖于技术。当主导技术发生变化时，那些冥顽不化、顽固守旧、抱持陈旧技术的企业将会面临怎样的困境可想而知。比如那些冲洗打印胶片的照相馆，它们对能从黑天鹅——数字革命——的攻击下死里逃生毫无办法。这些照片冲印放大店铺曾经是一门好生意，但在数字化浪潮的汹涌澎湃中一命呜呼了，被淘汰在历史的长河之中。

在某些领域，提供技术创新就是一种业务形式。这就是熊彼特（Schumpeter）的"创造性破坏理论"中可怕的地方。初出茅庐的企业家总是希望借助创新与技术革命来取代市场领导地位，这使得老牌企业忧心忡忡。企业战略就是要倡导不断创新，调整策略以获得最大限度的优势，充分参与市场竞争。战略黑天鹅警示人们：永远不能停滞不前，要成为进攻的战士而非被动挨打的对象；要成为屠夫而不要做火鸡。

　　战略黑天鹅与其他黑天鹅不同，我们的反应是听天由命："好吧，这很公平。我们在竞争中被淘汰了，胜利者完成了我们有可能做到但没有想到的事情。"动态竞争是商业的本质，这是进入商界的人都必须接受的。一旦数字化到来，照片冲印店能做的生意就所剩无几了。但是在某些情况下，风险是可以预防的。柯达公司无法未卜先知地认识到数字化的后果，这是战略破坏的典型案例。与照相冲印店不同，柯达公司有足够的资源投资于新出现的技术。颇具讽刺意味的是，数码相机实际上正是由柯达公司的一位工程师发明的，只是该公司的经理们没有意识到数字化将成为一项颠覆性的技术，带来无数的机会和可能性，反而可笑地将其视为一种可有可无的小玩意儿。①

　　发生在柯达公司的事情最好的解释就是禀赋效应（endowment effect）：我们倾向于与所拥有的事物建立情感联系，在感情上我们就是不想放手。转化战略则意味着管理者必须放弃曾为公司创造了良好盈利的模式。该模式与公司的身份形象紧密相连，是公司定义自我的重要方面，那么禀赋效应的影响将变得更加强烈。由于以胶片为基础业务对柯达公司来说弥足珍贵，管理者就坚决否定数字技术。他们难以想象胶片相机被彻底淘汰的世界，因此，随后发生的数字化革命对柯达公司的董事会来说就是一只黑天鹅。

　　世界对科技的无限崇尚不断驱动着社会向前发展，最终结果对我们大多数人来说是无法预测的，这很可能是一只正在缓慢发展壮大的黑天

---

① 根据《福布斯》2012年的一篇文章，柯达公司的经理们对提出第一台数码相机设想的工程师的反应是这样的："这很可爱——但仅此而已，不要告诉任何人。"——《柯达是如何失败的》（How Kodak Failed）。

鹅。值得担忧的是，全世界的资源正向精通技术的少数群体积聚，他们在全球财富中的占比越来越大。与此同时，更多的传统产业和工作方式已经过时。随着财富被更多的科技企业家和他们在金融和政治领域的伙伴所攫取，不稳定和社会动荡最终可能随之而来。杨安泽2018年基于美国的社会背景提出了一个论点，美国弱肉强食的生存法则导致了这种情况：小部分人在沿海城市过着纸醉金迷的生活，而其他地区却陷入了贫困。[①] 杨安泽认为，越来越多的流离失所者与自动化技术正在威胁社会结构的稳定。

杨安泽的观点可以被理解为另一只黑天鹅正在形成。假如他是对的，我们中的许多人会成为自动化负面影响下的受害者。如果你认为美国社会契约破裂是一件不可能的事件，那么请回顾前面所提及的事实——防控洞市场中最为活跃的是（为末日危机做准备的）那一批富有的企业家。

| 内部的黑天鹅

我们要讨论的下一只企业级黑天鹅离我们更近。事实上，它的始作俑者正是我们自己队伍中的人。只需稍加留意，我们就能找到源于内部人员行为的企业级灾难。因此除了关注从天而降的外部灾害外，我们还要以史为鉴，根据我们先前关于认定企业级黑天鹅的条件，寻找隐藏在我们内部的黑天鹅。

---

① 参考杨安泽于2018年出版的《对普通人的战争：美国工作正在消失的真相及为什么全民基本收入是我们的未来》(*The War on Normal People: The Truth about America's Disappearing Jobs and Why Universal Basic Income is Our future*)一书。

黑天鹅中经常被提及的一个类别是流氓交易员。法国兴业银行（Société Générale）的杰罗姆·克尔维勒（Jerome Kerviel）就是一个很好的例子。2008年，克尔维勒先生调取了据称远远超出其权限的头寸，造成了巨大的交易损失。在随后的诉讼中，克尔维勒被指控"违反信托责任、造假和使用欺诈数据"，他最终被认定有罪。一个交易员个人的自主行为造成的财务和声誉损失，远远超出了银行董事们的想象。

与我们主题更加密切相关的黑天鹅是流氓高管。安然公司曾经是休斯敦一家让人引以为豪的能源公司，它为我们提供了有关这一现象最好的案例研究素材。20世纪90年代末，安然公司成为业内令人敬畏的行业霸主，以其强大的创新能力震撼了整个行业，并且能够成功地保持这种企业形象，以至于《福布斯》杂志连续六年将其评为美国最具创新能力的公司。明星学者们纷纷写书赞美安然公司的成就，它的努力得到了麦肯锡公司这类顶尖咨询公司的背书。当它申请破产时，就像引爆了一枚核弹，造成了巨大的震动（其审计企业安达信公司和安然公司一起都破产了）。安然公司在其倒闭时被列为美国第七大公司。常设调查小组委员会（代表美国参议院）的以下声明清楚地表明了造成这次崩盘的黑天鹅性质，亦即这件事件的不可思议性：

> 安然公司倒闭的一个显著特点是，该公司在不到三个月的时间里，从一家备受尊敬且屡获殊荣的公司戏剧性地转变为一家名誉扫地的破产企业。

事实证明，安然公司的高管们不仅极具创造性，而且拥有出众的犯罪头脑。法庭记录显示了一系列令人咋舌的会计和商业骗局，旨在维持公司

第 2 章
企业级黑天鹅

利润增长的表象。[1]其在股市中的优异表现证明，投资人只是单纯地相信了公司的年度报告。这种盲目的信任与认知偏见一样，是孕育黑天鹅的温床。我们试图要相信安然公司，因此不断寻找借口和理由，以便解释与报表相悖的事实。这是我们在给自己编造故事，说服自己相信"安然是一家了不起的创新公司，它们不会有错。不久的将来它们将完全主宰美国的能源市场，还可能是全世界的能源市场"，然后开始寻找支撑这一观点的证据，同时愿意去忽略相悖的事实。安然公司自创了一套会计方法，但是没有人能够读懂它们的财务报表。安然公司的人说话非常自信，显得胸有成竹，似乎他们很清楚自己在干什么。

"柴油门"事件是震撼德国汽车制造商大众公司的丑闻，提供了关于流氓高管的另一个案例。[2]"柴油门"的背景是大众公司的高管们，希望旗下产品达到利润丰厚的美国市场的排放标准。他们向世界展示的是"清洁柴油车"，这是公司发展战略的基石，但他们的柴油车实际上无法达到美国监管机构规定的排放标准。当发现排放指标不可能实现时，公司的工程师们开始篡改软件代码，调节测试中的排放数值。令人大跌眼镜的是，他们竟然想出了一个所谓的"解决方案"，即在测试期间关闭了两个主动轮，这样一来，与正常行驶相比，测试大大降低了废气的排放量。大众公司偷偷地造了这样一个作弊装置。修改后的软件被大规模部署，在 2007—2015 年之间影响了大约 1100 万辆汽车。案发后大众公司最初试图否认，意图加以掩盖造假事实。面对确凿无疑的证据，该公司最终在 2017 年承认了刑

---

[1] 有人可能会说，这个例子选得并不适合，因为安然的董事会似乎在主动参与，他们签署了一系列事后看起来相当可笑的激进做法的文件，比如在几乎任何类型的交易或活动开始时计入公允价值收益。真正的黑天鹅可能是那些在安然倒闭时仍然相信它是竞争对手的可怜的公司。

[2] 本章节借鉴了艾米·C. 埃德蒙森（Amy C. Edmondson）教授于 2019 年出版的《无畏的组织：营造工作场合的心理安全感，促进学习、创新和成长》（*The Fearless Organization: Creating Psychological Safety in the Workplace for Learning, Innovation and Growth*）一书。

事指控。在事件曝光后的几天里，其股价下跌了 1/3 以上，几位高管相继被逮捕，一连串无休止的诉讼随之而来。据估计，截至 2020 年 6 月，针对该事件的累计罚金约为 330 亿美元。如此规模的罚款，加之对公司声誉及形象的损害，让"柴油门"事件成了一家声名赫赫的大企业的黑天鹅事件。在外界看来，该公司一直以工程能力著称，并有德国制造的可靠性背书，这进一步放大了冲击效果。关于大众汽车节能的传闻，我们对此深信不疑，并以此作为对其未来的预期。

值得注意的是，安然公司和大众公司的案例都属于蓄意为之，置公司权益人的风险于不顾，高管们蓄意作弊以达到他们的目的。这或许不完全等同于背叛，但正如西塞罗在评论内部敌人时所提到的，个人的野心会促使整个企业走向危险的边缘。在接下来的几节中，我们将进一步探讨个人野心的影响，深入挖掘其根源所在。

迷恋增长

一个不可否认的事实是，高管们自身有时就是风险的源头，而非解决方案。他们本来肩负着引导公司发展的责任，是为公司和员工保驾护航的人，但遗憾的是，他们却亲手摧毁了企业。他们的行为引发了风险，甚至会引出可怕的黑天鹅。不过，我们应该正确地看待这种现象，将流氓高管视为尾部风险，因为这毕竟是非常罕见的事件。大多数职业经理人都是体面和埋头苦干的人，他们关心着组织和自己的事业，我并不是故意要把他们描绘成生活中的反派角色。然而，当这些事情真正发生时，后果可能是灾难性的，通常会涉及诚信和信托责任（即期望），把我们推入黑天鹅的领地。

既然有如此多的黑天鹅来自内部，那么从历史来看其中的根本原因是什么？是什么驱使高管们铤而走险？这当然有多种理由可供解释，如果把所有的解释理由都描述出来，就超出了本书的范围。我们将着重描述它们的几个共同点。

首先，管理团队面临着为公司创造增长的巨大压力。所谓增长，一般是指营收按年度或季度不断增加。要了解为什么这种愿望如此强烈，有必要考虑一下股票市场、公司和管理人员都陷入了"利润增长"的困境之中。对上市公司而言，对渴望利润增长的驱动力是巨大的，因为它是提升公司价值关键的因素。[①] 如果市场对公司的增长感到失望，并以此预测公司的未来前景，就会使公司股价立即下跌，市值大幅缩水。如果高管们持有公司的股票（事实上大多数高管都持有），那么无疑将直接影响他们的经济利益，所以他们无法不对此忧心忡忡。

且不说业绩增长迟缓给整个公司带来的影响，在职业经理人的世界观和价值观中，业绩增长最为重要，它就是其生活的终极目标，扎根于他们的内心深处。上文中提到的杨安泽曾这样引述一位经理人的话：

> 管理团队的最终目的是，通过一切手段把握机会，尝试增长。我们当然要兼顾其他领域的运营效率，但这并不是首要任务。

那为什么企业的管理人员如此渴望增长呢？除了上面讨论的纯粹的财

[①] 盈利能力是另一个因素。公司的税率和资本成本也是价值理论公式中的价值驱动因素，但管理层对此的控制有限，因此，它在很大程度上并不存在于管理者的脑海中。

富效应，我们还必须认识到，增长数字低于预期是一个信号，它告诉我们管理团队没有能力实现既定目标。管理团队会因此而感受到极度的不安：差强人意的增长预示着最好的时代已经过去。从现在开始，他们将面对停滞不前和原地踏步，而所能做的就是尽己所能地经营好这家公司，解决公司的生存问题。或许应该扩张业务，保持一定的增长势头。低于预期的增长让人们失望，而停滞不前则会让人们无法接受，继而引发恐慌。

正是由于增长带来的压力，管理团队才会开始考虑采取更激进的策略，从而达到预期的增长目标。激进的策略孕育着铤而走险的可能性。安然公司的例子有力地证明了这一点。公司高管们完全能够意识到炒作的期望值，并感觉到实现这些期望的压力。如果你质疑实现增长所带来的压力，请阅读上文提到的卢延代克于2015年对金融从业者的描述。对于银行家来说，那些被保安赶出大楼的失业者、曾经的同事在提醒你，下一个可能就是你。① 防止鲨鱼窒息的唯一方法是让它不停游弋。一位投资银行家曾经这样说道：

> 每个人——自上而下的每个人——都在关注业务，关注收入情况……无休止地渴求不停的交易。

其次，想要充分了解迷恋增长带来的后果，我们就要先认识到，不是所有形式的增长都是一样的。增长有三种基本方式，因其价值和风险的不同而有所不同。行业增长一般被认为是最良性的一种增长形式，这说明该行业的所有公司收益颇丰。需求总体上正在改善，行业中的每个人都能从中分一杯羹。现在的问题是如何对新的需求做出反应，并享受风口带来的红利。这并不代表要过度扩张。远高于同行市场份额的增长意味着承受较

---

① 在这些情况下要特别注意安全，因为前雇员有可能因报复而做出破坏行为。

大的风险，这需要有更多的投资，而且竞争对手很可能会进行报复。因此，在轻松地获得了市场形势变化带来的红利以后，知足地落袋为安才是上策。如果贪心不足蛇吞象，再以较高的代价去吞并盈利能力并不明朗的细分市场，可能会得不偿失。

最后，我们来关注一类高危风险的增长形式——并购。在这种情况下，目标公司的收入和收益是直接添加到营收中的，增长效果立竿见影，这是收购其他公司的主要吸引力。但并购的代价是高昂的。收购溢价可以达到30%～40%，如果仔细地琢磨，你会发现这个数额实在过高了，必须有相应的措施来平衡投资回报。除此之外，还有以下常见的并购后遗症：企业文化不能很好地融合、关键人员离职，等等。关于并购的大量学术论据非常清楚地表明：一般情况下，并购行为会破坏被购买公司的原有价值。无论采取什么样的对应措施，在大多数情况下，并购的回报都与所支付的巨额溢价不相匹配。著名的评估专家阿斯沃斯·达摩达兰（Aswath Damodaran）教授对企业间并购的看法是：

> 如果从整体上观察整个并购行为，这或许是一家公司可以采取的最具破坏性的行动……我坚信，并购会让公司成瘾。一旦公司开始通过并购实现增长，它们就难以停下脚步……目标就能轻松达成。第二天早上醒来，你会说感谢上帝赐予资本的力量。①

大多数情况下，并购只是破坏了公司的价值，但也可能因为并购的代价过于离谱，从而酿成企业级黑天鹅。例如，微软公司在2013年以71.8亿美元的价格收购了诺基亚公司旗下大部分手机业务及其专利组合，这显然是一处败笔，因为这些业务没有任何能力创造额外的市场价值。结果不

---

① 参考阿斯沃斯·达摩达兰出版的有关并购的书——《简单拒绝即可》（*Just Say No*）。

到三年，微软公司以 3.5 亿美元贱卖了诺基亚功能机相关业务。惠普公司在 2001 年对康柏公司的收购也是一次并购灾难。ABB 公司则在 1999 年为美国的燃烧工程企业（Combustion Engineering）支付了高溢价，虽然从支付的价格来看溢价尚可接受，但真正的噩梦始于 ABB 公司所承接的与石棉索赔有关的隐性债务。当完成最后一次结算时，一番折腾花了 ABB 公司 14 亿美元，几乎等同于最初 ABB 公司为收购所支付的金额。然而，职业经理人往往对此类公司收购的事实装聋作哑。他们狡辩收购其他公司是实现收入增长的捷径，是提升每股收益的万全之策。

在我们雄心勃勃地制定增长目标的同时，风险降临的可能性也在同步增加。决策者会掩耳盗铃，忽视之前可能经历过的风险，因为现在最大的风险是无法达成预期的目标。达不到期望水平是决策者最不愿意看到的。在确定目标（驱动人们为之努力）的同时，你也决定了如何看待风险（无法实现目标）。

目标对执行者会产生非常大的影响。从心理学的角度进行分析，这会让我们感觉受到亏损的威胁。在关于不确定性下的决策研究中，一个普遍的现象是，人们在赔钱时会变得更趋向于冒险。我们之所以冲动是因为想要赢回失去的，而且要争取迅速地赢回来。如果只有通过赌博才能做到，我们会毫不犹豫地跳入火坑。落后于目标的高管们也受到了同样的蛊惑，这也解释了他们为什么会变得如此鲁莽。俗话说，非常时期需要采取非常手段。我们可以由此来理解大众汽车公司为何会沦为市场弃儿。公司新上任的首席执行官马丁·温特科恩（Martin Winterkorn）在 2007 年宣布，公司的目标是在 10 年内将其在美国市场的销售额增加两倍，成为世界上最大的汽车制造商。正如上文提及的艾米·埃德蒙森教授对这一事件的描述，过于苛刻的目标会诱发危险的计划，最终导致公司产生倒闭的风险。

第 2 章
企业级黑天鹅

美国富国银行（Wells Fargo）提供了另一个很好的案例，说明在严酷的增长目标压力下，无情无义的行为会变得司空见惯。《纽约时报》（New York Times）将该公司的销售目标描述为"遥不可及"，单纯从数字上看都是不合逻辑的。① 员工们在实现目标过程中承受着巨大的压力，无所不用其极地从每个客户身上榨取利润。在这种情况下，公司还采取了一系列违法的欺骗行为，例如为客户创建虚假账户，诱使他们为毫无必要的产品付款。据估计，公司大约创建了 350 万个欺诈性账户。该丑闻于 2016 年被曝出，公司为此付出了沉重的代价，失去了宝贵的商誉，美联储禁止该银行扩大资产，除非它改善了自身的企业文化和内部管理制度。直到 2021 年初，美国富国银行仍然没有摆脱这一限制。②

本节我们把重点放在了增长上，但这一观点也适用于其他组织的业绩目标。以盈利能力为例，在盈利目标的压力下，管理人员可能会受到诱惑而偷工减料，这不仅会损害公司形象，甚至会践踏道德标准。这种违反规范和道德的行为，会以同样的方式导致黑天鹅从内部产生；时效方面的目标（规定完成项目或任务的时间，并以此作为发放奖金的依据），同样会给管理者带来压力。2010 年英国石油公司及其分包商在墨西哥湾造成的石油泄漏事故，导致了巨大的伤亡及环境灾难。这起事故源于复杂的技术原因，但从随后的调查中足以看出，项目的经理们为实现盈利与时限而面临巨大压力。结论和前面一样：落后于期望值会产生巨大的压力，进而滋生不顾一切地铤而走险，最后衍生出一系列危及公司声誉的行为。

---

① 参考《纽约时报》的报道：富国银行宣称其文化已经改变，但一些员工则不以为然。
② 雪上加霜的是，处罚和诉讼的金额超过了 20 亿美元。这似乎很吓人，但与富国银行通常 800 亿~1000 亿美元的年收益相比，这只是一个微不足道的数字。

恐惧因素

上一节指出,大量的黑天鹅事件可以追溯到野心勃勃的目标,以及为实现这些目标而采取的不计后果的冒险行动。我们调查分析了大量企业自己制造的灾难案例,不难发现其中反复出现的另一种模式——恐惧文化。在某些组织中,不同意见是不受欢迎的,于是就形成了一种唯唯诺诺的组织文化。在公开场合大胆说出自己的想法,在心理上会有不安全的感觉。高层的意见会对异议者进行最直接的反击。在上文埃德蒙森提到的几家公司案例中,普遍存在着恐惧状态。大众汽车公司的强人费迪南·皮耶希(Ferdinand Piech)的话很好地反映了这种情况,他当时正在对一群工程师讲话:

> 我已经厌倦与你们这群病病恹恹的人共事。你们有六个星期的时间来将自己塑造得强壮有力、精神饱满。我会记住你们每一个人,六周以后假如没有改善,我会找人替换你们。谢谢各位拨冗出席。

恐惧也是安然公司的主导情绪之一。在该公司"末位淘汰"的政策下,每年有10%的员工会被要求在公司内部另寻出路,或者以其他方式被解雇。只要在同行评估中排名垫底,你就进入了一个不幸的圈子,这种严酷的达尔文式规则也被称为"竞争上岗"。换言之,你的同事(通常应该被视为朋友的人)很可能会在背后捅你一刀,因为这样做他们就能确保自己可以再坚持一年,而且"恐惧氛围"有更大的可能性会在组织体系中蔓延。不难想象,让这种威胁一直笼罩在员工头上将会对其士气产生怎样的不利影响。①

---

① 安然公司的"末位淘汰"制被一些人视为标准的商业惯例,由通用电气的传奇领导人杰克·韦尔奇(Jack Welch)所倡导。

第 2 章
企业级黑天鹅

恐惧文化带来了另一种尾部风险。这发生在两个方面：第一，人们不敢说实话，因此从未展开过对有关风险的探讨。在本该畅所欲言的时候，人们却选择了沉默。根据埃德蒙森的观点，这种情况在企业部门内普遍存在：

> 在一项研究中……85%的受访者反馈，至少有一次在向老板提出相左的意见时，他们感到难以启齿，尽管他们认为这个问题很重要……他们害怕直言不讳地说出实际上尚未出现的事故……因为思想上有隔阂，想法、关切和自由交流经常会受到阻碍，这种情况比比皆是。

第二，恐惧文化助长了那些乖离的行为并允许甚至支持其存在，直至达到某个危险的临界点。为避免顶撞自己的上司，人们会采取违背道德信念的行动。在这方面，我们可以发觉企业文化的影响到底有多大。正如津巴多教授在他的研究中所证明的那样，几乎每次都是无良的体系打败了品行端正的人。[①] 与人们的普遍认识不同，"邪恶"这个词具有相对性，与人们本质的好坏关系不大。这就是津巴多从他 1971 年进行的极具争议的斯坦福监狱实验中得出的结论。在这个实验中，年轻人被随机分配为两组——囚犯和他们的看守。他们在不到一天的时间就完全融入了自身角色并完全将角色内化。看守们采取了羞辱和欺凌的手段，造成"囚犯"心理上的痛苦，极端情况下会使某些对象崩溃。事实证明，当面对规范、权威和期望时我们会屈服——正如实验所反映的那样。重要的是，即使这种做法违背了道德，我们仍会这样做。我们从内心深处认为自己是在拯救对方，但事实往往相反。

---

① 参考津巴多教授于 2007 年出版的《路西法效应：好人是如何变成恶魔的》(*The Lucifer Effect: Understanding How Good People Turn Evil*) 一书。

正是由于我们天性的弱点，才使得企业文化如此强大，使那些可怕的行为正常化，成为孕育企业级黑天鹅的肥沃土壤。

针对首席执行官的黑天鹅

恐惧文化和激进增长目标似乎存在某种关联。一旦发现了其中一个，那么另一个也为时不远了。为什么会这样呢？富国银行的案例就很有启发性：随着目标被提高，人们会产生强烈的动力，竭尽所能地实现目标。在这种作用力的驱使下，职业经理人的压力倍增，对任何可能妨碍他们的绊脚石都恨之入骨。当务之急是达到目标，而且要快速推进。因此，对于任何碍手碍脚的现象，他们都会采取粗暴的处理方式，使得任何有不同意见或不符合要求的人都心生畏惧。这样自然会使恐惧的氛围蔓延开来，并迫使人们唯命是从。夸张且无可行性的目标导致人人自危。在这种情况下，目标的提高导致恐惧文化随之而来。

另一种解释是，恐惧文化和激进的增长目标之间并没有因果关系，实际上他们分别由其他因素驱动。我认为，它就是获取权力以及对荣誉的渴望，两者相辅相成。我们首先反思当下首席执行官偶像化的现象。首席执行官往往代表着一种非凡的能力，他们以权威负责人的身份控制并管理组织，对组织有相当大的影响力。在"名人CEO"时代，一些首席执行官给予自己极高的定位。以公司名义购买的私人飞机就是一个例子。从经济或效率的角度看，这些私人飞机的存在都是不合理的，但它们有另一个目的：增强高管的高贵形象和明星效应。

第 2 章
企业级黑天鹅

根据我的理解，强势的首席执行官追求的是个人财富和声望最大化，这就会敦促董事会制订更加激进的计划，将关注点完全聚焦在成功达成目标上，在整个组织中实行同样强大的激励措施。首席执行官们个性强势，习惯于按自己的方式行事，对批评和负面的反馈意见往往置若罔闻，进而培育出一种企业内部的恐惧文化，他们当然不会鼓励公开辩论和风险评估。从而让我们能够联系起激进目标与恐惧文化之间的关系。

另外，这种个性的另一个名称是自恋，指一种有某些特征的人格特质，这些特征会随着时间和环境而趋于稳定（相对于过度自信情绪）。首先，自恋者被一种强烈的欲望所驱使，想要获得他人的敬仰，想要站在聚光灯的中心，一味地想赢并沉浸于自己所获得的荣誉之中。他们的自我优越感是异常且夸张的。事实证明，自恋的人会精心设计和包装自己，用以保持他人对自己的崇拜。获得赞誉是他们首要的任务和目标。自恋者的另一个特征是，他们很少会后悔。在追求社会赞誉的同时即使需要牺牲他人利益也在所不惜。这进一步凸显了自恋的阴暗面，这种人更容易受情绪波动的影响，对负面观点的反应比其他人更为强烈。[1]

我之所以用这么大的篇幅来描述自恋的状况，是因为这在商业界比比皆是。具备那种个性的首席执行官比你想象的要多，所以我们在探讨企业尾部风险时必须了解自恋的影响。自恋者在企业的职场生涯不仅激起了其渴望成为成功人士的欲望，而且还让他们有利可图，一路走来斩获了不少光鲜亮丽的荣誉，并昭告世界他们所取得的成就。甚至有人说，自恋是"领导力的核心"。用罗森塔尔（Rosenthal）和皮廷斯基（Pittinsky）教授

---

[1] Emanuele Bajo, and Nicoletta Marinelli, *Me, myself and I: CEO narcissism and selective hedging* – Bajo, European Financial Management, Wiley Online Library.

的话来说：①

> 很明显，全球相当多的领导人拥有坚定的信仰体系和独特领导风格……他们的愿景、判断和决定，无论是好的还是坏的，都被傲慢和自我陶醉所驱使。

攀登事业的巅峰，实际上是由自恋驱动的。在这个世界上，某种程度的无情无义是必要的。从职业角度来看，鲜有反思与自责成了自恋者的一种优势。伴随着时代的发展，兴许是受了社交媒体的影响，企业高管的自恋程度越发严重——这着实令人担忧，因为无论在哪个领域，一旦发现文化出了问题，很有可能追溯到上层开始的行为问题。

学术研究已经证实，首席执行官属于自恋狂的公司往往与众不同。②首先，这类公司会有更多的收购行为。这可能是为了引起分析师、银行家和商业媒体的关注，也可能是并购交易所带来的刺激感。他们还会以更具投机性的方式使用衍生品。从股东的角度，过多的收购行为和过度使用衍生品通常孕育过度的风险。如果这还有更令人担心的事，那就是他们出现违反道德规范的概率也很高，其中包括篡改财务账目，以及带有欺诈性质的行为（这都是为了达成目标或彰显其成功形象）。此外，自恋意味着迷恋接受风险和挑战的刺激。就尾部风险而言，"挑战极限"是主要的，首席执行官的自恋破坏了公司内部的民主氛围。根据奥莱利三世（O'Reilly Ⅲ）、多尔（Doerr）、考德威尔（Caldwell）以及查特曼（Chatman）教授

---

① 参考罗森塔尔和皮廷斯基于2006年出版的《自恋型领导》（The Leadership Quarterly）一书。
② 读者应该能理解研究人员无法获得由医生开具的针对自恋的诊断报告。他们是根据公开的信息进行分析的。最常见的方法是参考诸如上市公司接待日等的谈话纪要，计算他们使用"我""我的""我自己"等词的次数与"我们""我们都""我们自己"的频率。第7章提供了使用这种方法的一个例子。不断提及自己的首席执行官，被认为是以自我为中心和自恋的。

的研究：

> 有证据表明，自恋的领导者更有可能违反诚信标准……降低员工的满意度，并且破坏工作场所应该有的良好氛围……进而抑制组织内的信息交流……[1]

基于证据的支持，我们可以得出结论，自恋的情况正在对公司的经营方式产生影响。我们面临着一个令人担忧的现实：管理着数万亿美元资产的首席执行官们，他们努力工作的目标，仅仅在于个人的利益，希望赢得赞誉，并从公司获取高额的报酬。这与为了企业的生存和发展，让自己的公司朝气蓬勃具有强大的竞争力风马牛不相及，甚至是背道而驰的。用持股权和其他诱人的目标来激励他们是徒劳的，因为他们有自己的目标和需求，一贯地漠视同行的意见和想法。当高层中出现了这种强烈自恋的倾向，并且与不当的激励机制的危险组合，让公司陷入困境只是时间问题！对缺乏戒心和信息的董事们来说，它会以悲剧的方式收场——演化为企业级的黑天鹅。当然，到那时一切都为时已晚。

企业级黑天鹅的崛起

我们已经详细讨论了在企业内部滋生黑天鹅的文化土壤。在本书的后半部分，我们会重复讨论这一主题。我们可以采取不同的角度来看待黑天

---

[1] Narcissistic CEOs and executive compensation（escholarship.org）.

鹅。这一次我们直接关注一些重要的企业绩效指标，因为任何对公司业绩的负面影响最终都会体现在财务报表上。由于公司的日常工作都反映在各类报告中，我们可以拥有大量关于公司实际运作的数据。主要的会计准则，即美国通用会计准则和国际财务报告准则，为企业报告其收入、现金流和资产负债表制定了一套原则。虽然公司在解释这些标准时肯定会留有余地，但基本框架是确定不变的。事实上，这些标准是债权人和权益人评估公司财务状况的主要途径，也是在公司之间加以比较的基准数据。几十年来，这些数据都被系统化地收集，并组成了庞大的数据库，这是学术界研究企业运营的原始材料。例如，Compustat 数据库提供了 1955 年以来所有美国上市公司的完整账户明细。

多数人认知中的黑天鹅是指那些改变了社会文明发展道路的事件，其极大的破坏力可以通过多种渠道直达公司层面。这类黑天鹅是否会对公司产生影响，完全取决于冲击力的类型以及公司的商业模式。公司受到了黑天鹅的实质性影响，才会体现到财务绩效上。毫无疑问，苏联的解体是一个史诗级的意外事件，这肯定会对与苏联有关联的企业产生近乎生死存亡的影响。但是对一家在美国得梅因市经营的货运公司来说，苏联解体的影响有多大呢？或许趋近于零。然而，21 世纪 00 年代末的大衰退对其是有影响的，因为总体需求急剧收缩，大多数公司的运输需求都减少了。对于企业级黑天鹅来说，必须有特定的机制来传导冲击，才能改变公司的财务报表。企业级别的黑天鹅事件必须明显影响了公司的创收能力，或者改变了公司的成本结构，因为这两者决定了公司最终的利润（当然冲击也可能会影响对未来收入和成本的预期。在这种情况下，公司的资产和负债将会发生变化）。

在企业有财务报表记录的几十年里，相当数量的事件可以被描述为

第 2 章
企业级黑天鹅

黑天鹅事件。这一时期的竞争态势也发生了许多改变企业所处行业的事件，那么这些事件最终是否对企业产生了可以量化的影响？既然有数据，我们只需要定义什么是"企业级黑天鹅"就可以对风险加上标签，用以说明。如果对业绩的冲击足够大，它就符合产生严重后果的企业级黑天鹅的标准。需要补充的是，不管原因是什么，只要对董事会的预期来说，在很大程度上是出乎意料的，那么我们就可以简单地将其归为黑天鹅事件。鉴于我们的大脑擅长在事后将这些事情合理化，我们可以心安理得地接受这一切。

为了深入分析黑天鹅对企业绩效的冲击，我与隆德大学的尼克·克里斯蒂（Nick Christie）和马切拉塔大学的尼科莱塔·马里内利（Nicoletta Marinelli）合作开展了一项研究课题。[①] 我们的调查从企业绩效中的一个特定维度出发，评估黑天鹅对企业的影响。有许多不同的方法可以衡量业绩，例如利润总额、营业利润或净利润。至于哪一项最合理，这取决于你的分析角度。我们在这项研究中所采取的方法是，分析黑天鹅对收入方面产生的影响。企业营收不仅在会计意义上至关重要（财务中被称为顶线），更是企业存在的意义。如果无法获得足够的收入，业务开展便无从谈起。因此，本书所采取的立场是，对企业风险的分析要从企业的顶线开始。

在我们的研究中，将企业级黑天鹅定义为收入同比下降30%～90%。[②] 换言之，假如企业与前一年相比至少损失了1/3的销售额，就应该称之为黑天鹅事件。对于公司来说，在一年的时间里失去这么大一部分业务确实

---

① 参考尼克·克里斯蒂、尼科莱塔·马里内利以及霍坎·扬肯斯加德合著的《黑天鹅问题：资本、流动性和经营灵活性的作用》（*The Black Swan Problem: The Role of Capital, Liquidity and Operating Flexibility*）一书。
② 设定90%的界限是为了排除极端数据对统计产生的影响。极端现象并不太可能与某种统计因子相对应。如此大的收入下降，90%的业务付之东流，剩下的业务也就不足挂齿了。

是很严重的问题。这种下降的经济影响是毋庸置疑的。然后我们怎么确定收入的下降归咎于黑天鹅呢？如果该公司可能正处于明显的衰退期，而企业重组也打破了公司原有的运营模式。为了确保事件应该归属于黑天鹅，我们排除了在统计收入的当年或前一年，有超过 5% 的资产作为另外特别处置的公司。我们还要求公司在突发冲击之前有连续两年的收入正增长。在框定了这些严格的筛选限定后，企业级黑天鹅实际上所指的是，在两年增长的基础上，收入突然下降至少 30%，而且不包括由资产出售导致的下降。当然这并不代表成本和负债的大幅飙升不会构成黑天鹅，针对成本的意外增加也同样如此。

这个项目源自我们对业绩尾部风险的严重关切，以及对公司自身抵抗力的探索。我们认为其中的部分问题值得深入探究。首先，公司当前呈现了怎样的情况？公司可能面临怎样的尾部风险？该项目的部分内容是描述对企业营收产生冲击的典型事件。另外风险是否正在上升，就像人们普遍所认为的那样？我们定义企业级黑天鹅的方式是这项研究的重点。在较长的时间跨度内对大规模收入冲击的发生概率（在特定年份经历冲击的公司的比例）进行跟踪，可以发现企业的业绩风险是否有上升的趋势。

塔勒布没有过多地谈论黑天鹅是否会随着时间而变得日益猖獗，周期更短、频率更高。事实上，他认为这是理所当然的。他表示"黑天鹅的源头已经成倍增加，难以估量"，并指出"显然，自然灾害在过去一千年里并没有什么大的变化，区别在于此类事件对社会经济产生的后果的严重性"。塔勒布继续指出，由于存在"网络效应"，即经济实体之间的连锁关系，今天的地震对经济的破坏比以往大得多。我们还注意到，日益严峻的风险很容易引起人们的焦虑与担忧，甚至出现了旨在缓解这些焦虑的市场与服务机构。例如，普华永道咨询公司（Pricewaterhouse Coopers，PwC）

第 2 章
企业级黑天鹅

直截了当地指出,世界的风险越来越大,"随着业务日趋复杂、虚拟化、相互依存的关系,组织越来越容易受到风险的威胁"。① 由此专门提供降低此类风险的服务市场应运而生。

另一种理论与这种风险增加的说法完全相反,当然同样也有相应的证据支持。这种观点认为,从宏观角度看,战争和暴力无疑是最大的破坏性事件,而它们发生的可能性一直在稳步下降。这便是史蒂芬·平克(Steven Pinker)的论点,该观点有大量的数据和调查支持。② 从广义上讲,21 世纪的生活比以前更舒适,受暴力威胁的风险更小。例如,从长远来看,贫困和谋杀率呈现出明显下降趋势;在物质和生活质量层面,大多数人都过得不错。

这两种观点所基于的时间跨度不同,我们倾向于同时辩证地接纳两者。平克的观点是长期的,涵盖了人类的全部历史。当今那些认为世界正变得越来越危险的人是以现代社会的早期阶段作为参考点。第二次世界大战是灾难性的事件,是一次巨大的重置,世界从此变得大不相同了。世界自从 1945 年起呈现出不同的变化态势,随后几十年的主题都是为广大民众创造和平与繁荣,如美国流行文化所描述的那样,这是一个稳定的时代,提倡家庭价值观以及对未来充满期望。与祥和宁静的 20 世纪 50 年代相比,今天的世界确实显得混乱,因为一些传统的趋势被打破了。

因此,为了论证世界正在变得更有风险这一说法,首先必须对比不同的历史时代。在研究中,我们决定将 1955 年作为一个参考点,给"风险

---

① 参考《企业复原力:提高公司的免疫系统》(Enterprise Resilience: Boosting Your Company's Immune System)一书。

② 参考平克出版的《人性本善:暴力下降的背后》(The Better Angels of Our Nature: Why Violence Has Declined)一书。

在增加"的论点一个合理的前提条件（实际上，在这之前的数据亦难以获取）。我们收集了1955—2020年间美国所有公司（不包括金融和公用事业部门）的数据，并观察一段时间内营收遭受重大冲击的频率。我们将分析的变量视为一项二进制指标：即假如公司经历了大的收入冲击，将其值定义为1，否则为0。我们要做的是计算这个变量的年度平均值。它表示了每年经历黑天鹅事件企业的比例，或称之为"黑天鹅概率"。在图2-1中，这个指标被设定在从30%～90%的定义到50%～90%的定义（即在一年中失去一半以上的收入）的范围。

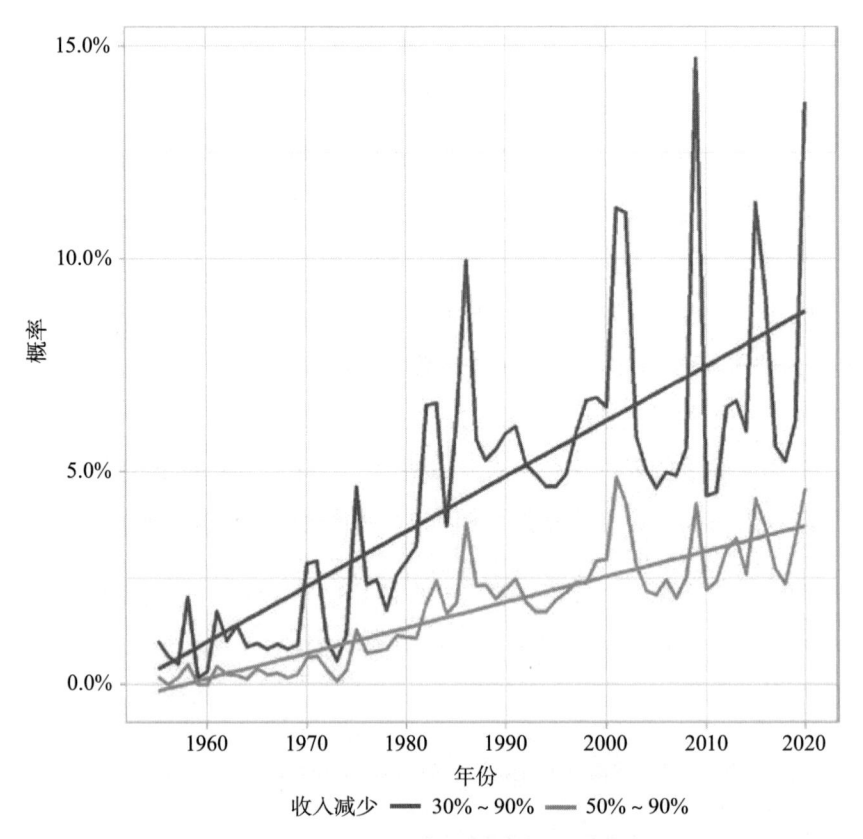

图2-1　1955—2020年的企业级黑天鹅发生概率

第 2 章
企业级黑天鹅

图 2–1 传递出了一个明确的信号：企业部门业绩的尾部风险确实正在增加。直到 1975 年，企业经历黑天鹅的概率约为 1.2%。换言之，在任何一年，100 家公司中平均仅有不到两家公司遭受了 30% 或更高的收入下降冲击。在这里我们只专注于尾部风险（请勿被定义为黑天鹅的看似宽泛的指标范围——即收入下降 30% ~ 90%——所误导。事实上，损失 1/3 或更多的销售额是极其罕见的事件）。相比之下，在 21 世纪初，该概率为 6.3%。对于当代企业来说，这个数字的含义是，大多数企业都有可能经历黑天鹅事件。

从图 2–1 中可以看出几次周期性的高峰，与已知的经济衰退周期相吻合。这完全在意料之中，因为经济衰退的主要特征之一是总需求的下滑，在数据中表现为企业收益的迅速萎缩。更重要的是，随着时间的推移，黑天鹅周期性峰值出现的频率似乎在增加。① 事实上，在五个最高的峰值中，有四个都出现在 21 世纪初。

总之，假如以这种特定的方式衡量，黑天鹅事件会随着时间的推移而增加，而且周期性峰值的高度在同步增高加剧。对于这些论断，持不同意见的人会反驳说，遭遇黑天鹅概率的上升趋势实际上只反映了样本组成的变化，即所采用的大部分样本都向规模更小、风险更高的公司转变，例如 IT 和生物技术行业的公司。这当然是一个有力的观点。遭遇黑天鹅概率上升幅度最大的行业是生物技术行业，该行业在设定样本期之前的时间段并不存在。然而，我们发现调查所涵盖的 10 个行业中，黑天鹅概率都有所增加，包括制造业等传统行业。至于在追踪调查期间，样本内中等规模的公司的数量在逐渐增加（或许这是因为并购重组整合的影响），因此尽管公司的规模变大了，但黑天鹅概率仍在上升。

---

① 塔勒布关于连锁经济实体相关性的论点也暗示了更明显的峰值。

我们还可以从尾部风险变化的视角来分析图 2-1。假设我们是 20 世纪 50 年代末的企业分析师，因为年轻没有经历过第二次世界大战后的大萧条，同时忽略了战前尚存的数据，不管是什么原因，我们决定将黑天鹅概率作为企业的风险指标。开始时它非常低，约为 1%（或许更低）。在 1957 年，概率到了 3% 以上。在那之后的几年里，它又回到了 1% 左右。年轻的我们或许单纯地认为，3% 是在一个特殊而不幸的年代中的至暗时刻。这种情况一直持续到 1970 年，当概率再次上升到 3% 左右，我们会肯定这就是尾部风险的判断。然后我们又回到了低水平，直到 1975 年，这时又出现了一个跳跃，接近 5%——这让我们大开眼界。新的观察结果比迄今为止我们所经历的任何时候都要糟糕。作为回应，我们修改了对什么是尾部风险的定义。后来的数据似乎一直在验证我们的观点，直到 1983 年，这一概率超过了 6%。我们再次得出结论，现实情况可能比以往想象的更加糟糕，但这次的增量尚未达到惊人的程度，所以我们认为 6% 不是概率的最终边界线。

然而，就在几年后，尾部再次波动向上，几乎达到了 10%。这是相当令人震惊的，几乎是我们预估的尾部风险的两倍。然而，当我们收拾好心情继续努力工作时，我们逐渐意识到，风险水平已经发生了变化，因为它在整个 20 世纪 90 年代都徘徊在 5% 左右，这显然是新的常态。然后，在 2001 年，它再次飙升至 10%，表明这确实是近几年尾部风险的状况。我们已经搞清楚了它的来龙去脉。然后，在 2009 年，随着大萧条的出现，尾部再次发生变化。高达 15% 的公司在这一年损失了超过 1/3 的收入，这比有记录以来最棘手的数据上升了 50%，于是我们对尾部风险的认识再次被刷新。这时，我们已经不再是当初那个年轻分析师，变得相当睿智。我们意识到，尾部实际上是在不断变化的。谁知道未来会发生什么。我们开始相信，保持豁达的心态，有准备地去接受尾部再次发生剧变——甚至史无前例、翻天覆地。

黑天鹅问题

黑天鹅问题是由一系列不当的激励和偏见造成的，这些激励和偏见阻碍了人们对尾部风险进行严肃认真的讨论，更不用说采取有助于降低风险的行动了。人们对于抽象的风险缺乏预见性，致使决策者忽视了降低风险的隐形收益。

在第 2 章中，我们从创造价值的企业角度讨论了黑天鹅。在这一章中，我们将深入地去理解企业的特殊性。企业发展的核心在于其战略。公司投入资源来制定战略，然后严格地执行战略方针，使其持续产生利润。但是任何战略都伴随着风险——销售可能未达预期，成本也可能会大幅高于预算。事实上，任何意想不到的灾害都有可能破坏商业战略，使结果与预期大相径庭。假如企业可以制定措施，有效减少风险，我们理所当然地就应该坚决加以贯彻执行，并将风险管理看作战略顺利执行的防火墙。

人们在思考并规划这些问题时，往往会矫枉过正，即认为风险管理是必须的，因为风险具有极大的危险性。我们认可所有消除风险的建议。然而，风险管理意味着资金支出，这样就占用了其他用途的资源。而且风险管理的成本还是略高，这带来了另一种可能——对风险的过度管理，即在风险管理方面投入过多的资源，而不是根据基本面情况恰如其分地分配资源。因此，需要制定一些规章，用于探讨和分析在什么情况下投资风险管理是恰当的。我们需要找到一种方法来评估计划中的风险管理是否利大于弊。只有在收益大于投入的情况下，风险管理才有商业价值。

尾部风险和公司价值

我们有必要理解风险与公司价值之间的关系，用以判断是否要投入资源进行风险管理。在黑天鹅的案例中，当我们探讨这个问题时，无法避免地会遇到这样的难题——尽管投入资源对黑天鹅的出现可能形成有效的防

第 3 章
黑天鹅问题

御作用,但我们如何证明投入多少资源是合适的。因此,让我们先来明确应该如何确定公司的价值,以及与黑天鹅之间存在怎样的因果关系。

从理论上讲,一家公司的价值由我们预期的公司未来产生的剩余现金流决定,即产生的可分配的现金量。可分配的现金量即运营现金流减去资本支出。使现金流变得可分配的原因是,所有明智的投资机会都得到了充分的发挥与利用。随后我们需要持续投入资金才能确保公司的竞争地位不被削弱。在投资需求得到解决后,亦即剩余现金减去追加资金以后的剩余部分,都可以以红利的形式自由分配给投资者。获得盈余资金的所有权人是持有该公司股票的金融投资者。

一旦对企业未来的自由现金流做出预测,我们就可以用相关的折现率将其折算成现值。我们将此定义为 PV(战略),即该战略预期产生的所有可分配现金流的现值。计算 PV(战略)的一个方法是使用 $FCF_{t+1}/(k-g)$ 这个公式,其中 FCF_{t+1} 是我们对自由现金流的预测,k 是贴现率,g 是自由现金流预期的增长速度(可持续性的增长)。这就是在基本的现金流折现估算中三项影响企业估值的变量。

严格来说,PV(战略)只反映了企业运营(公司的商业活动)的价值。如果公司持有任何形式的金融资产,这些资产将被计入公司价值中,即公司控制的所有资产的价值总和。[①] 假设一家公司的金融资产只有现金,我们可以按如下方式计算公司价值:[②]

---

① 我在这里标注的"公司价值"在估值的教科书中被称为"企业价值"。
② 公司价值与股权价值并不是一回事。为了完成股权的估值,我们要从公式 3-1 中减去任何非股权债权(如债务)的价值。我们不需要在这里加上这一部分来说明我们即将提出的观点。在几乎所有的情况下,公司价值最大化和股权价值最大化都属于同一件事。第 7 章将对一个罕见的、可能存在的例外进行研究。

$$\text{公司价值} = \text{现金} + PV(\text{战略}) \qquad (\text{公式 3-1})$$

根据上述讲解，我们仍不清楚黑天鹅或其他风险是如何影响公司价值的。但不难看出，事实上，影响 FCF_{t+1} 结果的变量有多组。更准确地说，它指的是对自由现金流的期望值，写作 $E(FCF_{t+1})$。取期望值意味着我们会根据未来产生自由现金流的可能性，权衡多种不同的情况下可能产生的结果，并且从中确定一组我们认为合理的。判断战略在该情况下的表现，得出自由现金流在这种情况下的价值，最后对每种可能出现的场景的概率做出评估。

这是估值过程的关键点，我们承认在现实生活中会发生不止一种情况，一家存在重大风险的公司估值不等同于不存在风险的公司。如果有重大事件发生，未来的自由现金流与正常情况下的现金流不可同日而语。例如，当奈飞公司启动开发战略时，其最终会取得的成功是一个未知数。当时购买奈飞公司股票的长线投资者，都会设想最佳情况是什么样的，并在投资本金的分配中赋予其一定的权重。同样，投资人也必须对该战略破坏的情况给予一定的概率评估。

现在，我们清楚了风险在这个体系中的作用：它是一种特定的情况，在宏观的分析权衡中，我们必须赋予其一定的权重。我们可以考虑任意多种情况的存在，但至少应保持一种风险意识。引入风险因子表示我们在估值过程中承认未来业绩存在不确定性。有了这两种变量，公司价值的公式可以修改为如下样式：

$$\text{公司价值} = \text{现金} + (1 - P_R) \times PV(\text{战略}) - P_R \times PV(\text{风险}) \quad (\text{公式 3-2})$$

在公式 3-2 中，P_R 是风险情发生的概率。与公式 3-1 相比，该公式中多了一项名为 PV（风险）的变量，表示相对于正常情况的价值递减。我

第 3 章
黑天鹅问题

们假定以 P_R 概率发生的风险会减少收入、增加成本，它们都会减少自由现金流，降低公司价值。PV（风险）反映了与风险情况相关的所有收入的损失和额外成本的现值。根据这个公式，我们赋予风险情况的概率越高，公司价值就越低。公式 3-2 中的一个重要假设是，战略本身没有受到风险事件的伤害。一旦损失发生，战略仍会按照原来的设计继续进行。只是在公司处理不可预料事件的后果时，价值被"打了折扣"。

为了便于理解，我们举一家公司生产基地未来可能发生水灾的例子。水灾的发生会直接影响生产能力并增加运输成本，同时还会产生大量的维修需求，推高未来的投资成本。由于这将降低产出并推高成本，自由现金流在这种情景下势必会大幅减少。PV（风险）是指假如水灾发生，我们将失去所有贴现自由现金流。在评估这家公司价值的过程中，我们必须考虑这种事件发生的可能性有多大，以及可能造成的损害会有多严重。如果将其视为典型的尾部风险问题，我们就必须提高后果的严重性，同时提高其发生的预期概率。例如生产基地对公司的整个运营是至关重要的，那洪水的影响会极其严重，另一方面，根据统计数据，这种事件每 100 年左右才会发生一次，所以根据这些数据，我们会给它附加一个低概率值。

现在我们引入了风险成本的概念。观察发现，片面地只关注概率或影响会导致决策失误。我们不能只关注投资的成本：必须考虑它发生的可能性。同样地，只考虑概率会导致优先级的排序。如果一个风险因素的概率比另一个风险因素稍低，但后果却严重得多，那么我们就不应该仅根据概率来判定风险管理的排序。

风险成本由概率和影响相乘得出。它是对风险存在的严重程度最终的衡量，这里指的是对我们产生负面影响的、会降低公司价值的不确定性。

在上述例子中，风险成本由 $P_R \times \text{PV}$（风险）给出。当我们考虑尾部风险时，PV（风险）的影响趋于上升，但概率通常会下降（不过请注意，这并不像正态分布所显示的那样快速下降）。这意味着相比正常经营的风险，尾部风险完全是不明朗的。事实上，风险成本取决于两个变量（概率和后果），产生同样风险成本概率和后果所导致的损失可能大相径庭，一个概率为1%的100万美元的损失（"尾部风险"）与一个概率为10%的10万美元的损失具有相同的风险成本预期，都是1万美元。从纯粹的经济角度看，我们应该在同等程度上关注这两种风险。

然而，仅仅因为风险成本相同，我们就应该同等对待不同的尾部风险的结论似乎存在瑕疵。因为我们可能很难从较大的损失中恢复过来，却能安然地承受较小的损失。损失会产生一系列后果，而且当损失变大，后果会不成比例地恶化。换言之，损失可能会造成附带损害。附带损害意味着公司的战略会受到由风险情况所造成的损失的影响（与我们在上述公式例子中的假设相反）。如果损失足够严重，可能会妨碍公司采取有利于长期价值创造的举措。换言之，风险造成的短期损失叠加会妨碍PV（战略）执行所体现的长期价值受损，进而带来更多的短期损失，形成负反馈循环。这不是简单地支付一些额外的账单然后经营照旧的问题。损失在足够大时会带来摧毁性的影响。

事实上，学术文献中关于企业风险管理的论点，是建立在对这种附带损害的评估之上的。简言之，这种论点认为，一味地降低风险毫无意义。风险管理确实降低了下行的风险，这是有利的一方面，但它同时也降低了上行的潜力，这就是不利的一面。因此，像对冲投资的风险管理策略会倾向于减少风险的变异性，但不会降低预期均值，因为较低的上行潜力抵消了减少下行风险的好处。由于这种效果的对称性，从现值的角度看，实际

第 3 章
黑天鹅问题

上并没有获得任何好处。事实上，只要这种对冲是有成本的（银行提的这种服务将收取一些费用或保证金），就会破坏价值。除非引入附带损害的概念，在这种情况下，风险管理的效果就不再是对称的了。通过减少下行风险的变异性，风险影响的程度和规模都降低了。

这一点至关重要，它创造了我们所需的不对称性，使得风险管理变得有价值。消除附带损害是对风险管理的重视。就实际情况而言，这意味着任何一家公司必须尽可能地设定附带损害的范围，并设计对应的风险管理战略，而不能单纯地为了减少变异性而采取行动，这是管理公司风险时所应遵循的原则。①

由于尾部风险有可能破坏公司战略，甚至使公司倒闭，因此尾部风险与中等或小型影响风险存在着本质区别。接下来，我们将考虑两种类型的附带损害，它们是有关该主题的学术文献的精髓所在，我们将进行深入探讨。第一种情况是损害将导致公司完全破产倒闭；第二种情况是扰乱了公司的战略实施。在这两种情况下，公司都会蒙受巨大的价值损失，所以，人们对此提出了很多精辟的见解，说明为什么应该给予尾部风险更多的考虑与关注。图 3-1 说明了附带损害的概况，描述了公司业绩的变异性，并将其与发生在尾部的有害后果联系了起来。②

---

① 关于这一逻辑的详细讨论，请读者参阅斯坦利·敏（Stanley Myint）和法布里斯·法梅里（Fabrice Famery）于 2019 年出版的《公司财务风险管理手册》(The Handbook of Corporate Financial Risk Management) 一书。

② 我为使用钟形曲线而向所有风险领域的专家道歉。

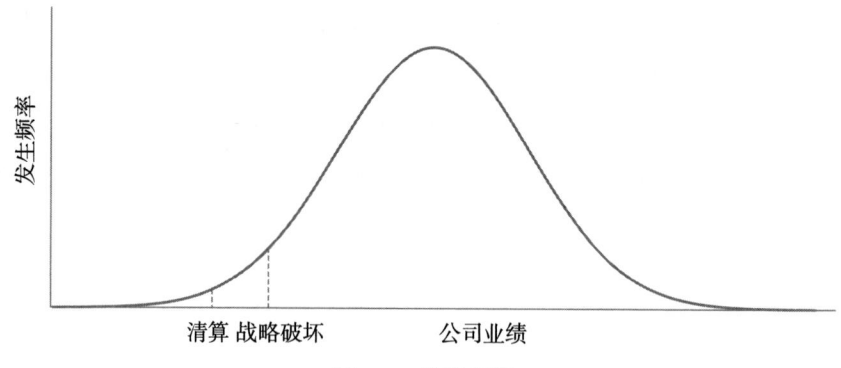

[图表：正态分布曲线，纵轴为"发生频率"，横轴为"公司业绩"，左侧标注"清算 战略破坏"]

图 3-1　附带损害

淘汰出局

最应该避免的局面是彻底的清算，股东们关门歇业，卷铺盖走人，这代表着一切都宣告结束。无论接下来发生什么，都与他们没关系了。如果业绩的短期变化会引发这种结果，这就是最为严重的附带损害。正如我们将看到的，公司本身已经不复存在（被清算）。即使公司可以继续经营，公司的股东也必然会被迫出局。

当彻底破产的可能性即将变为事实时，我们非常有必要了解公司的风险管理策略。风险管理的主要目标就是确保破产概率为零或趋近于零。对大多数人来说，"留得青山在，不怕没柴烧"永远是金科玉律。对于这一点似乎毋庸置疑，这是所有人的普遍共识。当然，这样残酷的现实留给了我们一个思考：破产究竟意味着什么，破产的高昂代价体现在哪些方面？

第3章
黑天鹅问题

对股东来说，我认为破产即意味着未来所有成功的可能性都烟消云散了，[①] 翻盘的机会已经化为乌有。但是，在一个充满不确定性的世界里，在机遇与风险共存的社会中，瞬息万变的现实背后可能就蕴藏着机会。企业在当下未能春风得意，并不代表永远没有意气风发的可能。说不定突破就在眼前，正是这种可能性会让我们坚持到最后，奋斗到峰回路转的那一刻。只要不从法律意义上丧失股权，我们就仍有希望。

破产的最终形式便是清算。届时一切都无可挽回了，公司的资产将被分配给不同的投资者和债权人，他们都会尽可能地追回属于自己的投资。虽然各国的法律存在差异，但该过程通常会遵循所谓的绝对优先规则，即资产将根据投资者索赔的优先权（法律地位）的先后进行分配。拥有优先索赔权的投资者排在最前列——通常是有担保的贷款人；如果这之后还有任何价值剩余，这些资产将会流向有法律保护的群体（高级无担保贷款人）；然后是初级无担保的债务人。参与衍生品的交易方、供应商的债务也必须得到偿还。股东在这个队列中排在最后。在清算中，凡持有公司债权者都有一定的法律地位，所以公司的前股东如果还能分点"残羹冷炙"，他们应该感到庆幸。它很像一次让人欲哭无泪的施舍，当然出现这种情况的概率极小。

破产与清算不是一回事。破产有时会导致清算，但不是必然的。破产往往发生在债务负担过重，导致经营不可持续的时候。也就是说，经营现金流不足以偿还债务。公司的负债规模与其处理负债的能力不匹配，这是个无法忽视的问题。公司管理层可能会选择申请破产，这样做是为了寻求对债权人

[①] 公司内存在许多权益人，风险对他们而言各不相同，这取决于你身处的视角。对于员工来说，公司清算破产是一场悲剧：失去了稳定的收入、关系网和身份。对社会和城市而言情况同样如此。虽然各权益人今后的命运非常重要，但我们必须要从公司所有人的利益进行经济分析。这是本书所关注的问题，亦是我们讨论的重点之一。

的"保护",否则他们可能会通过强制清算来尽可能地挽回他们所投入的资金。如果债权人不同意谈判条款,拒绝公司继续运营,那么宣布破产将是首选行动方案。拥有抵押品支持的债权人会尽快攫取应得的资产,这符合其自身利益,至少他们可以通过这种方式收回大部分甚至全部欠款。

申请破产并不表示该公司的业务已经穷途末路,只能说明公司目前债务负担过重,经营难以为继,而且以公司目前的财务能力已无法履行贷款协议中的条款,但公司的价值可能仍然存在。如果对债务进行重组,公司又可以继续经营了。这就是执行破产程序的目的:寻求有关企业提供可以接受的重建机会。这可能包括涉及出售公司的部分资产偿还债权人、将债权人的债权转为股权(债转股),推迟还贷,等等。因此,申请破产就有机会找到解决方案用以避免被彻底清算。

当破产开始时,股权的价值往往不会归零,尽管在不远的将来,它会清算中、低优先级的债权。有许多案例表明,在公司宣布正式破产后,其股票交易价格仍然大于零。这是因为股票的价值中蕴含了公司在未来逆袭的可能。希望尚存,转机犹在。或许会有意料之外的买家出现,愿意出价收购该企业。更好的情况是可能有不止一个买家,随之而来的是一场竞价比赛。这样所有的债权人都可以收回自己的投资。或许股东还能从企业中获得些许利益。这个过程非常复杂,充斥着长时间的谈判、交易、辩论、取证。最终取得共识,一锤定音。

那么,公司什么时候会破产呢?通常情况下,破产发生在资不抵债的时候,即当公司的净资产值低于其负债时。在这种情况下,股权的价值是负数,这表明对它的债权现在一文不值(这样的公司被称为"资产负债表破产")。这种情况是难以持久的,也是公司启动破产程序的理由。不过如果我们把判断的视点转向账面价值,那么情况就不一定是一败涂地。账面

第 3 章
黑天鹅问题

资产具有一定的随机性,并受到各项会计条例的影响。账面价值或许不能够反映公司现金流,而现金流也是支撑股票价格的重要因素之一。

公司资产为负值通常并不值得大惊小怪,且这种情况可以持续数年之久。事实上,负资产甚至存在于那些经营正常的企业中。即使是像麦当劳这类表现出色的企业也曾有过资产为负的经历,但完全不会是人们所想象的那种即将倒闭的情况。在这些案例中,出现负资产的情况可能是由于大量的股票回购,或者资产的账面价值被严重低估(由于偏保守的会计准则,致使某些资产无法被入账)。即使由于累积损失而出现负资产,这也可能与公司的长期发展无关。因此,我们要同时分析股权的账面价值与其市值之间的偏差。一家上市公司的市值表明市场当时可以接受的股票价值,而账面价值则是会计师根据现行会计准则计算得出的。

彻底破产是指公司业务的经济价值低于负债,处于"资不抵债"的状态。这使得公司经营难以为继。对于股东来说,是时候出局了,不过股权的价值仍然存在。这就是来自对东山再起的预期价值。如果顺应天时、地利、人和,公司得以华丽转身,完全可能恢复盈利并为股东创造收益。只要它没有被清算,公司股权就是有效的,股权持有者就仍然是老板。但是,如今这种让人兴奋的情况发生的概率正日益缩小,你会目睹股价一路下跌,直至股权价值迅速跌落至零。然而,在股权价值疾速下跌的过程中,市场上仍然有人愿意为每股的股权支付一分钱,他们只是为了碰碰运气,万一有奇迹发生呢?只有当公司的股权价值真正为零时,公司才会变得一文不值。

上述论述说明破产对股东来说绝对是一场噩梦。他们亲自体验了股权价值在这个过程中逐渐被清零。只有确保公司继续运营,股权才能保有生命力。假如公司处于亏损状态,这意味着资源正从公司流出。公司每天都在消耗现金流,这笔钱是由债务人承担的。耗去的现金越多,就意味着一旦开始清算，他们可以收回的资金就越少。对股东来说，申请破产是有利的，因为他们的股权价值来自小概率的可能性，是牺牲了金融投资者的利益来维持的。

一种特别可怕的情况是，公司的长期价值相当可观，却被一系列短期的危机拖累，导致破产。我所指的是流动性冲击，即公司没有能力偿还即将到期的债务——这显然违反了贷款协议；然后就出现违约——这违背了之前达成的共识条款。任何贷款协议中的主要内容当然都是按期偿还应付的款项。如有违反，债权人的法律权利就会有所增加，他们可以把清算作为一种解决途径。拖欠债务的结果是贷款人的手指扣在了扳机上——他们可以选择谈判或直接扣动扳机。公司的经理和权益人的命运此时不再掌握在自己手中，破产甚至清算就在眼前。如果公司所有权人希望继续经营下去，那么这就是悬在他们头上的一把剑。

2020—2021年，汽车租赁公司赫兹（Hertz）给我们上了一堂生动的破产课。当新冠疫情大暴发时，汽车租赁行业遭受重创。随着旅游业的萧条，寥寥无几的游客更是让汽车租赁行业雪上加霜。这些车队的经营者必须承担维持车队经营的成本，然而却已经没了收入。赫兹公司显然是疫情黑天鹅事件的受害者。和大多数情况一样，公司倒闭的部分原因应该归咎于管理者自己。债务融资收购在其中起到了一定作用，以至于当疫情来袭时，公司的债务高达190亿美元。随着赫兹公司的收入逐渐减少，公司发现已无力支付即将到期的贷款债务。由于流动资金紧张，管理人员认为除了申请破产外别无他法，最终赫兹公司在2020年5月申请了破产。重要的是，这并不意味着其股票的价值归零。一些交易员认为，该公司可以在破产后为股东保留一些股份。赫兹公司或许能够卷土重来，这绝不是异想天开，因为破产发生在疫情暴发之际，人们普遍认为疫情终将过去。当世

第3章

黑天鹅问题

界艰难地从这一磨难中走出来时,旅游业会再度繁荣。新冠疫情不会像其短期所表现的那样凶猛,足以改变整个行业的长期吸引力。

然而,这些交易员可能没有意识到破产的事实无法改变:股东此时的利益已无法得到任何保证。当掷出破产的骰子时,他们已经完全任由其他玩家摆布了。所幸在考虑重组方案时,各种投资集团开始对接管赫兹公司的业务产生了兴趣。在后来的"中心桥"计划(Centerbridge Plan)中,现有股东最初一无所有,因为假如实施当时的方案,原股东将彻底出局。与此同时,无担保债权人将获得股权,作为同意取消债务的回报——任何潜在的收益都将落入他们手中。股东们正在争取获得无形资产价值的份额。随着2021年的疫情发展和疫苗接种计划的推出,确实有诸多迹象表明有望实现经济复苏和旅游业回归正常。最后,股东们终于设法保住了自己的权益。由于经济急剧复苏的预期,加上经济状况得到了改善,他们有权获得破产后公司的股份。事实上,他们得到了相当于8美元/股的股票,远远超过了整个破产过程中市值仅2美元/股的价格。

尽管破产程序带来了一线希望,但是赫兹公司的经营颓势不太可能发生逆转。整个破产过程对股东来说是非常艰难的。一项研究报告指出,在近82%的破产案件中,现有的股东被赶尽杀绝,什么都得不到。[①] 这项研究的作者总结了他们的发现:

> 我们发现债权人的控制无处不在……与传统观点(见第11章)相反,股权持有人和经理人在重组过程中很少或根本没有影响力。70%的首席执行官在两年内被替换,很少有重组计划(最多12%)偏

---

① 参考阿约特(Ayotte)与莫里森(Morrison)2009年合著的《法律分析历程》(*Journal of Legal Analysis*)一书中的第11章"债权人控制和冲突"。

❘ 离绝对优先的规则，去给股权持有人分配价值。

今天，至少在美国，高级贷款人的地位日益提升，这使得破产对股东而言风险更大。与之相一致的是，研究进一步发现，《美国破产法》第 11 章①导致类似清算或持续业务出售的案件比例大幅增加。如前所述，由于高级贷款人在清算中占据了最有利的位置，他们实际上对此泰然自若。他们的首要目标在于获得全额付款，而清算则最有可能达成这一目标。事实上，根据研究结果，对高级贷款方的"过度担保"越多（即抵押品超过其债权的名义价值），就越有可能启动清算。

我们从这些讨论中学到了什么？首先，破产程序在很大程度上会导致清算而非业务重组，其危险性应该引起警觉。其次，一种特别令让人扼腕叹息的结果是由短期流动性而引发的破产。假如打击是由临时性因素造成的，而不是商业模式本身存在重大隐患，那么其股权仍然具有价值，但这种价值很可能会在启动破产程序后丧失殆尽。由临时冲击引起的流动性短缺所导致的破产是最令人惋惜的，这种损失是不必要的。我们将在后续章节中重新审视这些教训。

❘ 战略破坏

通常生存是风险管理的首要目标。当然，维持生存并非企业的使命所

---

① 即允许一个组织在进行财政重组时继续运营，同时保护其免受债权人讨债。——译者注

第3章
黑天鹅问题

在，企业希望能够得到蓬勃发展。战略要以最佳方式得以执行，尽量避免被迫接受修改、微调等偏离原战略方向的妥协。这种做法不限于预期的理想情况，而且应该能够适用于所有的情况，包括最糟糕的状况。这也是本书的观点之一——即使尾部风险来袭，也要在逆境中做到最好。我们所说的战略破坏是指公司的表现远低于应达到的水平。

无法完成战略目标的原因有很多。例如对于客户来说，某公司没能提供适合他们需要的产品、价格和服务，这也是战略的失败，但并不属于风险管理的失误。对我们来说，更需关注的是意外的发生打乱了正在执行中的战略。换言之，公司经营本身并没有什么问题，但是由于尾部风险事件而脱离正轨，这便属于风险管理的范畴。因此，必须对尾部风险事件做好必要的准备。我们下面讨论的战略破坏仅限于风险管理的缺失，而不涉及有缺陷的商业逻辑所引发的各种问题。

要说明的是，一项执行中的战略必须是以拥有一定的财务实力为基础的。换句话说，很多情况下，战略破坏是由资金匮乏引发的。有关公司战略的书籍总是只讨论战略本身，但是战略的融资准备更为重要。资金并不是唾手可得，经理人高瞻远瞩、雄图大略，决不被这些鸡毛蒜皮的事所困扰。但现实情况是，执行一项战略意味着企业的发展和创新，而这些都需要投入资金。如果资金不足，就得缩减规模，改为一个简略的替代方案，这就相当于执行了删减版的战略。

公司战略是如何失败的？财力不足是最直接的原因。直接后果是原本应该赚钱的生意因得不到资金支持而被搁置，导致无法实现公司收益的增长。这里，我们对有利可图的项目的定义是，其实施成本会远远小于其未来创造出的剩余现金流。投资不足意味着我们削弱了未来的竞争力，所谓的价值创造止于纸上谈兵。

公司财务文献中的经典理论是：风险管理是用以保障公司增长的，确保公司在任何时候都可以采取适当的投资手段。该理论是由芙洛特（Froot）、沙夫斯坦（Scharfstein）和斯坦恩（Stein）教授在1993年发表的一篇论文中提出的。他们认为，公司的内部现金流是确保公司战略所需资金最重要的来源。① 由于各种原因，外部融资有时会附有苛刻的条件，所以我们的投资能力取决于运营的现金流。② 管理风险是为了保障这部分现金流的稳定性，确保有足够的现金以满足战略性的投资需求。

这里蕴含着一个观点的转变。投资不足理论认为，风险管理策略的设计，目的在于尽量减少附带损害，而不是为了直接对业绩的收益或亏损产生影响。正如上文提到的变异性，关于美国默克制药公司（Merck Pharmacentical Company）的货币对冲战略的案例研究，从实践角度诠释了这项理论，颇具启发性。③ 默克公司的管理人员认为，价值创造的源泉是研究与开发，否则就不存在创新。而创新停滞会阻碍企业的发展。因此他们认为，发展的一个重要部分是能够保证研发计划顺利进行。同时，公司的销售额中有相当一部分是对外出口。因此，汇率的波动对默克公司也可能是一种风险。默克公司的管理层意识到，如果一类或多类主体货币相对美元贬值，收入的短缺会导致公司无法为研发提供充足资金。管理货币风险的目的源自减少对研发战略干扰的可能性。在20世纪80年代初，他们观察到美元走弱导致研发支出减少，从而导致收入的增长。据此可以得出结论，风险管理可以减少附带损害。

---

① Froot, K. A., D. S. Scharfstein and J. C. Stein, 1993. Risk management: Coordinating corporate investment and financing policies. *Journal of Finance*, 485, pp. 1629–1658.

② 撰写金融合同通常是一个复杂的过程，其中存在各种风险。信息一般是不对称的（对公司有利），这使得金融家怀疑公司的管理人员不以他们的利益为重。

③ Lewent, J. C. and A. J. Kearney, 1990. Identifying, measuring, and hedging currency risk at Merck. *Journal of Applied Corporate Finance*, vol. 2.4（Winter）.

第 3 章
黑天鹅问题

投资不足理论在各类风险管理文献中颇受重视。另一个广受争议但同样重要的观点是，风险管理可以用来防止成本的过度削减。在面对困境时，公司的普遍应对策略是寻求削减成本。其中有些成本削减措施是可取的，因为企业前景可能会因为不当经营而进一步恶化。然而，假如公司在恐慌中过度削减成本，或许会矫枉过正，很可能会对企业的长期发展造成损害。被拆散的物件很难经过重新拼接后完整如初。当市场转好（从统计学的观点看这是大概率事件）时，假如公司过分削减产能，很有可能会在生产和销售方面遭遇瓶颈。缩小规模，然后试图重建，这涉及了所谓的"调整成本"，即与培训新员工或向被解雇者发放遣散金相关的成本。

换句话说，用裁员的方式应对商业活动的疲软，代价是极为高昂的。面对经济衰退，保留一部分成本可能是最佳选择。风险专家加里·S.林奇（Gary S. Lynch）探讨了几年前残酷的裁员所导致的螺栓供应瓶颈：

> 在"9·11"事件之后，航空业取消了数百个订单，波音公司解雇了 3.5 万名工人。同时，美国铝业公司解雇了其紧固件部门 41% 的员工。五年多以后，由此产生的螺栓短缺便是这些事件的直接后果。[1]

与调整劳动力会带来高昂成本的观点相一致的是：研究证实，企业存在所谓的"黏性成本行为"。[2] 它的意思是：企业在应对收入下降时压缩成本的水平，与收入增加时扩张成本的水平并不对称。当收入增长时，企业愿意投入资源来支持扩张；当收入下降时，由于企业更倾向于保持成本

---

[1] 参考林奇于 2009 年出版的《单点故障：供应链风险管理的十项基本法则》（*Single Point of Failure: The Ten Essential laws of Supply Chain Risk Management*）一书。

[2] See, for example, Anderson, M. C., R. D. Banker and S. N. Janakiraman, 2003. Are selling, general, and administrative costs 'Sticky'? *Journal of Accounting Research*, 41, pp. 47–63.

结构不变（预期未来商业活动的复苏），向下调整的水平就会减少。这意味着，传统教科书中的成本行为模式（即固定成本与可变成本）在实践中得不到支持。企业不会机械地按照业务量的波动比例同步地增加或减少成本。鉴于存在调整成本和收入恢复增长的现实情况，黏性成本可以被认为是一种优化成本的行为。

在我与尼克·克里斯蒂（Nick Cristie）合著的书中提到关于企业繁荣的重要论断。[1]我们发现财务的疲软会对成本决策产生影响，这是有据可查的。分析显示，财务上不受约束的公司群体具有更高的宽容度。它们对收入减少的反应通常是基本上维持原先的成本，并会迅速投入更多的成本来维持增长，也就是上文所说的黏性成本行为；反过来，缺乏财务资源的企业，其黏性成本较低，无法做到这一点。这些企业显然没有能力维持多余的劳动力，将运营成本维持在以往的最佳水平。公司在面临困难时会选择立即裁减人员。

我们可以把削减成本当作避免发生破产风险的一种方式。当遭受业绩下滑的冲击时，弱者无法承受仍旧按照以往的高成本来维持企业的正常运作。因为在生死存亡之际，破产是实实在在的威胁。在财务能力薄弱的公司中，随着商业活动上上下下的波动，成本的增加和减少必然会有更大幅度的波动。我们还发现了那些为应对收入减少而更多地采取缩减成本举措的企业，其成本效率其实较低。我们的解释是，随着时间的推移，调整成本不断积累，使其成本水平高于较少改变调整成本的同行。

我们在研究中得出的结论是，公司的财务薄弱直接导致了过于激进的

---

[1] 参考霍坎·扬肯斯加德与尼克·克里斯蒂于2020年出版的《财务资源会决定成本行为吗》(*Do Financial Resources Determine Cost Behavior?*)一书。

成本削减行为。与作为风险管理投资不足相比，"过度削减成本"受到的关注太少。过度削减成本结构会破坏原有的战略结构，是企业未来繁荣的绊脚石。随着公司的规模持续收缩，当经济恢复增长时，公司必然无法与时俱进。管理者们喜欢说员工是他们最宝贵的资产，但是当企业收入受到冲击致使财务资源疲软时，这种最宝贵的资产就难以为继了。

当我们思考财务疲软对战略机构的影响时，会发现有更微妙的因子在发挥作用。通常来说，小公司经营生意的成本更高。所有的权益人都可能有理由怀疑他们的生存能力，是否可以与其进行合作必须三思而后行。这种现象可以用"权益人风险溢价"来概括。在面临高风险时，人们通常希望得到相应的补偿。在面对那些弱势公司、被认定存在"高风险"的公司时，权益人为了其自身的利益，希望在承受风险时得到足够的补偿。这就意味着签署的条款与限制会比通常情况下更为苛刻。总之，高风险状况大大提高了做生意的成本。

至于客户，如果他们不看好公司的长期前景而纷纷选择回避这家公司，这绝对是釜底抽薪。一个典型的案例便是航空公司。假如一家航空公司明显处于困境，如果有其他选择，许多旅客会犹豫是否要乘坐该航空公司的飞机。该航空公司可能在顾客旅行期间破产，而索赔的过程极其烦琐。另外，客户或许还会担心被滞留在旅途中。选择这家航空公司的风险是显而易见的，理性的反应是向其他航空公司预订机票，或者能在这家航空公司得到足够好的优惠条款——只有这样才值得赌上一把。无论顾客采取哪种方式，都会使航空公司的收入大打折扣，因为提供更优厚的条件就意味着降低价格或增加优惠待遇。

权益人风险溢价的另一个表现是，关键员工会选择辞职。特别是在小型和技术密集型公司，如果缺乏高级人才支撑公司这片天空，并且不断推动创新使公司得以发展，公司以后的路途将会举步维艰。有实力的技术人才感觉公司风险正在攀升，公司的现金流不断减少，他们可能会辞职，转向谋求更有前途的岗位来规避个人风险。根据美籍华裔连续创业者和美国前总统候选人杨安泽的说法，在风险投资中，当事情开始变得糟糕时，首先离开的是最优秀的人才，这是不争的事实。他们的离职会让公司卷入死亡漩涡：缺少了最宝贵的人才，向金融机构展示公司的蓝图和愿景会变得愈发没有底气，这样更加快了公司衰败的速度。

僵尸企业

最糟糕的情况是，当财务资源枯竭时，公司便不再拥有任何发言权。战略的执行更无从谈起。公司的力量集中在当前的救火工作上，长期的价值体系已被远远抛之脑后。在这方面，公司和人在本质上是一样的。研究表明，当金钱成为生活中无法逾越的障碍，人就失去了前行的方向。囊中羞涩的窘迫会形成消极的破罐子破摔的心态。杨安泽在调查了经济资源与人类社会繁荣之间的关系之后，得出如下结论：

> 匮乏会对人的世界观产生深刻影响……是消极的源泉。人们考虑得更多的是怎么避免出错……民粹主义和保守主义大行其道，理性开始失去地位，决策会变得糟糕。

当人们的经济状况长期处于拮据状态时，人的能力也就变得无用武之地。而当经济开始趋于缓和，财务开始有所积累，所有那些糟糕的情况都会得到改善。有了足够的资金保证，我们就会朝着繁荣的方向满怀信心地向前迈进。这对企业来说同样如此。

社会上有一类公司似乎长期处于低利润、低效率的模式。这便是所谓的"僵尸企业"。它们只能维持苟延残喘的状态。僵尸企业的困境是，由于缺乏资源，它们无法投资未来。资本支出都被债务偿付占用了，几乎没有钱用于着眼于未来的增长。恶性循环使得这些企业处于一种螺旋式下降趋势：持续缺乏投资让公司最终变得越来越缺乏竞争力。然而，它们并没有破产倒闭，而是以一种僵尸化的状态继续存在。只要公司不拖欠利息，银行就会为其贷款和再融资（银行对资本投资的兴趣显然比股东要小得多）。

僵尸企业还有一种更深的层次，那就是它们甚至无法在其正常现金流的基础上履行债务义务。为了生存，它们需要银行不断地为其"输血"，银行推迟分期付款的还款期限，并以不同的方式为其提供救援。为什么债权人会这样做而不对其进行清算呢？原因之一是为了避免从账面上注销贷款，这将减少其账面资产并危及资本充足率（Capital Ratio，即银行资本总额与加权平均风险资产的比值）。这种情况是日本长期存在的一个问题，大量的坏账因此被束之高阁。这些非生产性的资产最终会成为经济的累赘，人为干预最终会妨碍破产与市场份额重新分配等正常竞争市场的结果，较强竞争者的收入也会因此低于其在正常竞争的市场中所能取得的收入，这使得它们相应地选择减少投资，进而拖累了经济增长。

在当前的商业环境中，没有迹象表明一般的公司会对投资和运营成本进行大幅度削减，或者因风险过大而造成经营成本的大幅度增加。我们通常都认为自己离成为僵尸企业还远得很。然而，尾部风险能够改变公司的处境。① 彭博社的一篇文章中，作者对新冠疫情大流行产生的后果表示了担忧。文章指出，美国大量的上市公司，包括许多家喻户晓的公司，在 2020 年期间无法赚取足够的现金流来负担其利息支出。虽然人们注意到，一旦经济复苏，许多公司会出现业绩反弹，但人们仍然担心它们会因为大额借贷，逐步变成僵尸企业。

> 自新冠疫情暴发以来，已有 200 多家公司成为"僵尸企业"……企业处于僵尸状态的持续时间比过去更长。虽然大约 60% 的企业最终设法摆脱困局，但许多企业在生产力、盈利能力和增长方面表现不佳，导致长期业绩呈现疲软状态。②

负担能力的问题

基于价值公式，假设公司账面上仍有一定现金流，我们假设它可以将部分现金用于风险管理。风险管理泛指任何可以减少业绩变异性（包括附带损害）的措施。在我们之前的案例中，这可能意味着投资保护策略，减弱天灾人祸影响的危害性，或者制订一项连续性计划，以更好地处理灾祸引发的连锁反应。如果风险管理得以有效执行，其效果将会降低风险发生的概率，或者减轻其后果和附带损害。根据上面的公式，这同时也增加了公司的价值。

---

① "黑天鹅引起的僵尸企业"，这是个隐喻。
② 根据彭博社的统计美国的僵尸企业共计背负了 2 万亿美元的债务。

第 3 章
黑天鹅问题

风险成本的降低当然是件好事。但问题在于，我们必须为此支付成本。对风险管理的支出导致现金流的损失，这对公司而言也是财务方面的一个负担。但风险管理本质上是一项投资决策：我们在当下付出成本与人力，可以在未来避免或减少那些飞来横祸，这相当于去保险公司购买保险一样。奇怪的是，广泛使用的风险管理往往被忽略了其成本负担。它不是以近乎零成本的方式实现的。识别风险，风险评估，然后采取行动去降低风险，这似乎就完成了风险管理的工作。这种描述在很多情况下显然是不全面的。诚然，低成本的替代方案或许之前被忽视了，但有效减少风险的解决方案通常代价昂贵。否则它为什么没有被广泛地采用呢？

从投资的角度看，风险管理本身存在一些问题，因为当下资金就会从企业的资金流中划走了。我们使用部分现金进行风险管理时，会将其记录在当期损益表中，从而降低了股东们最为关注的利润率。[1] 问题在于，风险管理的收益可能发生在遥远的未来，又或许压根儿不会出现。而实施风险缓解的举措则立刻显著地提高了企业的经营成本。

石油和天然气行业对预先支付风险管理费用特别反感。尽管现金融资认沽期权的策略在理论上很有吸引力（管理下行风险，保持上行潜力），但参与其中的公司却极少。事实上，根据我对衍生品市场参与者的研究，在从事套期保值的公司中，只有不到10%的公司采取这项策略。[2] 想象一下，一家公司定期购买看跌期权，以防范尾部风险。随着头寸展期，这将在每个季度发生现金流出。经理人会对这种资金外流非常不满："我们

---

[1] 在某些情况下，公司可以将费用资本化并摊销。在这种情况下，它在损益表中的影响被分摊到了未来的若干时期。

[2] Croci, E., A. del Guidice and H. Jankensgård, 2017. CEO age, risk incentives, and hedging strategy. *Financial Management*, 46, pp. 687–716.

一直在支付这笔钱，但似乎从未得到任何回报。"经理们有时会心血来潮地要求节省成本，而最先受害且最容易采取的举措之一就是停止期权计划——如此公司将重新暴露在尾部风险之中。

从这个意义上来理解，企业对尾部风险管理不足，与金融市场的逆向投资者所面临的情况相似。逆向投资者必须忍受相对较小的持续性损失，很多情况下会持续相当长的一段时间。最后，这笔损失会成为心理负担。面对不断积累的浮亏，人们必须坚持到最后胜利。但是市场可能一如既往、义无反顾地持续向上。残酷的考验坚持逆向策略投资者的忍受极限。最后大部分投资者受不了这种煎熬而选择放弃，或者压力太大难以维持只得认输出局。保险计划和业务连续性计划也是削减成本的早期目标。

本书的另一个主题是，在尾部风险管理和（短期）效率之间存在着难以调和的矛盾关系。管理风险推高了成本，降低了利润率，但又置风险管理于不顾。我们可能会遭受灭顶之灾！无论出现哪种情况，我们都应该为风险支付成本。我们应该寻找更廉价的替代品和节省成本的方法，当然这同时增加了未来业务发生困难的风险。

全球供应链在一定程度上可以缓解这个问题，可以改善公司效率和脆弱性之间的平衡关系。这个相互影响、相互作用、由公司和机构组成的网络能够最大限度地降低成本。过去几十年，指导供应链的"准时制"可被视为摒弃库存的一种尝试。储备材料和货物被以多种运输方式构成的移动库存所取代。这有助于降低最终产品的成本，因为减少库存所降低的费用可以使消费者受益。但这个过程中缺乏温情——许多航运公司都有不光彩的背景，其中一些通过寻找监管最宽松的地区和最低廉的劳动力来获取最大的收益。在这种情况下安全法规和环境问题都被抛之脑后。因为不这样

第 3 章
黑天鹅问题

做，就要付出高昂的成本！

我们可以在本地购物中心以难以置信的低价，买到来自世界另一端的塑料玩具，这是有原因的。没有底线的降低成本，不可避免地会使供应链变得脆弱，增加经营中的风险。风险可以被压制一段时间，但最终一定会从某一个环节中爆发出来。

汽车行业在2021年遭遇半导体芯片严重短缺时，就切实感受到了这种脆弱。一部分原因归咎于它们自己。汽车制造商预计在2020年新冠疫情大流行期间，需求将迅速下降，因此削减了订单，降低了产量，并尽量减少库存。因节省库存成本而取消的订单，使芯片生产商不得不应对不确定性带来的后果。当市场需求恢复得比预期要快时，芯片供应就会出现严重短缺，因为出人意料的是新冠疫情大流行导致人们对消费类电子产品的需求大幅增加。芯片荒导致汽车公司大幅减产，当时一些较大的公司声称，这对2021年的收入造成了数十亿美元的损失。

这其中就有对盈利能力的担忧。一家竭尽全力追求风险管理的公司，会将产品成本提高到失去竞争力的水平，如此这般将使得自己的业务难以为继。另一方面，如果企业走向另一个极端——把成本压得过低，最终会因脆弱性而招致灾难。

我们希望企业能以平和的心态对长期生存能力给予关注，使当前的企业效率与脆弱性达到平衡。然而，有些企业的激励体系中存在瑕疵。它们为了企业的短期利润而不愿意增加成本的负担。由于这些激励措施，短期盈利目标在绝大多数情况下，都优先于长期可持续性发展的考量。这反映了风险管理不足的普遍现象，或者说公司忽视了业务被迫中断的风险。风险专家加里·S.林奇简洁地总结了这种现象：

许多经理人采取的态度是，风险管理过于复杂，且会影响规划的利润底线，他们准备冒险并假设灾难不会在他们的任期内发生。[1]

由于负担能力的限制，缺乏对尾部风险的关注是企业的顽疾。这是一种短视，即优先关注短期目标，在对待实现长期目标的风险管理方面投资不足。当忽视了尾部风险，甚至从未考虑过存在有尾部风险的可能性。这样我们就可能做出错误的利益权衡。这就类似于我们在"风调雨顺"的假设（或希望）下制定策略，而不是在现实世界的不确定性中做出理性判断。当我们在风险管理上投资不足时，我们应该预见到随着时间的推移，经营成本会不断增加，风险最终会显现出来。未被注意的脆弱性将会侵蚀公司的竞争力，因为对风险管理采取更为平衡做法的同行受到的干扰相对也很小。时间最终会让只追求短期利润而忽视风险的公司清醒过来。

风险的可见度越低，管理不足的问题就会愈发严重，因为风险管理的利益会变得难以琢磨，更容易被忽视。有时，尾部风险完全消失，短视便成为盲目自信。第 1 章中提及的所有偏见，如乐观主义、过度自信、编造故事、以自我为中心等，也会给尾部风险管理带来层层阻力。风险管理带来的额外成本会引起企业的顾虑与不满。它并非来自个人的固执己见，成本问题是使企业容易受到黑天鹅影响的根本原因，这就是企业脆弱性的根源所在。

上面提到的许多因素——诱因与偏见——阻碍了对尾部风险的主动性风险管理。令人遗憾的是，这是唯一可行的应对尾部风险的途径。"主动"

---

[1] 参考林奇于 2008 年出版的《自担风险：风险意识文化与商业变革的挑战》（*At Your Own Risk: How the Risk-Conscious Culture Meets the Challenge of Business Change*）一书。

第 3 章
黑天鹅问题

一词意味着还存在"被动风险管理",那实属下策。被动风险管理代表的是消防员救火或"危机管理",那时我们不再是自己命运的主人。在恐慌应对的模式下,所有的措施都显得成本高昂,几乎没有议价空间,执行起来往往仓促而且效果极差。

现实中,风险管理的另一个理论是,你遇到的麻烦越大,所需支付的成本就越高。一系列针对企业对冲决策(代表着风险管理)的学术研究都表达了这一观点。其根据在于,对冲头寸必须以某种方式进行融资,要么通过现金(即买入期权时),要么通过抵押品来消除对方对信用风险的担忧(即卖出期权或签订远期合约)。对于一家弱小且内部资源(现金和抵押品)稀缺的企业而言,资本市场会变得更加难以如愿。在这种情况下,风险管理不仅伴随着交易成本,而且还会附加机会成本,将稀缺的内部资源用于风险管理会导致稀缺资源继续不足。另外,假如公司仍有一些好的项目需要投资,那也无法实施。如果把剩余的内部资源用于风险管理,你能用来投资的钱会变得更少。这些研究的结论是,我们只有在拥有足够多现金和抵押品的公司——而不是那些迫切需要风险管理的公司,才可以见到真正的风险管理!

这个悖论在图 3-2 中得到了说明。随着财务状况的恶化,执行风险管理的成本不断上升。虽然一家经营状况极好、资源丰富的公司或许并不觉得有必要预防风险,但"最佳实践点"以及良好的条件让公司有明确的动机开展积极的风险管理。最佳实践点往右是一条不归路,那里的风险管理成本已经明显开始挤占用于其他活动的资源。

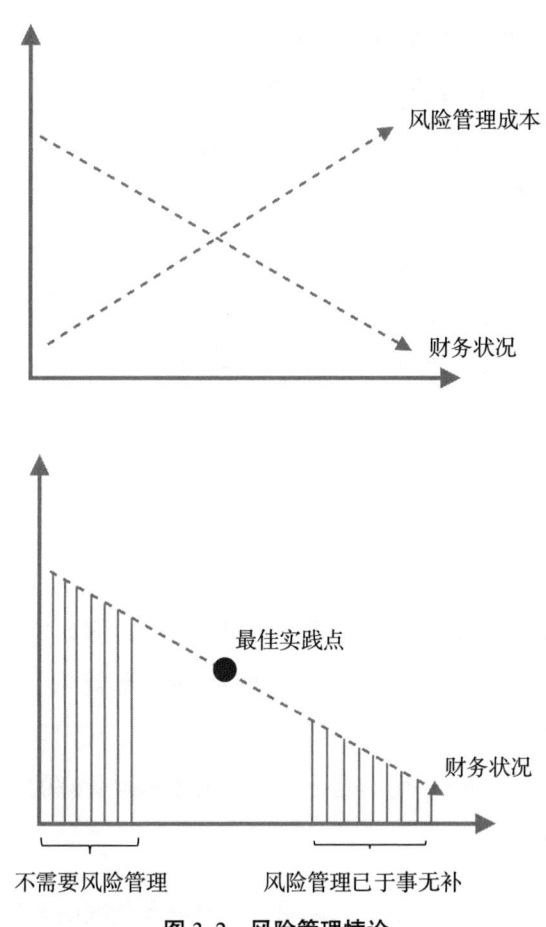

图 3-2　风险管理悖论

难题

虽然本书中的部分术语含义有所重叠,但我仍要强调尾部风险和黑天

第 3 章
黑天鹅问题

鹅之间的区别。尾部风险是指风险被认为是小概率、高影响的。这也意味着风险是已知，或者相对容易识别的。组织中的大多数人都会认识到这种风险发生的概率。对于尾部风险，我们往往倾向于对其不采取行动，即使这样做可以找到相应的商业案例。在商业案例中，想象一位决策者信息透明、不带有任何偏见或激励系统的影响，他在仔细权衡利弊之后得出结论，即使考虑到实施缓解措施的成本，这些措施仍是必要的。

黑天鹅与尾部风险在本质上有三方面的区别。第一，黑天鹅在本质上是任何人都难以想象的。如果我们的集体经验没有任何办法能让我们相信这种现象是可能的，它通常不在我们的考量之内。这个类别也包括那些被我们承认但被认为是不可能的现象（也可能是难以想象）。第二，我们已经识别和评估了某一种风险，并自认为已经掌握了它，最终才发现尾部发生了变化——以某种方式产生了远超想象的、具有更大影响力的情况。这就是不确定的尾部：虽然我们承认一种现象的存在，但它对我们有影响，其后果的严重程度远超我们的预期（我们可以设想这种现象，但无法想象其后果的严重程度）。第三，由于我们的无知、懒惰可能会把本来的尾部风险变成黑天鹅，让已经很糟糕的情况进一步超出预期（这种现象并非不可想象，只是我们没有预料到罢了）。这些便是"未知的可知因素"。回想一下，黑天鹅的发生与预期有关，而预期取决于信息和知识量。一家公司在预期方面设定的标准越低，公司的经营便更带有黑天鹅的阴影。假如我们做了足够的预防措施，它就是尾部风险；但如果没有做，它就会像典型的黑天鹅一样把我们带入灾难与混乱之中。

我们在一个充满不确定性的世界中寻求生存和发展，难以预见极端事件会变成绊脚石。另一方面，即使准备充分，也无法购买到适合尾部风险管理的产品，至少不能如借助金融衍生产品或保险市场那样进行风险转移。与具有不可想象事件相关的风险转移在市场上还没有出现，也没有可能靠签订一份合同就将绩效风险转移给保险公司。假如能够为现金流大幅减少和被破坏的风险投保，那确实会很有帮助，但保险往往只适用于可以明确界定的意外事件。

当然，除了转移风险，还有其他管理风险的方法。回顾公司价值公式，我们可以储备足够的现金流。即使不用它来实施风险管理措施，现金余额本身也是一种风险管理的手段。拥有大量现金的公司可以实现自我保险，也就是说可以自主掌控的资金也是一种风险管理的手段。现金可以承受可能发生的各种类型的损失（这和风险转移相反，风险转移是用对方的现金来弥补风险造成的损失）。这似乎提供了一个便捷且可以立刻着手的途径。没有必要持续掏钱，只要积累一定的现金量便可高枕无忧。这似乎是管理尾部风险的理想方案。

拥有大量现金确实是对付黑天鹅的好办法。当然，采取这种策略也是有苛刻条件的。大多数时候，如果将现金放在保险箱里。这些现金是没有"生产力"的。如果能将这部分现金返还给投资者，对投资者而言资金可以投资其他有前景的项目，得到更好的利用。资金的这两种不同利用方式，风险状况有很大差异，因此对两者收益的比较也有些困难。现金产生的收入非常低，但足够稳定。商业项目可能会带来更高的回报，但风险显然更大。尽管很难对两者进行合理的比较，但让我们假设现金的收益为2%，而目前风险不太高的典型收益为8%，6%的利差代表了一种机会成本。保留现金在公司账户中也会表现为较低的资产回报率（ROA），这是评估业绩时最广泛使用的指标之一。从股东的角度来看，大量的现金余额会给他们带来担忧。公司的管理者可能会用它来进行收购，尤其当收购方仅仅是因为现金充裕而进行收购时，我们就需要有所警惕。

第 3 章
黑天鹅问题

为了避免黑天鹅的影响，公司也可以避免债务融资。事实上，假如没有债务，公司就不可能出现违约导致的破产。① 不过，全股权融资这种看似完美的解决方案本身也有缺点。在这种情况下受影响的是股本回报率（ROE），这是一项与股东高度相关的指标，表明股东在公司所做投资的盈利能力（ROA 不反映整个公司的盈利能力）。增加股权融资的比例会对 ROE 产生技术性的负面影响，因为公司股权的份额增大了，公司收益的分配就被摊薄了。

和持有过多的现金一样，避免债务也会带来间接的负面影响，并导致业绩下滑。股权分配在带来安全感的同时，也会使得成本结构变得复杂，让利润增长变得困难。风险的存在实际上有一项好处，那就是使得业绩突出，因为犯错的空间更小。当存在巨大风险时，执行力必须变得更强。这是一项普遍的原理，不仅在经营公司方面如此，在生活的各个领域也是如此。② 生存受到威胁会使管理者时刻保持清醒。最后，当然还有债务带来的税收优势——公司可以从应税收入中扣除利息支出，而且不影响分红。因此，这些旨在保持公司安全的通用战略都会带有一些不良的副作用。

总之，黑天鹅问题是由一系列不当的激励和偏见造成的，这些激励和偏见阻碍了人们对尾部风险进行严肃认真的讨论，更不用说采取有助于降低风险的行动了。人们对于抽象的风险缺乏预见性，致使决策者忽视了降低风险的隐形收益。我们往往对不能量化的事物采取眼不见为净的态度。

---

① 即使在没有债务的情况下，公司也可能会因为未能履行其他合同承诺（如贸易应付款）而最终破产。
② 不久前，我看到我的儿子在餐桌旁喝汤。他没有把盘子推到砂锅旁边（尽管他已经无数次被告知应该这样做）。虽然这省去了移动盘子的麻烦，但风险变大了，他把盛着汤的勺子移回盘子时需要有比平时更加强大的注意力和平衡力。于是我们不得不在桌上擦抹洒出来的汤汁。要么增加额外的工作（成本），要么忍受风险。

有一些常见的风险管理策略——使用现金，避免债务——可以帮助我们处理尾部风险，而不必花冤枉钱去设计复杂昂贵的对策。然而，这么做也是有代价的，这会降低 ROA 和 ROE。在短期效率和尾部风险中寻求平衡时，前者往往胜出，这使我们容易暴露在风险中，继而受到伤害。

黑天鹅问题是指公司未能预估到小概率、高影响的事件，并为此做好准备。而通用的风险管理战略，即那些不针对具体事件或风险因素的战略，会在没有发生灾难的情况下降低股本回报。本书的后续章节将介绍我们该如何在这个问题上取得进展，并尝试设计一些策略以识别障碍因素，做出改善。我们需要用有限的精力和资源进行尾部风险管理，使之发挥最大的作用。

不过，在继续展开讨论之前，我们必须注意到，上文提到的三点——不可思议的事件、不确定的尾部以及自我形成的黑天鹅——具备一定的共性，那就是我们给所讨论的后果设定了实际上为零的概率。当把某件事情发生的概率设定为零时，风险成本也归零（因为它是概率与影响的乘积）。既然风险成本归零，就不能证明未雨绸缪的行动是有意义的。其言下之意是，企业不投资于用来应对潜在风险的措施是正确的，我们对此没有任何责任。

这个结论从逻辑上看似乎无懈可击，我很好奇学者们会如何回应这个难题，于是给同事和朋友们发了电子邮件，他们是金融学教授或相关领域的专家。我提出的问题是这样的：

> 公司价值是按资本成本折算的预期（概率加权）自由现金流。黑天鹅是超出我们想象的破坏性事件，被赋予了零概率。因此，黑天鹅并不影响公司价值，公司没有理由花费任何资源去应对这类事件。

第 3 章
黑天鹅问题

> 这种观点是否正确？请阐述你的观点。

我将在下一章再来讨论专家们的回答。这个问题的背景是，在我所看到的数百次估值当中，黑天鹅或尾部风险被纳入分析的次数总计为零——一次也没有。这似乎并不是世界各地商学院所教授的教学内容。事实上，许多时候预测只是纯粹的数值计算，并不会全面考虑现实场景。许多评估都只是生硬地套用公式。鉴于人们对尾部风险缺乏兴趣，似乎没有任何机制能让公司因其应对严重的但目前未知事件而得到重视。

为了便于理解，请想象一下 2019 年初的一家航空公司，就在新冠疫情流行之前，假如它们向世界其他地方通报："我们将暂停扩张，停止派发股息。同时，我们必须积累现金，以防万一。因为可能会发生一些难以预料到的事情。"随即停止了增长，也停止了收益的分配，这种情况市场会给予这家公司更高的价值吗？会赞赏其有远见吗？

凭我们对股票市场的了解，这个问题的答案一定是"不"。

4 拥抱黑天鹅

只要对企业经营有一定程度的了解,你就会知道任何用恐惧作为武器进行管理的理念都是错误的。我们的目标是使公司不容易受到黑天鹅的攻击,同时保持最大的上升空间。

如果你要经营一家企业，一定要充分认识到我们生活在一个充满不确定性的世界中。对尾部风险视而不见是鸵鸟的做法，意味着你对充满危险的世界缺乏警惕性。此外，这还会让你在真正面对严重的危机事件时手足无措。重要的是要确保这种情况不会发生，这就是"拥抱黑天鹅"的意义：正视并理性地看待所有的随机性，清楚地识别那些针对尾部风险展开合理对话的偏见。这是在实现目标（即达成业绩）与投入资金和精力为异常事件做好准备之间的一种平衡策略。

黑天鹅意识并不等于宿命论。那种认为"是的，疯狂的事情总会发生，你对此无可奈何"的态度不应该被提倡。有黑天鹅意识的组织，反映了它的主要决策者关注尾部风险，并会探索其对公司战略的影响。但是决策者不能就此满足，这会给予人们"风险尽在掌控"的印象——很可能是自欺欺人的假象。风险管理工具的销售员为他们的"万灵药"夸夸其谈，但当我们在处理疯狂不确定性时，不能做这样的表面文章。

拥抱黑天鹅意味着组织接受了那些能够提高公司应变能力的工具，使尾部风险对公司的决策者愈发清晰可见。决策者必须对自身的局限性保持谦卑的姿态，在应对所有风险挑战和感觉岁月静好之间，我们要找到一种微妙的平衡。

随机性重现

一个不争的事实是：我们确实生活在一个充满变数的世界。我们需要

第 4 章
拥抱黑天鹅

正确看待世界上的随机性，调整心理预期，接受发生翻天覆地变化的频率比我们预测的要高。避免将长期的平静安逸视为一种必然，假设这一切不可能在瞬间被打破。或许我们在经营一家企业时，所有的经验都是相对稳定和美好的，认为我们已经熬过了小公司才有的磨难，具备黑天鹅意识的经理人对此嗤之以鼻。他们认为过去是稳定的，未来也一定是无忧无虑的，这正是塔勒布发出的警告。连续性和繁荣是极有可能的，但这并不是我们忽视剧变可能性的理由。拥抱黑天鹅意味着不要陷入舒适区而不能自拔，幻想着天下永远太平，不会有意外的事情发生。

因此，我们的基本假设是，不确定性是"疯狂的"，但我们应该如何客观地思考随机性的过程呢？让我们重温第 3 章提出的黑天鹅难题。假如发生黑天鹅的概率实际上为零，那么它确实不值得认真对待，因为风险造成的损失也趋近于零，投入资源处理尾部风险变得毫无依据。如果将其列入讨论的议程，这样的主张势必被否决驳回。

我曾向不同的金融专家提出了这个问题。他们给出的答案千差万别，但有两点是一致的。其一是他们对金融行业的信念之一，即市场最终会平衡一切。不论发生何种情况，市场永远是正确的，只有市场能够综合反映所有相关信息，包括尾部风险和黑天鹅，最终绝对正确反映在价格趋势上。这种观点在金融学教授心中根深蒂固。其二是黑天鹅"真实"的概率并不是零。将其描绘为零只是出于无知，但只需要少量开明的投资者就能使资产价格总体上保持正确。我在提出这个难题时提到了使用各种情景的 DCF 模型进行估值，并不是精明交易者确定股票价值的方式。[①] 如果世界上发生了某些大事引发了尾部风险，只要它关联到某些上市公司，就可以

[①] 不过有一位教授认为，DCF 模型可以而且应该包含"失败概率"的条目，用于说明尾部风险。

确信市场已经将尾部风险纳入股票价格之中。金融学的教授就是这么告诉我们的。①

当与金融分析师谈论同样的问题时，我得到的答案却大相径庭。他们认为假设航空公司在新冠疫情暴发之前，通过保守的金融政策来提高抵御尾部风险的能力，同时降低企业扩张速度，其股票价格必然会下跌。对无法想象的灾难（甚至是可以想象的灾难，比如新冠疫情大流行）采取一定的保护措施，根本不受资本市场的欢迎。此外，我们可以肯定一点：股市参与者只祈求企业业绩的增长，就像普通人一样对异常事件故意视而不见。我们知道，不管是一个行业（如20世纪90年代末的IT泡沫），还是特定的公司（如安然公司），股票的错误定价都可以持续相当长的时间，即使它们缺乏必需的现金流，但这并不妨碍股价创出新高。瓦伦特制药公司是另一个股价快速增长的例子，公司的风险在很长一段时间内被隐瞒起来，一旦风险聚集到一定程度，危机便会被引爆。该公司的战略由曾任麦肯锡顾问的迈克尔·皮尔逊（Michael Pearson）提出，包括减少传统的研发（这样创造增长的速度太慢）。相反，他们去寻找拥有成熟产品线的公司。在每一笔新交易之后，产品的价格迅速被抬高。这给股市中的公司股

---

① 这个问题相当复杂。教授们倾向于认为，当持有多元化的投资组合时，公司特定的尾部风险会被分散，任何尾部风险的溢价都隐含在股票风险溢价和贝塔系数中，而贝塔系数反映了一只股票的系统风险。这些都是决定贴现率的要素，进而决定公司价值。然而，公司价值也是未来自由现金流的预期（概率加权）价值的一个函数。缓解尾部风险可以提高未来预期现金流的平均值，主要是通过消除破坏战略的预期成本（但如果在与缓解有关的支出低于未来的贴现收益的情况下，即使不考虑战略破坏，缓解尾部风险本身也是一种业务）。我的论点是，企业不一定会因为努力减轻尾部风险而得到回报，部分原因是严重的信息不对称——市场参与者可能很难评估尾部风险对战略执行的影响。因此，正因为他们对增长有一种癖好，这种癖好使他们偏向于关注最理想的情况下的那个数字，并将此视为增长预测。而存在争议的是，他们过于重视增长预测，淡化了尾部风险造成的对于价值的影响。他们会持续支持增长，即使这会促使公司变得更加脆弱。

第4章
拥抱黑天鹅

票注入了一针兴奋剂，但该战略在执行中产生了许多风险，这些风险积累后给了这家公司致命的打击。

这个问题其实很容易解决，忽略股票市场的现况，选择能使公司长期价值最大化的政策，它完全可能与市场上短期股价截然不同。长期价值是由未来自由现金流的贴现预期值给出的，对此第3章已做过解释。很可能是尾部风险管理带来了长期价值的增长，因为我们可以预期在尾部风险的情况下表现会更好，即使代价是在一切照旧的情况下，增长率略有下降。然而，由于市场只重视目前的业绩增长，在宣布这类政策时，股价仍可能出现下跌。我们的建议是，选择那些最能提高公司价值的政策，而不要过多考虑股市对此的直接反应是上涨还是下跌。

诚然，作为一家上市公司，你可以获得关于实现战略经营后市场给予的反馈。股价持续下降的疲软表现预示着战略无效，这会促使我们采取相应的措施。但重要的是，不要让短期市场的反应妨碍正在实施的、符合公司利益最大化的事情。如果这些措施包括了降低尾部风险（因为尾部风险可能使我们破产），那么就应该一如既往地继续进行，即使这可能会改变市场对公司利润增长前景的看法。最终，经过一段时间，市场往往会使价格回归合理的估值——数以千万计的投资者的智慧、判断、情绪可以确保这种结果发生。换言之，只要有足够的时间，公司的价值会充分地反映在公司的基本面上，股票价格的回归是必然的。所以市场对公司的误判，或者因为短期内市场只专注于利润增长，以及金融分析师们跟风起哄。对此公司应对的态度是：顺其自然，有时误解是必然的。私企经理人可以置股票市场反应于不顾，致力于公司的长期价值。但是，对于上市公司的管理者，全然不顾公司在股票市场上的价格，那是不现实的。但倘若一味地去迎合市场，则会以各种形式损害公司原有的经营策略。

教授们坚持的观点是：真正的黑天鹅光临的概率并不是零。事实上，表1-1中列出了不少极端事件，其概率是不可以被忽略的。1859年发生了地磁风暴，对当时的技术（电报）产生了毁灭性的后果。10月27日是我们应该纪念瓦西里·亚历山德罗维奇·阿尔基波夫（Vasili Alexandrovich Arkhipov）的日子，他是苏联核潜艇（B-59）上唯一反对执行核打击的指挥官，从而阻止了一场世界性的核战争。读者可能还知道，核武器领域的专家认为核恐怖发生的概率很大。2004年出版的一本书预计，在2014年之前发生核恐怖袭击的概率颇高（发生的可能性大于不发生的可能性）。[①]传奇投资者沃伦·巴菲特赞同这一观点，并称核恐怖主义是迄今为止我们这个时代最严重的问题……无知和漠视是我们认为事件概率趋近于零的真正原因。当我们开始真正研究和思考时，结论必然会有所不同。

事实上，黑天鹅发生的概率可能更接近100%，而不是零。只需要将时间拉长，我们肯定会见证其发生，诸如超大型火山喷发，火山灰遮天蔽日，进而导致世界各地的农作物歉收等末日事件，都是如此。当然，这里并不讨论黑天鹅发生的具体概率，关键在于它不会是零。可以绝对肯定的是，一些意料之外、令人震惊且造成重大影响的事件必定会在未来某个时刻发生，甚至不会等很久便要发生。从这个角度看，即使是最不可思议的难以想象的事件也必然会发生。

假如某个极端事件在一年内发生的概率只有0.5%（即大约每200年发生一次），那么仅这一项风险，10年内发生的概率就接近5%。考虑到诸多不确定性的来源，不难看出为什么10年内至少有一件极端事件发生的概率会接近100%，甚至5年内就会接近这个比例。回顾最近几个世纪，上

---

① Nuclear terrorism: Did we beat the odds or change them? PRISM, National Defense University News（ndu.edu）.

第 4 章
拥抱黑天鹅

一次全世界在 5 年内没有发生戏剧性的、改变我们认知的、史无前例的事件是什么时候？热衷历史资料的人或许能找到一些。但若改成 10 年时间呢？这就很难找到了。

这里要强调，我们是在客观地探讨黑天鹅：以普通人的身份，对世界事务感兴趣，但又不掌握任何特权。那些宫廷秘闻，或者阴谋诡计，尽管富有戏剧性，都不是我们感兴趣的事。我们关心的是公司应该如何处理不确定因素，以及怎样合理分配资源来缓解尾部风险，这些才是我们关注的重点。我们只对影响公司业绩的随机事件深入探讨。确信正是公司本身存在的脆弱性决定了哪些随机性是需要重点考虑的，并设计与之相匹配的对策。

由此把控随机性的机会就此打开。回顾我们在第 2 章中介绍的关于企业级黑天鹅的数据，其定义是收入意外下降 30% 或更多，并将该数值作为年份发生黑天鹅的概率指标。它涵盖了 65 年来有关企业部门的数据。在这期间，发生了许多真正的黑天鹅——无法想象且影响深远的事件，它们被写入了企业的历史并让人们感到震惊。还有无数的公司和行业内的黑天鹅，即那些不期而至但只对某些组织产生巨大影响的事件。这些事件对公司业绩一定会产生影响，而且反映在企业的统计数据中。

通过大量的金融数据样本，我们避免了鼠目寸光——仅专注自身的短期业绩。当汇集了 65 年以来同类企业的大量数据后，观察业绩发生重大变动的频率又是怎样的呢？在几十年的时间里，商业的盛衰周期和市场竞争中，那些与我们有相似业务的企业，多久才会遭遇一次冲击呢？当然，参考这部分公司的相应数据有一个前提，即它必须是具有代表性的。世界在不断变化，当时的细枝末节也难以知晓，疯狂不确定性对企业业绩的影响会变得更加缓慢。所以这种方法不够完美，但是肯定比只着眼于自己公司最近几年的变化更好。纳入更多的不确定性,并严谨地对尾部风险进行评估,我们认为这样做会更胜一筹。可以将这种处置方式视为一种纠错机制,纠正从近期业绩推断未来所造成的错误策略。

从中我们可以看到不同行业企业发生黑天鹅的概率。例如,石油和天然气行业是最容易发生黑天鹅事件的行业,其概率超过了10%。繁荣与萧条的周期明确地反映在统计数据中。相比之下,消费品行业公司的黑天鹅发生率相对较低,约为2.6%——受到大型业绩冲击的可能性要低得多。纵观各个行业,比较合理的假设是,在一年时间范围内,黑天鹅发生的概率在2%~10%之间,具体取决于行业的业务性质。这让我们了解到自身所面对的不确定性,避免用短暂的经验推断未来——这是毫无参照意义的推断。

除了行业分类,还可以添加企业规模和盈利能力,并参照业务比较相似的公司群体,充分利用长期积累的大量样本。我们与自己的企业规模相当的公司进行对比,其经验有助于我们对随机性的预测。只要掌握大量的数据集合,就能找到参照组的相似性。我们假设全球范围内的不确定性事件与公司业绩之间的关系是稳定的,但时代背景发生了变化。鉴于这个原因,我们会被建议使用时间更近的数据,例如从2000年开始。

当然,除了这里使用的30%和90%之间的业绩冲击范围(这代表了尾部风险分布的一个特性),我们还可以自由地使用其他对尾部风险的定义。假如有更适合的尾部风险的定义,不妨修正相应的数据。例如短时间内的业绩清零,这在实际应用中是有意义的,我们将在第5章中对这种可能性展开详细的讨论。

总之,无论经济还是政治极端事件对企业红线的影响,都可以反映在企业业绩遭受到的冲击上。我们可以用业绩数据衡量随机性，并着眼于不确定性对相关事物的最终影响，且不会偏离黑天鹅的框架。在某种程度上，参照收入下降的百分比意味着我们限制住了不确定的尾部风险，它毕竟不可能低于100%。我们创造了一种环境，以决定如何建立对极端结果的防御措施。

上述方法让我们能够在企业层面上思考不确定性并加以量化。使用业绩数据是有意义的，可以让我们将公司的风险状况化为一个数值来处理。操作层面上的决定都会受我们对随机性的思考方式的影响。但我们经常发现，数据并不存在，我们甚至无法为随机性事件的概率做大致的评估。最后我们不得不减少数据，而更多地依赖主观估计。

这里会遇到一些争议。包括塔勒布在内的许多人，都不赞同在不确定的条件下对可能性进行量化。但是，切勿认为在不知道概率的情况下讨论可能性是盲目的。认识论的观点认为，不做实验试错是无知的。很显然，如果我们认为某件事情极不可能、不可能、可能或极有可能发生，那么这对决策非常重要。读者认为可以有更好的替代方案吗？如果某件事被认为是极不可能发生的，的确会减少相关的防御举措。一定程度的量化是必要的，以确保我们对意外事件的认识达成一致，以及我们的反应是匹配与合理的。

在大多数情况下，我们能辨别的是未来的可能性，而不是定义明确的概率。基于经验、观察和推理，我们首先赋予所有结果一个概率，然后选取更有可能发生的部分结果。在关于这个问题的文献中，这被称为"相信程度"或"确定程度"——根据我们的认知，对结果的合理性进行主观估计。主观概率本质上是前瞻性的。风险"发生"的数量除以可能结果的总数——所有这些都是主观判断的。

本书所采取的立场是，只要估计的过程符合一定的标准，主观估计在决策过程中自然会有一席之地。① 如果有人对使用"概率"这个词有意见，不妨将其理解为"主观的相信程度"。与其说是"某事件的概率"，不如说是"我们对某事件的可能性的主观相信程度"。这不过是发挥组织智慧，对某一结果的可能性有条件地进行猜测。因此，作为决策的信息输入是完全合理的——即使是在一个充满不确定性的世界里也同样如此。

行而不辍，未来可期

从上一节的讨论中不难看出，由于有大量疯狂随机性的存在，无论是否配得上称之为黑天鹅、尾部风险、波动性或仅仅是普通的特殊事件，我们对此都不能漠然视之。尾部风险的问题颇为重要，这意味着会出现全军覆没的情况，或者导致企业的战略彻底失败。我们的目的在于让公司的领导层采取一些措施，提高公司生存和发展的能力。现在，我们开始考虑如何在组织内处理尾部风险的问题，即如何对症下药、砭庸针俗。

首先，我们不想矫枉过正，用对黑天鹅的执着来取代盲目自信。思考未来可能发生危机的必要性并不是显而易见的。处理尾部风险的过程中涉及如何平衡发展的问题。一味地评估潜在灾难，一丝不苟地加以应对，并投入大量资源，这使我们成了"预言家"。诚然，确实有些预言家对做这

---

① 有兴趣的读者可以参考我以前的书中关于主观概率的详细讨论。例如我与开普敦（Kapstad）合著的《企业风险管理的理论与实践》（*Empowered Enterprise Risk Management: Theory and Practice*）一书。

第 4 章
拥抱黑天鹅

样的事乐此不疲，一旦社会崩溃，他们便能名声大噪。但这不该为大众所羡慕，而且这也不利于社会繁荣。正如风险和收益必须平衡一样，保护我们的公司免受黑天鹅影响的准备也必须平衡成本和收益。当我们沉迷于灾难预防并使其占据生存资源时，我们就矫枉过正了。虽然许多问题源于对尾部风险的关注太少，但正如我们所看到的，也存在风险管理超支的现象。

在全公司范围内举行黑天鹅研讨会，鼓励任何员工对可能发生的极端事件发表意见，这样做不会有什么意义。可能会产生一堆荒诞不经的问题，之后就会被束之高阁。这会让员工开始从自己的利益考虑进行规划，比如制订应急计划，以配合他们个人对风险的厌恶程度，但这对公司来说却并不会产生实质性的价值。①

另一种可行的方案是让风险经理负责监视黑天鹅。设立特定的职位，可以让组织内的其他成员感觉一切都很安全。遗憾的是这种方式难以真正奏效，因为黑天鹅侦探是不受人待见的职位。试想经常性地指出各种潜在灾难，要求将其提上议程的人能受欢迎吗？没有人乐于接受一位风险经理大喊"狼来了"。一旦观察风险成为工作，就很容易对某些事情过度担忧，认为这一定会是下一个风险预兆。长此以往，使得黑天鹅预警机制彻底失效。

假如在 2005 年有一位颇具远见的风险经理，发现了美元即将崩溃的证据，并发现有很多线索都支持他的观点。当时已有大量关于美国财政赤

---

① 公司财务的研究人员，花了很多时间研究高管对公司资源的滥用。例如，高管们可能让他们的公司支付租赁豪华公寓或狩猎的费用。这项研究的延伸是研究与准备工作有关的代理成本，即使用公司资源为他们的高管建立掩体以做备用，这可以被视为不确定未来的奢侈品。我暂将其命名为"高管预案"。

字以及巨额债务的报道。这样的观点似乎也得到了权威数据的支撑。所有这些都意味着美元暗淡的前途。美元作为世界的储备货币，将给世界带来难以想象的动荡。假设管理黑天鹅的风险经理就此撰写了一份报告，其中充满了论据、图表和统计数据，表明这是一只即将在世界范围内展翅翱翔的黑天鹅，这份文件在组织内被相互传阅，部分人会浏览一下执行摘要，思考几分钟。很明显，随后什么都没有发生。这时另一份同样令人印象深刻的备忘录新鲜出炉了。这一次，甚至没有人愿意去看一眼内容摘要。相反，人们甚至开始怀疑风险经理在捕风捉影，他们会反问："雇用这样的职业经理人，让他坐在那里疑神疑鬼，真的有意义吗？"

另一种应该避免的是将过多的资源投入预测。他们可能会认为，称职的预报员可以帮助我们预测风险事件，确保企业平稳运行。然而，这不符合黑天鹅的理论。一旦承认我们生活在一个充满不确定性的世界里，就会发现预测并没有什么准确性可言。而持有能够预测结果的错觉会让我们成为傻瓜。塔勒布不厌其烦地指出，我们在预测未来方面的失败比例令人吃惊。在这个领域我们没有什么值得夸耀的例子。在塔勒布看来，预测只是局外人的噪音。令人惊讶的不是预测失败，而是很少有人反思他们原先的预测正确与否，这表示当今预测的错误是不需要他们负责的。于是，毫无意义的预测便得以无休止地重复下去。

就像汇率预测这样的一般性预测会频繁出错，将时间跨度延长到未来几年或几十年，我们对于预测的无能为力之处便尤为明显了。伟大人物偏爱预测，他们特别青睐长期的预测，最终却被证实错得离谱。有多面手之称的诺贝尔奖获得者赫伯特·西蒙（Herbert Simon）在 1960 年声称，我们距离机器能干人类所能做的任何事情大约还有 20 年的时间；备受尊敬的经济学家保罗·萨缪尔森（Paul Samuelson）在其 20 世纪 80 年代出版的经

第 4 章
拥抱黑天鹅

济学教科书中预测，苏联经济将在 2012 年超过美国，而现实却令人啼笑皆非。

为什么预测经常会失败？复杂系统的不透明带来了极大的不确定性，使预测难以成功。但在许多经典的预测失败的案例中，最主要的错误是将近期的趋势推演到未来，或者过度渲染近期的热门事件用以哗众取宠。预测失败的根本原因是，你可以在无数种方式上出错，但只有一种方式是正确的。唯一指向的预测与最后的实际结果完全吻合的概率是很小的。预测是从可能出现的大量路径中选择正确的一条，它可能只是比其他可能的结果更容易发生，但我们往往过分关注这个特定的概率了。

但如果我们就此认为，在一个充满不确定性的世界里预测毫无意义，同样也有失偏颇。商业环境离不开计划，而计划必须建立在一定的假设之上。在计划中插入的最合理的假设便是我们认为最可能发生的，这便是预测的意义。我们需要对事物的总体发展方向有清晰的认识，否则便没有了决策的依据。大多数组织在关键时刻仍需做出预测，这本质上是在杂乱的问题中寻找重点。

一种本末倒置的做法是建立一个庞大的预测部门，甚至由此发展出新的业务，通过销售该部门认准的产品来获得盈利。这样的规划不仅会徒增成本，还会让那些高薪人士从事低效率的工作。预测部门的设立是一个明显的信号，表明公司在成本预算上存在很大问题。此外，这其中还有合规性的问题存在。值得庆幸的是，截至目前，预测部门在企业中已经屈指可数，这很可能反映了某些缺点是通过很难的方式才被发现的。[①]

[①] 这种被称为"套期保值"的做法仍然存在。迄今为止，这已经脱离了公司治理的束缚。套期保值是指公司对标的风险进行套期保值，并根据市场情况以一种机会主义的方式操作。前提仍然是假设它们可以战胜市场，可以作为"风险对冲"的一种方式。

更明智的方法是接受客观、中性的预测，这有助于我们的参考分析，但投入大量资源的边际效用正迅速减少。我们只需要选择一个当前情况下足够好的预测。在某些情况下，用简单的算法也可以得到不错的预测效果。① 例如，在外汇市场上，只是基于对近期走势的观察而做出的汇率预测，往往可以远胜过其他模型的预测。当前汇率包含很多关于未来价格走势的信息，也就是说它不会轻易发生改变。

我们需要对极端事件的影响进行认真和公开的探讨，让最适合这项任务的人参与进来。迎接黑天鹅是为了给探讨对话创造条件。正如风险专家约翰·弗雷泽（John Fraser）在其著作中指出的，对话在风险管理过程中至关重要。② 约翰认为，只有这样，我们才能在公司的资源分配方面做出正确优先级的安排。对话的目的是交换观点，提出新的见解，并最终解决异见和分歧，从而达成一个所有人都支持的策略。正是通过这样的对话，相应主课题得到了应有的重视，并通过集体智慧确保公司的安全。为了支持这些对话，我们希望相关信息能够自由流动。良好的信息沟通渠道对于形成尾部风险的响应机制至关重要，应该鼓励所有员工分享他们认识和了解到的各种类型的风险。风险经理或风险职能部门通常在促进这种信息流动和处理信息流方面起到引导作用，为讨论提供可靠的信息资料。

尾部风险是公司领导层的课题。黑天鹅会产生重大的影响，涉及企业生存与战略执行等核心问题。因此，这些对话需要在讨论公司战略和财务

---

① 亦称"随机漫步"，即没有"记忆"的随机过程，跟随着时间自由游走，没有任何机制将其拉到平均值或其他参考值。

② 参考弗雷泽（Fraser）于 2014 年发表的《将企业风险管理纳入机构流程与文化》（*Building Enterprise Risk Management into Agency Processes and Culture*）一文，以及斯坦顿（Stanton）与韦伯斯特（Webster）出版的《管理风险与绩效：给政策制定者的一份指南》（*Managing Risk and Performance: A Guide for Government Decision Makers*）一书。

业绩时同步展开，并成为讨论的重要部分。黑天鹅对企业战略的影响将在第 6 章进行深入探讨。

集体性盲目

我们要做的工作是，首先要把尾部风险提上议事日程。目前公司中各部门责任分散的结构，表明没有哪个部门的哪位员工要为尾部风险负责。即使设置了专职责任人，他们提出的风险报告也是抽象且模棱两可的，而且常常是发生在遥远的未来，对概率的评估极低。于是，我们似乎从来没有认真讨论过这些问题，更不用说制定适合的应对机制了。这种情况下，发生概率极低但影响深远的事件就得不到公司的重视。

在一个充斥着不确定性的世界中忽视黑天鹅并非明智之举。没有人怀疑组织中每个个体的智慧，但是就集体而言，每位参与者都会对尾部风险视而不见，这完全是故意的。这种对待尾部风险的态度很不明智。事实证明，组织内的盲目行为并非个例。为什么呢？艾尔维森（Alvesson）和斯派瑟（Spicer）在 2012 年提出了"集体性盲目"的概念。[1] 其定义如下：

> 集体性盲目是指没有能力或不愿意以客观和谨慎的态度，发挥认知和反思能力。这包括缺乏反省，不愿意要求或总结原因，以及避免推理。

---

[1] Alvesson, M. and A. Spicer（2012）. A stupidity-based theory of organizations. *Journal of Management Studies*, 49, 1194–1220.

他们的论点是，当人们只做他们所期望的事情，为共同的目标而努力时，企业的经营会呈现出和谐的氛围。一片祥和、同心同德的氛围使企业表现出色，至少在短期意义上是这样；而批判性的思考和质疑则会产生怀疑和摩擦，扰乱所谓的"正常流程"。在保持稳定的前提下，任何批判性的思考都会被阻止。"不要多想，只要努力完成本职工作即可。我们要的是解决方案，而不是提出问题"，这便是集体性盲目的特征。他们认为，在以目标为导向的生产活动流程中，掺入对黑天鹅的担忧和隐患可能会引起摩擦和冲突。当艾尔维森与和斯派瑟谈及企业的注意力转移到非生产性方向（如批判性思维、生存焦虑）时，黑天鹅就是最合适的题材，即对风险做实质性的推理。

公司的首要任务是让企业员工发挥他们的最佳水平并有效执行计划。公司肩负着使命，应该全心全意地创新、进取，就像杰克·韦尔奇所说的那样，尽其所能去努力工作，以便最大限度地凭借已有的条件和资源去创造价值。我们希望公司为实现目标而发挥全部潜力，所以企业文化应该与其使命保持同步，成为践行使命的催化剂。这样一来，企业文化自然而然地就会倾向于保持目前的业绩水平，而不是去思考那些无声无息的风险。

企业文化对短期业绩的导向具有重要的影响。这意味着即使有部分人员发现尾部风险有可能会破坏公司的战略，他们也会被企业文化所阻止。因此，组织是不愿意登记或处理这种信息意见的。针对公司构成威胁的破坏性事件的思考本身就会受到抵制或排斥，因为这代表美好的现状被戳破，所以公司永远不愿意进行我们所希望的那种讨论。即使是有处理不确定性的组织，它们也只能束手束脚、行动受限。

在防范黑天鹅的过程中，我们需要反思并清楚地认识到企业文化是如

第 4 章
拥抱黑天鹅

何阻碍了人们对极端事件的严肃讨论和原本应该做好的准备。艾尔维森和斯派瑟的讨论属于广义范畴，不同的企业在实践中存在各种差异，它们主导的企业文化特征各不相同。一些文化会对尾部风险更为排斥。因此，进行自我诊断是必要的。在此过程中，我们将考虑两种实践中的管理风格——恐惧主义和乐观主义，它们在很大程度上影响着企业文化，并且在如何发挥员工的最大潜能，以及为组织取得最大收益方面，代表了两种截然不同的观点。乐观主义管理机制认为，当人们朝着积极的目标（愿景、成功、可能性）前进时，他们会有最佳表现；而恐惧主义管理机制则强调，人们在远离危害性结果（痛苦、失败、羞辱）的过程中会发挥出最大潜能。①

我们担心的是，这两种管理风格都会淡化人们对尾部风险的关注，二者的差别只在于方式的不同。每当出现这种迹象时，我们就应该向董事会发出警示，表明公司对极端风险的管理不足。让我们来深入了解每一种风险的本质。首先是"恐惧主义管理"机制。大众汽车公司的高层相信恐惧是一种激励因素（"在六周内给我想要的结果，否则就从这里滚蛋。"），不管出于何种原因，管理层相信，假如想要结果，就要让人们认识到失败将导致可怕的后果。根据这种哲学，恐惧能激发力量，把人们从舒适区中赶出来，让他们全力以赴，集中精力工作，从而转化为更高的绩效、目标的达成以及更高的公司价值。

相反，"乐观主义管理"②的支持者认为，当人们感受到支持并得到了

---

① 有人指出，传播恐惧的管理者并不总是能意识到他们在这样做，很少有人会承认自己是在实行基于恐惧原则的管理方法。因此，把它描述为一种"风格"而不是一种管理理念可能更加准确。有些人可能有虐待狂的倾向，以行使权力为乐，在这种情况下，这根本不是一种理念，只是一种工作倾向。

② 另一种说法是"积极领导"。

鼓励性的反馈时，他们的表现最好。这种观点相信，乐观情绪应该渗透在整个集体之中。金·卡梅伦（Kim Cameron）教授在 2012 年回顾了大量的实例证据，表明轻松与乐观的氛围可以让组织获取更好的结果。[1] 有关该主题的文献表明，当人们看到光明而宏伟的未来蓝图，并坚信能够实现目标时，业务会得到迅猛发展。临床研究数据显示，大脑在乐观向上的情绪下会表现得更加活跃，通过扫描可以观察到，大脑的多个部分会被激活。换句话说，当乐观主义占主导地位时，我们变得更聪明、更有创造力。以下是我们引用卡梅伦的观点：

> 消极的情绪缩短了人们从思维到行动的反馈链路，进而削弱了他们的应对能力。换句话说，诱导积极的情绪（如快乐、爱和欣赏）会扩大认知的视野。

只要对企业经营有一定程度的了解，你就会知道任何用恐惧作为武器进行管理的理念都是错误的。我们的目标是使公司不容易受到黑天鹅的攻击，同时保持最大的上升空间，而恐惧完全违背了防止风险累积的两个因素：信息的自由流动和关于未来前景开诚布公的对话。在充斥着恐惧的工作场所，人们因为惧怕后果而三缄其口，这就完全关闭了沟通的渠道。基于恐惧的管理早已过时，其缺点显而易见，只能带来坏消息和引发诉讼的违法行为。甚至可以说，恐惧主义管理机制为企业黑天鹅提供了肥沃的土壤。恐惧和滥用权力之间具有一定的因果关系。今天由于互联网的存在，网络对不法行为的监督作用，对企业而言是将宝贵的无形资产——声誉——置于危险的境地之中。

---

[1] 参考卡梅伦于 2012 年出版的《积极领导力：激发非凡表现的策略》（*Positive Leadership: Strategies for Extraordinary Performance*）一书。

第 4 章
拥抱黑天鹅

乐观主义管理机制似乎更加可靠。一个基于事实的结论是，在那些创造力和主动性有利于企业的长期前景被认可的组织中，乐观情绪有助于提高组织绩效。还有一点就是减少了恐惧文化引起的声誉受损的风险。在乐观主义成为常态的工作场所，人们更能展现出他们的最佳状态。

如果我们认为积极乐观的氛围是有益的，可以减少风险的光临，那么我们还需要确保它不会过度。积极领导力之所以受到抨击，主要是因为它过于迎合年轻的一代，旨在使人们对自己的生活感到满足。这就是快乐的自我主义。有些人将过于乐观的文化称为"极度乐观"，暗示这些组织过于理想化地看待周围的一切。① 在极端的形式下，极度乐观的文化在针对黑天鹅而言，产生了与恐惧文化相同的有害结果。乐观至上意味着没有时间或资源来认真探讨，如何为可能出现的危险做最充分的准备。

迎接黑天鹅，一方面是要看到提高业绩与乐观主义之间的关系，另一方面是不要逃避去讨论那些令人生畏的潜在风险。我们要在积极与消极之间保持折中。② 例如，询问我们是否做了足够的准备来应对影响巨大但几乎不可能发生的事件。这对持不同意见的人来说是被否定的，因为他们不仅指出了风险的可怕，还暗指我们没有做好应有的准备工作。但是，在一个组织内，如果人们无法畅所欲言，领导层不接受相反的意见，企业管理就会出现问题。然而，不同见解的反馈不应该成为常态，否则最终可能会导致组织的功能失调。我们需要秉持普遍的乐观态度，既能支持目标的实

---

① 正如埃莉诺·波特（Eleanor Porter）在 1913 年出版的小说中的女孩波莉安娜（Pollyanna）具有不可抗拒的乐观主义精神。

② 有些人认为，不存在积极或消极的反馈，只有建设性和非建设性。这是一种正确的态度，实际上解决了我们在这里讨论的许多问题。但是假如我们对某件事情怀有感情，并将任何负面反馈视为个人原因，事实上很难做到这一点。

现，但也要允许建设性的反馈回路的存在，即使它们带来了与现有的方针政策相反的观点。

另一个值得思考的是如何平衡积极与消极表达的比例。根据卡梅伦的理论，高绩效的文化并不排斥所有的反对因素。相反，两者之间有一个健康的平衡，但偏向于积极的表述。这表示，提出潜在威胁不会导致人们大惊失色，也没有人会因此受到惩罚，更不会被嘲笑。换句话说，提出反对意见是安全的、受保护的。这就是在一个充满不确定性的世界中所面临的挑战：保持普遍的乐观模式并向前推进，同时创造一个建设性的对话空间，讨论如何做好最坏情况下的适度准备。

为促成这样的对话，不妨尝试遵守1%的规则。这最初是由布拉德利·加勒特（Bradley Garrett）在"恐惧商人"的概念里提出的，用于迎合那些害怕未来可能出现灾难的人们。这条规则表示，人们应该把他们净资产的1%用于应对重大的灾难。这意味着企业要将至少1%的资源和时间投入到如何为极端事件做准备的问题上。在一个不确定性似乎越来越疯狂的世界里，这貌似并不过分。通过遵循1%的规则，我们可以确保有基本的认识及适当的反应。同时，这么做还剔除了专注于极端事件的职业。风险预防变成了一种共识，成了我们理所当然的本职工作之一。

在实践中，这可能意味着公司的领导层每年要举行一定数量的研讨会或会议，专门讨论这一主题，甚至每年在某处召开为期一天的静修会，以真正深入地探讨风险。假设我们正受到巨大的不确定性的攻击，并且需要彻底改革防御体系，打造一座预防黑天鹅的堡垒。正如我们在后面的章节中将涉及讨论的内容，我们甚至还可以考虑如何反攻的可能性。

第 4 章
拥抱黑天鹅

| 黑天鹅制造者

现在，假设我们已经成功地将有关尾部风险的讨论正常化，并建立了有高级决策者参与的论坛，合理地开展定期交流，我们应该讨论什么呢？我们可以讨论黑天鹅本身，或者至少是已知的未知因素。表 1–1 提供了一份潜在的高影响事件的清单。我们可以花一些时间来探讨这些事件会如何发生，以及会在多大程度上对公司造成影响。对于许多事件，如全面核战争，我们可能很快就能得出结论——没有办法真正处理这些后果，因此我们没有选择，只能接受。

另一个直接涉及业务的话题是，什么样的情况才会对我们价值链的关键环节造成严重的破坏呢？现在的重点不在于黑天鹅事件本身的细节，而在于理解现行商业模式中的失效点。如前文所述，只有我们的业务中某个环节对极端事件极度敏感时，极端事件才会产生重大影响。以下四个问题将极端事件与价值链中可能的后果联系起来了：

- 什么会导致客户对我们的产品的消费能力或意愿（大幅）减弱？
- 什么会导致我们向最终客户交付的产品或服务的能力（大幅）减弱？
- 什么会导致我们生产产品或提供服务的能力（大幅）减弱？
- 什么会导致我们采购生产产品所需物资原料的能力（大幅）减弱？

得到答案后，我们就要求知道，什么类型的黑天鹅事件可能造成以上这类情况？具体的极端事件可以根据其带来的后果分类，如"国际贸易关闭""电网崩溃"或"互联网崩溃"。这有助于将不着边际的恐慌情绪转化为明确的、与业务开展能力直接相关的具体事实。通常情况下，极端事件可以表述为社会的基本功能或系统失效或暂停运作。哪一类黑天鹅是这些结果的根本原因或触发因素,也许迅速了解其带来的客观后果更为重要。

在讨论中,我们还可以在公司内部寻找具体的止损方案。然而,在现实中,不会有明确的损失上限,止损的自然机制往往生效缓慢且于事无补。我把这种影响极大的风险源头称为"黑天鹅制造者",它们就像黑天鹅本身一样具有三种属性:(1)有一个特定的机制——最初是隐秘的,至少对不知情的人来说是这样;(2)它们是由突发事件引发的,这种突发事件是罕见而出乎意料的;(3)它们会造成巨大的损失,如果不加以抵抗或制约,会使公司战略破坏或导致公司彻底完蛋。正确的做法是,识别环境中可能存在的黑天鹅制造者,确保我们不会盲目地走向悬崖。如果采取的措施得当,我们很可能会同时发现黑天鹅制造者和触发事件。下面让我们来深入探讨这个话题。

第一个黑天鹅制造者的例子是美国的第三方责任法。这部法律规定了发生对他人生活造成伤害的事故时公司应承担的责任。例如,如果发生了漏油事故,导致一位捕虾者失去了养活自己和家人的能力,对事故负有责任的公司就应该赔偿他的损失。损害和由此产生的责任是持续的(可能会长达几十年)。法律责任将与索赔者及其损失相称。与世界各地的其他法律制度相比,美国的法律是没有上限的——赔偿上不封顶。在这里,我们已经开始感受到尾部风险的严重性。这种法律责任完全可以导致公司倒闭,这是显而易见的。2010年4月,位于墨西哥湾的"深水地平线"勘探平台发生爆炸,造成了死亡事故。同时,爆炸还造成了该行业历史上最大的海洋漏油事件,以及相应的环境灾难。英国石油公司与各分包商一起负责该平台的运营,它们发现自己正面临着诉讼风暴和公众的愤怒谴责。由于第三方责任法的性质,公司所需承担的责任不断堆积。最终,它们收到

第 4 章
拥抱黑天鹅

了美国历史上最大的法律账单（620 亿美元）。这给英国石油公司造成了极其严重的打击，公司不得不出售其美国分部。①

衍生品也是潜在的黑天鹅制造者。虽然原则上它们是有效分担风险的工具，但事实上它们自己往往成为可怕的意外事件的对象。第二个例子发生在 21 世纪 10 年代，一些西班牙公司控告德意志银行不当销售衍生品。德意志银行将此作为对冲外汇风险的低成本方案，但其中部分头寸的损失导致客户产生了严重的财务问题，使至少一家公司濒临破产。② 我们知道，黑天鹅源自无知，以及对周围世界的过度信任。但并不是任何衍生品都有资格成为黑天鹅制造者。购买看跌期权是安全的，支付了保险费，从那时起你就持有一种资产，如果运气好，在到期时会多出一笔意外之财。从结构上来说，你的损失不会超过保险费。问题是当我们把衍生品卖给别人的时候，作为衍生品的出售方，意味着你实际上是在出售保险（并为此获得现金预付款）。换言之，你创造了一个在法律层面要履行的责任。重要的是，这是一种没有上限的责任。例如，你卖出了欧元对美元汇率的看涨期权，每当美元升值 1 美分，负债就会随之增加。如果欧元在其历史范围外疲软，使汇率远高于执行价格，负债的价值就会激增。在极端情况下，假如投资者对欧元完全丧失信心，致使欧元的价值土崩瓦解，那么对于卖出看涨期权的一方，这种爆炸性的负债很可能成为他们的末日。当然，事件相关的西班牙公司并不是突然决定根据市场走势来打赌以赚取溢价的。它们很可能确信出售给它们的一揽子方案代表了一种将衍生品组合在一起的

---

① 这里的真正悲剧是对环境的重创和人员伤亡。11 个人失去了生命。人们可能会争辩说，英国石油公司的所作所为活该倒闭，但我们不应该把关注点放在公司最终的结局上。我当然同意它们应该承担责任，想到一味追求财务目标在这场灾难中的作用，就令人反感。然而，我只是用这个例子来澄清这样一个原则：由于涉及附带损害，未设上限的风险敞口在风险管理过程中应该引起特别关注。

② Deutsche Bank under pressure over derivatives sales in Spain, *Financial Times*（ft.com）。

明智方式，并且风险是有限、可控的。因此，这其中便包含了我们讨论的所有成分：不设上限的风险，特定的条件机制（参考利率达到衍生品合同中的执行价格），以及由于缺乏相关信息和适当的评估能力而对黑天鹅的风险视而不见。

第三个例子来自 Griddy 能源公司。这是一家位于得克萨斯州的零售电力供应商，在第 1 章中提到得克萨斯州的封冻灾害之后，随着电价飙升到最高水平并持续数日，Griddy 公司发现自己在电力采购方面的负债已经超过了偿付能力，最终不得不申请破产保护。其作用机制是，得克萨斯州的电网管理机构 Ercot 有权将电价提高到法律规定的上限，只要它认为合适。这是 Griddy 公司所处的市场的一个内在特征。只需一个足够严重的冲击就可以触发该价格，而冬季的极端暴风雪就是这样的冲击。在无上限风险的另一个方面，得克萨斯州的发电厂和天然气供应商与邻近的州不同，它们不需要对设施进行过冬处理。因此，这其中存在着一个漏洞。当脆弱性的系统或市场遭遇外部压力时，风险就会击穿它，这会在缺乏缓解机制的部门出现。Griddy 公司处于产业链的末端，这并非个例，许多零售商被迫在现货市场上以高价购买电力，以兑现它们对公用事业固定费率客户的承诺。其中一些零售商破产或彻底退出了市场。[①] 我们又一次看到了异常事件、机制和可怕的后果。考虑到它们选择的商业模式，Griddy 公司与其他零售商或许并没有什么不同之处。我们应该尽可能地识别这些风险，否则，这便是一个没有经过估算的风险——一只准备突袭的黑天鹅。

[①] Griddy 公司在《得州月刊》(*Texas Monthly*) 上表示，它实际上保护了消费者。

工具和模型

市场方面的回应或许是，许多公司并没有忽略这一点，长期以来它们一直在系统性地思考风险问题（业内将其称为风险地图），总结描绘了一家公司的首要风险，即"真正重要的风险"。为了绘制风险地图，公司会组织指导旨在识别和评估公司风险的工作，然后将已经明朗的风险编入"风险登记册"——可能会对公司产生重大影响的各种风险的清单。所有重要的风险都会直观地呈现在风险地图中。通常根据概率大小和影响范围来描述其中的每项风险。

绘制风险地图是大多数当代风险管理计划的主要内容，通常打着企业风险管理（Enterprise Risk Management，ERM）的旗号。企业风险管理始于20世纪90年代末，从那时起，在企业实践当中产生了相当大的影响。它被描述为"在董事会的监督下，公司整体的综合风险管理过程"[1]。综合风险管理表明，有人负责管理公司对某项风险因素的敞口，并协调公司风险应对举措。这与各种所谓的"孤岛"，即业务单位和公司职能部门被要求站在各自狭隘的独特的角度去制定风险应对措施不同，"公司整体"意味着公司的所有不同部门都参与了风险管理过程，使用共同的方法和"风险语言"绘制出它们的风险地图。最后，描述中提到了董事会，旨在着重强调董事会参与的必要性，这是前所未有的。

企业风险管理及风险地图把我们带入了管理工具的领域。管理人员经常寻求各种理论模型，作为企业决策的依据。学术界则一直起到推波助澜

---

[1] Gates, S., 2006. Incorporating strategic risk into enterprise risk management: A survey of current corporate practice. *Journal of Applied Corporate Finance*, Vol. 18, No. 4, pp. 81–90.

的作用，源源不断地提出各种概念和工具。所有这些管理工具不仅声称要客观描绘这个世界，还要为管理人员优化公司业绩提供参考。迈克尔·波特（Michael Porter）的"五力框架"①便是一个很好的例子，该框架借鉴了工业领域的理论，将重要的原则总结成可以运用在管理团队中的理论，最终达成政策制订计划。

模型提供了对现状的简化描述。好的模型可以抓住现象的本质，并指出关键的因果关系与作用机制。模型和理论的重要作用体现在对现实世界的复杂性进行了浓缩。模型帮助我们看到正在发生的事情，并消除各种杂乱的噪音。这是把现实世界的复杂度进行平滑过滤。这听起来与塔勒布的警示恰恰相反，因为简洁而完整的模型从本质上讲就是柏拉图式的，让决策依据依赖于模型会把我们带入困境。事实上，我们不可避免地会乐于倾向接受简单的抽象理论，进而会被混乱的现实及黑天鹅所吞噬。

事实上，理论和模型既有启迪作用，又会使我们变得脆弱，因为理论和模型忽略了很多细节。那么如何看待为防范风险而开发的各项工具呢？事实上，风险管理行业通常都会使用各项工具，风险地图在其中有着突出的作用（我们将在下一章中讨论风险定量模型）。

我们的问题是，风险地图能否成功地帮助企业对尾部风险予以必要的重视，或者只是引起了对容易识别的风险的适度关注，从而让我们更有安全感——因为某些黑天鹅可能未进入我们的风险雷达范围，实际上，这会使我们更容易受到黑天鹅的影响。不可否认的是，从整体上看，绘制风险地图提高了企业的风险意识，使风险信息得到了广泛的传播。当一个主要

---

① Porter, M. E., 1979. How competitive forces shape strategy. *Harvard Business Review*, May 1979, Vol. 57, No. 2, pp. 137–145.

的风险被发现和识别时，它就会被标记在地图上并对组织可见。每当这种情况发生时，正是我们的想象力战胜了低头不理问题。

许多公司做出了相当大的努力来描绘它们面临的风险，并在内部展开讨论。例如，在1990年，我曾听到一些早期风险管理人员说，他们在提出风险问题时颇为尴尬。因为经理人甚至不愿意承认他们有任何风险。相比之下，如今编制某种风险清单都被视为正常操作。虽然尚不完美，但至少与否认企业面临任何种类的风险，并拒绝谈论风险的情况相比，确实风险地图代表了一种进步。

然而，在企业风险管理方面的努力有时会被指责为"吃饱了撑的"。有人声称，经理人只是想表示他们在风险管理方面承担着责任，只是为了响应市场对风险管理的呼吁。假如公司的独立董事认为风险地图已经涵盖了尾部风险，便就此作罢，那就会产生新的问题。如果风险地图既是公司承担风险的起点，也是风险防范的终点，那么意外很可能会不期而至。

要将一项风险因素从黑天鹅状态（意外、未知的未知）过渡到尾部风险（计算的风险、已知的未知），仅仅将其识别并登记在册是远远不够的。有人会说，黑天鹅在被人们意识到的那一刻就变成了灰天鹅，因为它不再是一种未知。然而，摆脱困境显然没有那么容易。假如一项风险只是作为一个标记点出现在风险地图上，其实是没有任何实质性的作用的。当黑天鹅被公司的主要决策者识别、评估和内在化以后，就不再是黑天鹅。但只有当问题在筹划公司的财务业绩时提出，被认真对待并加以适度关注时，我们才可以说是为组织排除了干扰——仅仅对风险点作短暂的思考毫无实际意义，不会避免黑天鹅的危险。

公司最终能否成功地将黑天鹅转化为尾部风险，这需要回顾以往的历史经验，对其加以论证，即必须证明风险在地图上已经被标出，随后被证明是重大灾难。① 据我所知，尚不存在实证性的案例。不过，我们可以从航空公司 2018 年年度报告的风险披露中得到一些启示。这些报告是在 2019 年年初发布的——早在人们注意到新型冠状病毒之前。疫情期间，我们深感疫情对旅游业的破坏性影响，所以回顾从事该行业的公司在当时对疫情的重视程度是很有意思的。这显然是真实的案例分析，新冠疫情是可以被视为尾部风险的。如前所述，我们可以找到许多关于大流行病的信息；权威机构曾一再呼吁认真对待目前的传染病。然而，我们发现正是由于这种风险一目了然，才使得它们看起来更像黑天鹅。

我们从挪威航空公司开始分析，它是受疫情影响最严重的航空公司之一。伴随着旅游行业陷入停滞，这家总部设在挪威的公司在 2020 年濒临破产（在撰写本书时，它们能否安然度过仍是未知数）。挪威航空公司在 2018 年的报告中泛泛地谈到了各项风险，"风险"两字出现了 128 次。报告详细涵盖了各种风险，包括喷气燃料风险、信用风险、安全风险、流动性风险和外汇风险。② 达美航空公司在当年的报告中也没有提到大流行病的威胁，尽管有一节的标题是"与航空业有关的风险因素"。然而，这一节实质上只提到了恐怖主义和地缘政治冲突等。西南航空公司则谈论了经济活动中的周期性风险，以及对其成本竞争力产生负面影响的风险——但在它们的报告中同样没有提到"大流行病"一词。提及"风险"一词的数

---

① 这是我们有机会加以测试验证的。假如没有风险地图，公司会对风险一无所知，将潜在的高影响事件放在风险地图中符合最佳实践，但这不适合任何形式的测试。当然，在回顾年度报告时，我们必须承认，一些公司意识到并且讨论了大流行病，但认为没有必要在外部报告中讨论它。但对于航空业来说，这是一个与其营收能力有很大关系的风险，在不远的历史上有过先例（如 SARS 等），所以做好某种程度的准备也不无道理。

② 当然，我们不知道大流行病是否出现在了公司内部的风险评估中。可能该公司确实评估了这种风险情况，但选择不对外披露。这一看法也适用于本节中提到的其他公司。

量最多的是芬兰航空公司，其年度报告谈及"风险"的次数不少于401次。"大流行病"这个关键词被提到几次呢？一次也没有。现在我们应该很清楚了，这就是最常见的模式。另外要提到的是瑞安航空公司——一家总部位于爱尔兰的廉价航空公司。以下是来自它们的2018年年度报告：

> 公司认为，假如任何流感或其他大型的流行病在欧洲严重蔓延，对瑞安航空公司的航旅需求可能会产生实质性的影响，这会成为公司的重大不利因素。猪流感、MERS（中东呼吸综合征）、SARS、口蹄疫、禽流感或其他大流行病或与牲畜相关疾病的严重爆发也可能导致欧洲或一些国家当局对旅行施加限制，进一步损害瑞安航空公司的业务。因此，严重的大流行病可能会严重扰乱瑞安航空公司的业务，导致预订业务的取消与损失，并对瑞安航空公司的财务状况和经营业绩产生不利影响。

终于有一家航空公司对大流行病的风险有了认识！它们谈到了限制旅行、取消预订及对财务业绩的严重影响，这与我们后来观察到的情况高度吻合。当然，我们无从得知，这是管理团队的认识，还是一些风控专家或律师的观点。然而，作为一家意识到这种尾部风险的公司，瑞安航空公司似乎已经做了某些准备，即保持现金余额大于行业平均水平。

尽管瑞安航空公司是一个很好的个案，但从总体来看，航空业对大流行病的风险并没有明确的指向性，即风险地图的绘制能够帮助企业捕捉尾部风险。从这些风险披露中可以看出，人们倾向于具体的事件，例如信用卡担保损失、汇率波动和类似的有形风险，而且对于这种有形风险，我们可以通过运用已有的专业知识来应对它们。

董事会中的黑天鹅雷达

在本书中，企业级黑天鹅造成的祸害大小取决于董事会。公司独立董事的预期和知识与异常事件的发生高度相关。正如我们在之前的结论中所提到的，董事会的存在增加了黑天鹅的数量。主要原因是相比执行团队，这些董事会成员处于信息方面的劣势地位；另一个原因是从他们的角度衡量风险，还有更多出错的缘由。他们身居企业组织的高位，这又增加了遭遇黑天鹅的可能性。我们从第 2 章的讨论中知道，不少首席执行官有自恋的倾向，原因是企业需要这样性格的人才——他们野心勃勃，热衷于引发轰动效应的案例，并且设定夸张的业绩目标，以享受实现这些目标后所带来的荣耀和个人财富。

而所有这些个人魅力又使他们成为影响企业经营的潜在威胁。所以结论是：我们不能把黑天鹅问题完全托付给首席执行官，因为他们就是黑天鹅产生的原因之一。这是董事会必须自己面对的问题。对此必须采取务实的态度，使董事会成为与黑天鹅对抗的堡垒，保护公司免受其伤害。董事会应该是防范黑天鹅的主力军——只有他们能够力挽狂澜，对首席执行官加以约束。迎接黑天鹅的意义是，我们服从客观规律接受黑天鹅的现实，但是高管们的自信会造成可怕的后果，那些过于信任他人的企业将会遭遇更大的黑天鹅。

设想你持有某项资产，你必须解决利益分配过程中可能产生的分歧。所以你要防范这样的情况，管理团队可能会将公司看成自有资产，无节制地从事各种形式的不当交易并从中谋取私利。这种情况在过往历史上有很多先例，高管们肆意滥用职权。董事会代表着公司的所有者，有权让首席执行官负起应有的责任，确保个人的野心不会成为对公司不利的风险。

第 4 章
拥抱黑天鹅

由于各种复杂的原因，有些董事会成员并没有这样的认识，他们甚至没有意识到董事会有这样的权力。进入董事会就像进了一个专属的俱乐部，让你有机会分享红利与权力。这是一个非常体面的职务，表明你拥有财富并且是重要的人物，你会获得不菲的收入。此外，他们都属于一个有相同利益的小圈子，类似于过去的黄金老男孩俱乐部。某个人在多个董事会任职是常有的现象，这同样可以称之为职业。促使董事会表现得小心谨慎的是，不要因为对监督作用过于严厉死板，进而影响自己的职业生涯。

所有这些因素促使董事们与首席执行官沆瀣一气。在某些公司中，董事会并不会要求首席执行官负责，甚至可能相反：对危险信号不断发出预警的董事很可能会被嫌弃。如此，由首席执行官主导的董事会自然会更令人担忧。如果导致权力不受约束，这将是非常可怕的事，这意味着董事会失去了其最重要的职能，即发现危险信号并提出对策，以确保承担的风险与潜在的回报相称。

当然，高管们不可能将自己定义为风险因素。由于不言自明的原因，他们不会出现在公司的风险地图上。风险管理以首席执行官的利益为出发点，保障高管的潜在利益。事实上，我可以大胆地猜测，流氓高管的所作所为从来没有被放到公司的风险地图上。负责风险管理的顾问感到，在这种情况下提出类似的建议是不合时宜的。普通的交易员和员工可以被定义为潜在的风险，但是高管绝不可能！风险管理职能部门和他们的助手，不会愚蠢地暗示高管本身可能构成风险。除非他们不想在企业里再待下去了。

这帮企业的败家子会把风险管理描述为岁月静好，组织上下团结一致，即将争取更大的胜利。在现实中，当考虑风险与热衷成交的两种策略冲突发生时，很有可能是后者胜出。当高管们决定冒险一搏的时候，尽管拥有一流的风险管理功能也无济于事。2021 年，当瑞士信贷的经理们无视风险控制经理对一家名为 Archegos 的实体风险敞口所表达的担忧时，我们回想起了这一点。该实体下注创建了一个价值 1000 亿美元的高杠杆投资组合。由于交易失败，Archegos 公司持续拖欠追加保证金，最终导致爆仓。瑞士信贷为此遭受了超过 50 亿美元的损失，这是在众多风险管理失败的案例中非常值得警醒的一例。

由于当前的风险地图是由首席执行官主持把控的，几项重要的黑天鹅风险因子已经被排除了。因此，董事会应该构建一个扩展版的风险地图，或者说一个黑天鹅雷达。除了流氓高管，我们已经谈到了许多酝酿企业黑天鹅的因素。恐惧文化是需要注意的，这阻碍了信息的自由流动和公开的对话。收购也有可能构成黑天鹅事件，特别是那些规模庞大、通过大量债务融资的收购，或者是收购带来的多元化，从事公司比较生疏的业务或进入陌生的区域市场。过于激进的奖励机制，以及由此所带来的脱离实际的绩效目标，也与公司灾难有关，需要被列入黑天鹅雷达。这些因素总结在图 4–1 中。

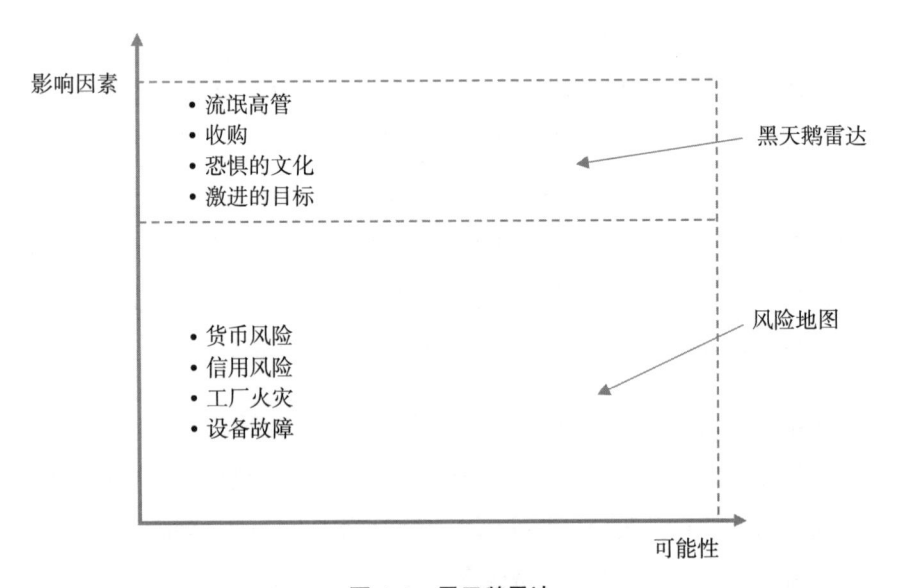

图 4–1 黑天鹅雷达

第 4 章
拥抱黑天鹅

　　董事们在设计黑天鹅雷达时，应该意识到他们可以对这些要素施加影响力。首先，董事们雇用了首席执行官，应该能够识别、评估他们的野心。假如首席执行官以高压手段进行管理，那么恐惧会渗透到企业的各个部门，同时也会改变公司文化。通过控制首席执行官，董事会间接地决定了管理层的基调。董事会还负责与首席执行官谈判薪酬方案，并最终签署组织中推出的任何激励计划。董事们要清楚地认识到激励与目标的力量，这不仅可以产生业绩，同时也会带来风险。需要商榷的是，现有的目标是否过于苛刻，引起了首席执行官过度的压力，导致其跨越了禁区。

　　例如，增长率对于高管们的业绩压力是非常大的，这是在制定目标和设计激励措施的过程中产生的，而董事会成员则是（或应该是）积极的参与者。设定的目标越激进，就代表对公司的期望值越高，期望公司的增长速度更快。设定雄心勃勃的目标，最大限度地激发员工的创造力，公司的发展会一日千里。然而，随之而来的是风险的激增，因为人们会为了达到目标而胆大妄为、不顾一切，公司也会因此不得不面临更多的挫败、事故和损失。就像富国银行，一个明显比竞争对手夸张的激励计划应该引起足够的反思。

　　在充满不确定性的世界里，董事会是一个重要的部门。我们需要强大的智慧型的董事会成员，他们意志坚定，始终坚持自己的立场，总能提出尖锐的问题，并对危险信号毅然采取行动。显然，我们需要一种平衡，不是要控制首席执行官的自由度，也不是要对其不信任与怀疑。这是一个利弊取舍的问题，谁都不希望药物的副作用大于疾病本身。值得重申的是，绝大多数高管都是正直的、努力工作的人，他们希望以各种可能的方式为公司创造利润。首席执行官产生黑天鹅与其他黑天鹅一样，都是罕见的。

然而，这类黑天鹅的存在是客观事实，我们对此必须保持"宁可信其有，不可信其无"的态度。"信任，但要验证"[①]是一条准则，其中"验证"是指需要定期并客观地确认，黑天鹅雷达中的任何目标都处于正常状态。

---

① 美国前总统罗纳德·里根（Ronald Reagan）很喜欢引用的一句古老的俄罗斯谚语。

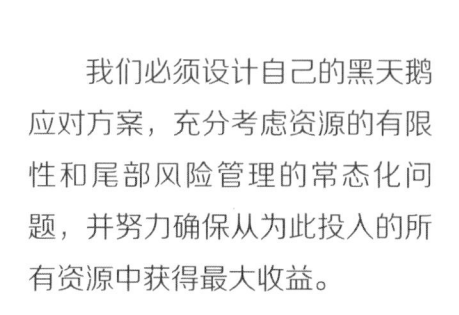

驯服黑天鹅

我们必须设计自己的黑天鹅应对方案,充分考虑资源的有限性和尾部风险管理的常态化问题,并努力确保从为此投入的所有资源中获得最大收益。

根据我们进行的一项基本观察，相同的黑天鹅对两家类似的公司会形成不同的影响，具体取决于该公司以何种独创的方式去运作。一家公司几乎可以安然无恙地走出困境，而另一家公司可能会受到重创，运营水平降至最低——后果是否严重取决于公司的抗打击能力。我们将从脆弱性和复原力的角度阐述这个问题。脆弱性是指某物在受到压力时很容易破碎；相应地，复原力指的是一种迅速恢复并回升至危机前的状态的能力。

驯服黑天鹅就是提高和促进公司的复原力。简言之，一家公司越是积极地减少风险，它拥有的风险资本就越多，公司的复原力就越强。这些策略是很有价值的，然而，我们总会看到一些组织机构并不支持这样做，反而更重视短期的公司业绩。我们必须设计自己的黑天鹅应对方案，充分考虑资源的有限性和尾部风险管理的常态化问题，并努力确保从为此投入的所有资源中获得最大收益。

划定最后界限

从某种程度上讲，驯服黑天鹅就是提高公司的经营能力，以确保其在大多数情况下具有足够的承受能力，并确保公司在大多数情况下能持续不断地创造价值。驯服黑天鹅的基本理念是：在这个充满疯狂不确定性的世界里，明智之举就是不要过度纠缠某个黑天鹅的细节，而是要不断地弥补我们的弱点，直到我们没有弱点。塔勒布的决策规则中较为深刻和令人信服的理念是：我们应该将脆弱性而不是概率作为我们的决策依据。

第 5 章
驯服黑天鹅

我们应牢记这一理念,即把准确定位和妥善处理脆弱性作为衡量核心管理能力的标准。因为我们深信,疯狂不确定性是真实存在的。接下来,我们便会在头脑中规划或设想,对于不确定性进行人为的设想,如果设想中的某种不确定性最终会引起灾难性后果,我们都会选择采取一些措施——除非采取措施的成本让我们无法承受。也许还有更好的方法可以减少或消除不确定性。有些措施是我们所能接受的"普通业务",成本并非遥不可及,所以无须赘言。我们采取这些措施,只是为了消除后患无穷的脆弱性。

然而,不幸的是,我们不能随心所欲地投入无尽的资源,以求最大限度地构建复原力。在第 1 章中,我们讨论过支付能力问题,我们知道我们无法实现这一目标。在运营层面实现复原力的策略说明,我们会通过前期投资或以更高的运营成本的形式来推高成本。采取在运营层面加强复原力的策略,必须考虑以下事实:这些策略会导致成本增加,要归因于前期投资或运营成本的增加。那么我们可以采取哪些措施呢?通常有三种增强复原力的惯用方法:投资缓解策略、投资灵活性策略和投资质量策略。从根本上讲,提高缓解力就是要保持充足的库存;提高灵活性则意味着要创建一个 B 计划或持续性计划;提高质量意味着我们要保证所选择的解决方案失败率较低。有时候,如果成本特别高的话,也会对营业利润率产生显著影响。

但问题是,公司不太愿意接受不切实际的风险管理所产生的成本。因此,我们希望引起管理层的注意,公司的资金应多投资在故障关键点,公司应力求基于目标和选择尽可能地减少风险。一旦明确了公司价值链上的主要故障点,我们就可以把有限的注意力和资金投入到这些故障点的尾部风险管理中去。如果我们能及时明确这些故障点并采取相应的措施,在构建复原力方面将会取得重大进展。

在现实中，工业公司（它们更喜欢匿名）的经验很好地说明了尾部风险降低的明确的或既定的形式。公司的管理者在全球范围内对价值链及其所涉及的活动流程进行绘制分析。分析表明，有一个节点对整个价值链网络的运行至关重要，因为几乎所有的货物都经过此地，然后被运送到不同的生产地点，这就是一个故障点。此处出现问题将带来严重的附带损害。明确判断故障点，有助于管理者克服任何惯性或思维定式。他们会意识到必须加强公司的防御，因此他们会采取措施加强这些点的成品库存（即缓解策略）。这样做无疑会增加成本，但相对于这些主要故障点可能在价值链中造成的损害来讲，这些成本投入还是值得的。公司发现漏洞并采取行动，或许会把可能严重破坏公司战略的潜在黑天鹅转换成众所周知的尾部风险。与其他公司一样，该公司可能很难承受供应链中增加的成本，但这种方法确实能够保证精准地使用任何可用的资源来降低尾部风险。在最关键的地方采取主动的风险缓解措施，该公司已经朝驯服黑天鹅迈出了重要的一步。

风险专家加里·S.林奇对供应链范围内的支付能力问题及其对复原力的影响提供了一些有见地的观点。他认为，我们对于低成本的追求有时会让我们事与愿违并脆弱不堪。我们越想降低成本，在出其不意的地方出现风险的可能性就越大。林奇认为，地域跨度越大的外包就越会导致脆弱性，并会在某个节点导致更高的成本：

> ……人们进行大量的离岸外包运营，并认为大有可为，因为离岸外包的劳动力更廉价，能带来更高的利润率。然而现实并非如此。我们在贪求廉价劳动力的时候，人工、运输、仓储、保险和精益等成本都涨到了无法想象的水平。这些成本都是明摆着的，而风险领域的成

本比这些成本还要高得多。

是追求低成本，还是生活在日益增加的脆弱性中，我们需要对其进行权衡。在很多情况下，外包的实际成本往往比预期的要高。如果考虑到风险成本，外包的成本可能会更高，而不是如预想中的低。

林奇认为，为了将脆弱性降到可接受的水平，许多供应链需要收缩，要进行本地化或精简改革（即质量策略）。精简是指减少由大量重叠供应商带来的复杂性。在林奇看来，最好精选出几个供应商，并追求更高层次的整合。随着整合程度的加深，沟通会更顺畅，也有机会协调风险缓解等事宜。在供应链中，大家都是一体的，从某种程度上来说，供应商的风险也是我们的风险。复原力的增强越来越需要这种整合观，需要协调各个参与者之间的风险管理预期。通过协调合作，在整个供应链中尽可能减少故障点，从而使每个人都受益。

当然，凡事过犹不及。过多的简化可能会导致供应的地域不够多样化，从而使风险过于集中。对某个供应商而言，由当地极端天气等原因导致的关闭风险可能是难以承受的，而当地出现极端天气的概率正在稳步增加。许多异常事件在有限的地理空间里可能影响巨大，因此，在这个充满疯狂不确定性的世界里，地理多样化起着重要的作用。

在生产设施方面，我们面临着类似的权衡。从效率和利润的角度来看，让某个工厂满负荷运转当然会带来可观的财富，但这也意味着我们正处于某个故障点上，极易在该地理区域受到重大不连续性的极端事件的影响。启用另一个策略（灵活性策略）对于提高业务连续性而言可能是一种补充。如果公司已经考虑采用这一举措，尾部风险的降低可能会使公司朝着有利的方向发展。（公司）要想做进一步的投资考量，往往需要考虑风险因素，而不是把风险因素排除在外。

我们来看一下驯服黑天鹅的另一个因素——信息和知识的作用。将黑天鹅转换成可以计算的尾部风险，并有针对性地降低风险，需要拥有关于故障点的高质量信息。没有了因对自身弱点的无知而产生的意外，黑天鹅就被剥夺了战术优势。回想一下，黑天鹅是因为预期（或者说缺乏预期）而发生的，也可以说是由于缺乏信息和知识而导致的。因此，如果我们提高收集和处理信息的能力（也就是产生知识的能力），我们就更有可能做出基于事实的决策，从而能够更好地了解尾部风险故障点。仅仅基于直觉或扩张的欲望来做决定，只会在无意中增加成为"黑天鹅制造者"的概率。

为了更好地领会信息和知识在"驯服黑天鹅"方面的作用，我们可以参考挪威 Equinor 能源公司的经验。该公司一度打算在墨西哥湾开采石油，此地属于美国司法管辖范围，因此公司需要考虑的一个重要问题是：美国的第三方责任法是无上限的。最终，该公司决定实行这样的运营模式：通过油轮将从钻井现场开采的石油运输到美国东海岸的炼油厂。Equinor 公司是否应该对运输过程中发生的事故负有法律责任呢？通过对法律机制的调查研究，公司明确了漏油的责任可能会由石油所有者（而不是船运公司）承担。因此，公司会因为需要承担此责任而陷入困境。考虑到美国诉讼制度的特点，一旦出现状况，诉讼程序很有可能烦琐至极，公司所面临的法律程序将会持续数年。而且，公司还了解到，当时奥巴马政府为了使拖延战术不再那么有效，颁布了一项法案，规定被调查公司应提前支付法律索赔的金额。在法律责任落到实处之前，这笔钱会存入一个托管账户。根据这项规则，任何法律责任都可能提前生效，在某种情况下，这可能会压垮一家公司。

第 5 章
驯服黑天鹅

在这个项目中，法律风险被详细地绘制出来并进行了全面讨论，比如"假如有这些风险，我们还在此地开展业务吗"等问题被提出并进行了反复讨论。该公司请工程师对降低事故风险的对策加以评估，并对实施这些措施后故障发生的概率进行了推算。在此基础上，公司采取了提高质量以降低风险的策略。它们采取的策略包括：使用配备了双层船底、最佳雷达技术的油轮，以及启用能力强的船员。它们断言，如果采取这些策略，发生事故的可能性会非常小。基于工程师的评估，公司认为，即使面临着法律制度带来的尾部风险，潜在的回报也足以成为公司的前进动力。于是，该公司对各种影响巨大的突发事件都有了充分的了解。如果真的发生了事故，对于远在挪威的董事们来说可能会是件令人震惊的事，但对于公司的主要决策者来说却完全可以掌控。这样一来，公司就可以把从未听说过的黑天鹅变成可以完全了解的尾部风险。

需要注意的是，最后的决定有赖于对事件概率的评估。虽然我们的主要目标是探察故障所引起的严重后果，并尽我们所能采取对策，但我们仍然无法完全脱离概率的影响。如前所述，要想找到适当的风险应对策略，有时需要参考对风险概率的主观判断。Equinor 公司的风险管理团队一直致力于风险的量化工作，以提高可比性，并且将这种可比性与业绩联系起来。长期以来，这种可比性的构建成了公司文化的一部分。缺乏未经证实的数据并未让管理团队感到困扰，因为他们深知，顶级工程师所做的评估已经尽了最大努力了。

驯服黑天鹅的关键还在于把现有的知识融入企业的决策过程。基于"用最小的成本获得最大的效益"的宗旨，公司并不愿意着手实施这一融合计划，尽管确切的知识信息表明有关键的故障点存在。因此，最重要的是如何激励一家公司采取具体行动，为低概率、高影响的事件做准备？为什么有些公司愿意进行稳妥的风险准备工作，而有些公司却很被动、心存侥幸？我们如何才能促使高管们在无法明确概率的情况下采取行动呢？

我们可以把缺乏前瞻性行动看作预见能力较低的问题。如前所述，如果想让人们团结协作、共同支持前瞻性行动，就必须先让人们对首先需要解决的问题达成共识。如果我们能够将风险阐述成每个人都能理解的问题，接下来再采取切实可行的措施就容易多了。如果公司中有相当数量的重要人物都能了解风险，并相信风险肯定存在，尾部风险处理中存在的惰性和不作为问题就有可能得到解决。风险应该成为一个被广泛认为值得关注的问题。所以，首先要把这件事当成一个亟待解决的问题提上议程，然后尽可能在关键故障点上明确责任，以免事后有人事不关己，高高挂起。大多数人喜欢挑战，因此可以把这个问题当作一个挑战提出来：在存在尾部风险的情况下，我们该如何优化成本结构？这是我们提倡的思维模式。相较而言，我们会感觉下列说法欠妥：我们如何才能既追求低成本，又在可接受的缺陷水平进行生产呢？根据林奇的观点，后一种说法是现实中普遍存在的思维模式。

作为公司利益的维护者，董事会应该支持这一议程。董事会虽然不参与运营，但它可以改变公司前进的方向。董事会应该清楚地知道，公司的高管很少有时间调查故障点，他们更喜欢追求扩张和收购所带来的成就感。在这种情况下，有黑天鹅意识的董事会应该要求找出关键漏洞，以便就公司的软肋形成共识。更具体的做法是，将首席执行官的报酬与最佳实践业务连续性发展计划的实施挂钩。一旦这些激励措施到位，公司的其他人很快就会意识到。另外，要注意激励措施的强大作用，以及那些因盈利目标阻碍主动降低风险的方式。如果公司的关键绩效指标产生了强大的激

第 5 章
驯服黑天鹅

励作用，那么是否可以改写这些指标，以解决想要领取奖金的愿望和长远做正确的事情之间的矛盾。

此外，董事会应该寻找证据，证明高管们并非没有尽力。纸上谈兵的风险管理在紧要关头时可能并不十分有效。我们应该落实风险缓解行动，以确保它们不是纸老虎。例如，如果公司经营两家工厂，经理们可能会做出决定，如果一家工厂遭受严重破坏，他们将依靠并增加第二家工厂的产量。这听起来是个不错的计划，可以保证连续性，但如果发现第二家工厂已经接近满负荷运转，那么该计划在应对尾部风险方面可能就失效了。众所周知，连续性计划会因为不切实际的假设而失败，比如想当然地认为电网会正常运转，而实际上很可能会出现停电。同样，对保险方案也应进行严格的评估，以确保保险范围真正有意义。不属于常规领域的保险合同在法律上是非常复杂的文件，日常事务之外的保险合同通常也是比较复杂的法律文件，如果名义金额很大，保险公司很可能会对索赔提出异议。在这种情况下，最后要看附属细则，保险方案最终提供的保障可能比公司阅读保险销售材料时所认为的要少得多。

我们在这里谈论的旨在减少尾部风险的措施在应急时的有效性。人们在做完一件事之后很容易自我感觉良好，不管这件事做得有多么不足，人们都会停滞不前。不管这件事多么不起眼，它都解决了之前的不作为状态和必须做某事的感觉之间存在的认知失调。正常情况下，应该向董事会提供一些令人信服的证据，证明这些策略在关键时刻是有效的。关键的缓解措施的局限性应该得到充分重视，否则黑天鹅将击穿防线并将我们吞没。我们不应该满足于那些看起来像风险缓解措施的东西："哦，所以你购买了一个业务连续性计划和一些保险？那就好！"在真正的紧急情况下，无法承受压力的风险缓解行动会让那些信以为真的人变成傻瓜，会让我们重新回到原点。

这就需要董事会来划出红线，确保总是有不断改进的空间，无论已经做到了什么程度。这里所说的红线，是指不接受任何有可能摧毁公司或导致严重战略破坏的风险。董事会应该考虑哪些风险是绝不能容忍的，因为这些风险会带来附带损害。为了明确红线，了解一下我们离触及红线大概有多远会很有帮助，这是下一节的主题。

在结束本节之前，我们有必要反思一下，哪些因素能增强公司的适应能力？在我与企业领导人的交谈中，有一个主题被不断提及。他们认为，关键是公司要有合适的人选。按他们的话说，让有能力的人担任领导职务，给予他们充分的自主权和责任，以便他们在发生重大变化时能够快速有力地采取行动。他们的理念是赋予优秀人才权力，避免责任分散。当世界陷入全面危机时，参与完整的、冗长的公司决策过程便成了一种奢望。赋予优秀管理者权力，这一理念在偏爱分散式商业模式的公司里表现得更为明显。这一理念具有普遍的吸引力，因为它把人才放在了第一位。这种做法是一种更深层次的组织特质，它超出了投资缓解、投资灵活性、投资质量这三种通用策略的范畴。然而，我们不能忘记，即使是能力很强、权势很大的人，在全面（或许可以避免）的困境中采取行动时，也可能难以获得良好的结果，这种情况也说明了这三个通用策略的持续重要性。我们也不要忘记，另一种与复原力有关的更深层次的组织能力，即在公司不同部门之间进行沟通和协调行动的能力。孤立效应是真实存在的，在动荡的形势下，如果公司里的每个人都在单打独斗，无论他们多么有才华，这样都是不正确的做法。我们将在第 6 章再讨论这个问题。

第 5 章
驯服黑天鹅

与清算之间的距离

如果要想了解一家企业该如何变得更具复原力,那我们必须首先了解是什么让企业变得脆弱。想了解企业的脆弱性,其中的一个方法是,从接近某些痛苦阈值的角度来理解,这些痛苦阈值是指企业的业绩水平。我们有充分的理由相信,在业绩水平上,一些极具破坏性的后果将会发生。我们需要考虑的不仅仅是经济损失的后果,还有我们之前讨论过的附带损害。

我们将讨论两个痛苦阈值:一个是清算阈值,另一个是战略破坏阈值。清算阈值一旦被突破,就意味着企业会破产或被彻底清算,而且很可能(对股东而言)造成任何形式的期权价值都会遭受损失,而这些期权价值本可以在股市反弹时兑现。战略破坏的措施包括大量削减成本和投资、资产甩卖、经历与供应商和客户所签订的合同条款恶化的过程,等等。痛苦阈值表明了我们的生存和发展能力的外部极限。以前我们只是笼统地谈论这些后果,而现在我们更愿意准确地指出引发这些后果的情况。

我们的目标是了解需要多大的业绩冲击才能达到阈值失败的一侧。我们通过引入"到清算的距离"和"到破坏的距离"两种测量方法来表述这一概念。一家脆弱的公司发现自己已经接近阈值,所以不需要太多的业绩下滑就能让公司濒临崩溃。相反,一家设法在自己和阈值之间拉开更大距离的公司,将有更大的概率安然度过动荡期。如果我们精心设计场景,将其应用到自己公司的运营中,并观察运营结果到阈值之间的距离,我们就可以获得公司当前风险状况的表征。

情景假设主要是一种帮助我们打开思路的工具,它能让我们对极端的可能性有所了解，并根据这些可能性就采取正确的行动方式进行良好的对话。与编制预测和预算的僵化过程相比，它代表了一种更灵活多变的思维方式，因此更符合疯狂不确定性的现实。实际上有很多方式可以用来展现这个世界，其中一些方式对我们的战略和财务健康有着显著的影响。就当前的目的而言，如果我们以对业绩的影响来描述这种情况的话，情况会有很大的改观。如果我们就它们对业务业绩的影响来进行情景假设，我们就能取得进一步的进展。这种方法的好处在于，它为我们提供了一种可以相当确定在哪些情况下阈值会出现危险的方式。也就是说，我们假设的每一种情景都必须转化为对财务业绩的影响：现金流、利润、资产负债表和财务比率。这样，我们才能确保所讨论的内容最终具有相关性和可比性。

归根结底，清算和战略破坏正是现金流产生和需求之间相互作用的结果。当现金流的产生和需求两方面出现严重失衡时，我们就会努力弥补随后可能出现的严重后果所带来的缺口，否则麻烦的后果可能会随之而来。因此，首先，我们将用经营性现金流（流动性的供应）和现金承诺（流动性的需求）来描述这种情景。现金承诺是为了保持生存和执行公司战略所需的所有现金支出。为简化起见，资本支出将被用来表示执行战略所需的投资（繁荣），而偿债将被用来表示为避免违约（生存）所需的利息支付和贷款的偿付。用程式化的方法表示就是：现金承诺是资本支出和债务偿还的总和。

在我们的财务预测中，经营性现金流和现金承诺之间的差异是我们距离痛苦阈值有多远的初步指标。每当经营性现金流不足以支付其本身的现金承诺时，就会对公司战略造成潜在的破坏，因为资本支出可能不得不缩减。资金短缺可能是问题，也可能不是，这取决于公司的资源状况。公司有可能摆脱它（一家复原性好的公司可以做到），但也有可能被它挫败

（一家脆弱的公司只能任其破坏）。我们只需要用一种结构化的方式来思考这两种结果中哪一种更有可能发生。这就需要我们探讨一下风险资本的话题了。

风险资本

构建复原力最基本的方法就是确保公司有足够的资本来处理可能出现的任何意外情况。广义的风险资本包括任何能够帮助公司渡过难关而不出现消极后果的资源。这是一种防范风险、未雨绸缪的旧观念。从本质上来讲，我们所说的"减震器"就是一种缓冲资源，可以使公司能够度过比预期差的情况而基本上不受损害。风险资本的概念从广义上来说可以包括声誉、政治关系、政府干预和管理智囊——基本上可以说是任何有助于公司渡过难关的资源。为了让我们的论述通俗易懂，并且与相关文献保持一致，我们将重点讨论金融资源。保持健康的资产负债表将是解决公司复原力问题的重要方法。

我们可以把风险资本的一些话题展开讨论。公司应该考虑到，做生意和投资本身都是有风险的，公司需要一些资本来保护自身免受不可预见的打击，这些打击可能会影响公司业绩。例如，我们假设一家新成立的公司打算通过向小企业放贷赚取利润，并通过发行债券筹集1亿美元。为保证公司安全，免受信贷损失，所有者必须贡献多少股权？一家保险公司向其他实体出售自然灾害保险，如果未来12个月发生一场或多场灾害，它需要多少资本来保证自身生存？一个交易部门有一个新的投资策略，它认为这个策略会产生高回报，它需要多少资本作为缓冲，以确保它不会因为此过程中出现的一些市场波动而遭受资本的完全损失？

交易台的例子说明，风险资本不同于交易资本，后者是指启动一项投资或进行一项交易所需的资金。如果一家公司希望购买工厂、物业和设备，以建立一家产生现金流的企业，就要预先获得资金，这就是风险投资的融资。此外，在项目取得成果之前，还需要风险资本。它的作用是为在此期间发生的逆境提供一个缓冲，从而使风险投资不受干扰地继续下去。换个角度思考这个问题，风险也必须得到资助。我们需要投入足够的资金来进行所有必要的采购，并保留一些资金以备不时之需。

风险资本提供了一种应对黑天鹅颇有吸引力的方法。它代表了一种吸收业绩冲击的通用方法，无论其性质和来源如何。我们不必试图预测各种灾难，也不必制订详尽的风险缓解策略。如果出现问题，我们可以依靠这些缓解策略来帮助我们摆脱困境。这可以使我们免于周折，并能够将精力集中在取得进展、促进增长和如何成为一个更强大的竞争者上。我们想要风险资本的原因是：其一，风险资本有利于公司生存；其二，它能够在动荡时期为我们提供应对战略。对业绩的短期冲击可以对这两个目标构成一种威胁，而风险资本可以决定这种冲击最终如何影响公司。

正如本书所设想的，风险资本是两个资产负债表决策的函数：作为公司整体融资的一部分使用多少股权，以及作为总资产的一部分保留多少流动资产。股权和流动资产都具有缓冲作用，只是方式不同。股权发挥缓冲作用的方法是减少以利息支付股权，即通过减少以利息支付和贷款分期的形式来支付的固定现金债务，以实现其缓冲作用。拥有更多的股权也可以让公司在需要时更容易获得新的融资，因为与已经背负大量债务的资产负债表相比，需要考虑的利益冲突会更少。如果把拥有更多的流动资产（比如银行中的现金）当作一种预防措施，降低风险的效果将是显而易见的。我们没有通过给资本市场注入新的资金来维持公司的运转，而是在内部储备了一些流动性。

要理解和管理复原力，必须掌握风险资本的运作原理，并使其为我所用。因此，我们将探讨风险资本概念化的两种不同方式：经济资本和风险能力。经济资本用于应对潜在损失及其对偿还能力的影响，银行和保险部门会经常涉及这个概念，这两个部门最注重金融稳定。抗风险能力则是指有能力应对潜在的现金流短缺及其对战略执行的影响。这些概念可能让人感觉有点复杂，但其支撑理念是相当简单、直观的。

经济资本可以被认为是银行在最坏的情况下生存所需的资本。资本这个词有点模糊，不同的人有不同的理解。在这里，对资本最简单的理解就是能减少损失的资产股本[①]。当公司遭受损失时，股本会大大损耗，公司就有破产的风险（从理论上来讲，当资产价值低于负债价值时，就会发生这种情况）。那么，什么才能减少损失的股本呢？银行发出的金融债权必须满足两个基本标准：（1）没有固定和具有合同约束力的本金需要偿还；（2）对于支付给债权人的任何款项，公司都有自行裁决权。也就是说，支付可以被取消或推迟，而不会引发任何负面的后果（但对于债务和其他具有法律约束力的债务等价物来说，并非如此）。例如，永久优先股通常被视为资本，因为任何股息的支付都是由董事会决定的，而且没有任何本金需要偿还。

---

① 一些股权被认为比其他股权的质量更高。例如，股票资本（实收资本）和留存收益被认为是最高质量的，因为它们可以可靠地减少损失（这是监管术语中的"一级"资本）。其他股本来源，如各种重估和对冲准备金，被认为比较不稳定，由于受会计因素驱动，因此不太可靠（"二级"资本）。

其基本思路是，初始股本基数越大，破产的可能性就越低。这种概念的表述方式表明，任何给定的资本量都与某种破产的概率有关。事实上，经济资本的一个更正式的定义是，银行以目标概率生存所需的资本（换句话说就是与破产概率相关的资本）。这是一个重要的概念步骤，因为它意味着我们将接受某种破产的可能性。试图确保在任何可能的情况下都能生存的努力是无效的，因为这意味着百分之百地依赖股权，并将不成比例的公司资源用于生存。因此，有些风险是可以接受的，而经济资本就是要确保破产的目标概率得以实现。如果我们的评估是破产概率太高，我们就要增加资本金，直到达到预期水平。同样，如果评估的破产概率几乎为零，我们可能会收回一些资本（将其作为股息返还给投资者）。

风险能力也是基于风险缓冲的概念，但其与经济资本略有不同。这里的重点是流动性。风险能力被理解为高流动性资产的缓冲，有助于缓解现金流短缺。在此，我们需要与上一节提出的观点联系一下，即风险是现金产生和现金需求之间不平衡的一个函数，每当这种短缺发生时，除非公司有办法弥补差额，否则公司清算和战略破坏就是预料之中的事情。只要公司有足够的流动资产可供支配，就可以继续弥补亏空，并执行战略。

风险能力最明显的来源就是手头的现金。在某种情况下，任何多余的现金（即不需要用于运营目的的现金）都可以用来应对导致业绩下降的意外打击。然而，也有一些有条件的流动性形式会增加风险能力。公司可能有未开发的借贷能力，使其能轻易地弥补短缺。例如，信用贷款的未提取部分可以用来消除现金产生和现金需求之间暂时的失衡状态。最后，我们也将或有债权（如衍生品合同）的现金流计入风险能力，条件是这些报酬可靠地发生在现金流短缺的情况下。也就是说，如果有一种情况，经营性现金流是75，而现金承诺是100，那么当且仅当或有债权在该情况下产生

第 5 章
驯服黑天鹅

现金流以帮助弥补差额时，公司的风险能力才会增加。或有债权在本质上是不同的，因为我们谈论的是风险转移，即利用市场来分担风险（同时，显然要为这一特权向交易方付费）。相比之下，依靠现有资金来解决短缺问题是自我保险，而不是利用市场来调节风险。

风险能力是指企业在最坏情况下的生存，但与经济资本不同的是，它也针对战略执行。综上所述，现金承诺的定义包括资本支出，广义的资本支出是指与成功执行战略有关的任何支出。从某种意义上说，我们把跨场景的战略执行作为既定目标，并不是为了满足于证明公司不会垮掉，而是为了提高应对风险的标准。这是一个更加消耗资金的计划。要确保在最坏情况下的生存所需的资源，少于公司发展所需的资源。为确保在最坏情况下生存而做准备，比为繁荣而做准备所需的资源要少。当情况变糟时，我们不仅想要生存，而且还要继续执行业务计划。如果我们有较好的复原力，那么无论我们身处何种境地，价值创造的过程都应该继续下去。如果我们想保护这个战略，就需要更大的缓冲。风险能力是指有意识地决定我们需要保留多少流动性，无论是手头的流动性还是附带的流动性，以确保即使在比预期更差的情况下，我们仍然可以取得自己想要的结果。

风险能力增加了与临界阈值的距离，也就是说，它导致达到临界阈值的概率下降了。任何给定数量的风险能力都与一定的战略破坏概率相关。我们现有的资源可以解决许多风险故障，但不可能解决全部。因为资本支出通常是第一个被缩减的现金承诺，这个战略破坏风险通常被认为是不能进行最佳投资的概率。由于风险承受能力，出于对维持风险能力的成本考虑，可能不得不接受一些战略破坏的风险。回想一下我们在第 3 章的讨论，流动资产可以降低资产回报率，从而使用更多的权益资本可以降低权益回报率。根据经验，复原性和效率之间存在紧张关系，因此我们需要围绕这一点创建一些透明度，并做出明智的决定。图 5-1 说明了风险能力是如何将临界阈值向左移动的，但仍有一些战略破坏（投资不足）的概率与之相关。

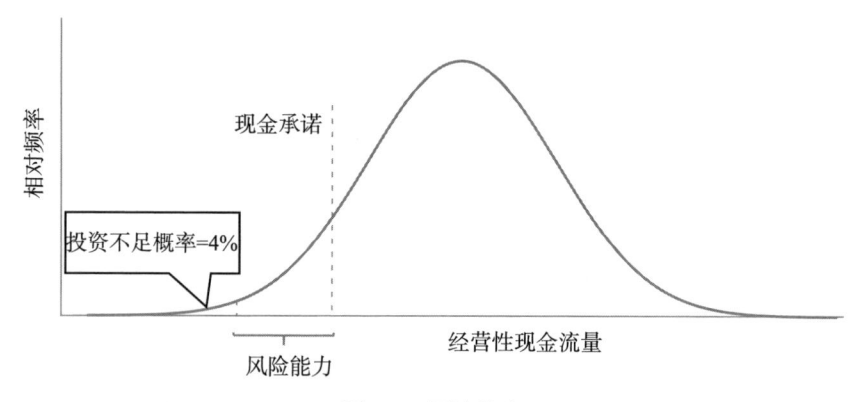

图 5-1 风险能力

（图中标注：相对频率；现金承诺；投资不足概率=4%；风险能力；经营性现金流量）

在这一点上，有人可能会想，为什么公司在遇到困难时不直接向其所有者寻求更多的投资呢？如果他们相信这项业务有潜力，他们就会投入更多的资金来支持它，对吗？好吧，如果把这个问题当作风险能力，必须有预先商定的条款或被认为有效的条款才行得通。只有在可以合理有效地获取流动性的情况下，风险承受能力才有意义。在评估备用借贷能力时，我们需要有充分的理由相信，我们可以在不受惩罚的条件下获得资金。如果是后一种情况，我们就已经付出了一定的代价，因为我们别无选择，只能接受所规定的条件。也就是说，我们正在经历业绩变化带来的负面后果，而不是毫发无损。我们应该清楚的是，我们所讨论的是在不利的情况下，我们能完成什么。从今天的情况来推断，如果认为我们能以同样的条件获得资金，很可能是不现实的。

至于在危机期间发行股票以支撑公司的资产负债表，这几乎可以说明我们希望避免可变性的负面后果。因此，或有股权的发行通常不是风险能

第 5 章
驯服黑天鹅

力的一部分。首先，它通常会非常昂贵，因为弥补一家陷入困境的公司的不确定性需要巨大的风险溢价。其次，如果公司完全陷入困境，大部分收益会用来使现有的债务更加安全。这是企业融资中典型的债务悬置问题，这说明了为什么股本是代价昂贵的最终手段，而不是摆脱困境的捷径。由于任何股权投资者对所发行股票的附加价值都很低，现有股东的股权可能会大大缩水。例如，当陷入困境的挪威航空公司在 2020 年以不死不休的方式发行股票时，它是以股票交易价格的 80% 折价发行的。如果这意味着一些投资者群体失去了控制力或影响力，那就更应该尽量避免从一开始就陷入这种局面（信托责任意味着管理者应该选择符合现有所有者最佳利益的政策）。

综上所述，经济资本用于化解损失的股权资本和资不抵债的风险，而风险能力用于处理现金流短缺的流动性和无法执行战略的风险。在这些风险资本中，哪一种适合构建复原力并能确保公司在充满不确定性的世界中所向披靡？对于一家非金融企业来说，其动机并不在于监管部门对偿付能力的要求，而在于对流动性的管理有重要的意义。正如我们在第 3 章中讨论的那样，账面负资产没有明确的解释，可能这个解释也不太重要。破产过程更有可能是由无力偿还持续的现金债务所触发的。我们从赫兹汽车的事件中了解到，这会引发一个导致股东破产的危险过程，也就是说，公司会被清算，而股东在这个过程中对未来业绩的预期会下降，从而大幅减少持股。正如我们指出的，由短期业绩冲击所引起的流动性驱动破产是我们最应该担心的问题。

因此，驯服黑天鹅的一个重要部分是对公司的风险能力和应对现金流短缺的能力进行合理的评估，从而使公司与痛苦阈值保持安全距离。这并不是说偿付能力不重要，相反，了解一家公司的偿付能力通常是评估其再融资能力（备用借贷能力）的必要条件。如果一家公司的资产负债表上有债务负担，那么公司应对现金流短缺的能力就会减弱，这在很大程度上决定了资本市场是否青睐它。清算风险和战略破坏被认为是公司流动性下降和偿付能力耗尽的体现，因此公司不能忽视轻松再融资的情况。

与之相关的是，我们通常认为，借来的钱是风险能力的一部分，这样的认识似乎有点奇怪。通常情况下，增加债务不就是增加风险吗？确实如此（除非收益以现金的形式保存，但我们不会这样做，我们认为借来的钱是用来填补现金流不足的）。然而，这个概念建立在一个前提之上，即一家公司可以有一个低杠杆的资产负债表，在银行的帮助下，有能力度过短期的动荡——这是我们的主要目标。如果有多余的借贷能力，为避免战略破坏而借钱并非轻率之举，而是保证长期的竞争力不会因此受损。换言之，我们可以借钱，并且没有成为僵尸企业的风险。"备用借贷能力"一词本身就意味着该公司从根本上讲是可以正常运营的，其资产负债表足够强大，足以应对风险。此外，它还暗示着我们当前可以避免战略破坏，从而在未来能够更多地消灭风险，这是一项公平的交易。也就是说，当我们借款时，不会增加未来的失败风险。这是成为风险能力的一部分条件。

风险能力通常指目前规划期（如其定义）避免破坏的能力，而对我们未来的操纵能力几乎或根本不会造成不利后果。然而，当借贷确实会增加未来的失败风险时，情况也可能相反。因为我们用债务填补了现金流的缺口，所以当我们在未来重复分析时，我们会发现未来财务困境的风险比现在明显更高。这其中有一个权衡，我们不能视而不见。许多评论家担心，在2020年企业为维持自身运转而积累了"巨额债务"，这表明系统性后果被推迟了。事实上，其中一些公司可能注定要成为僵尸企业，并且由于它们为了生存而不得不大量借贷，导致其竞争力显著下降。对这些公司来说，现在的生存是以降低未来的繁荣程度为代价的，因为债务负担挤掉了投资和扩张的空间。如果公司后来进入了僵尸状态，这意味着它过度放纵了，而且借款没有被预先存在的风险能力所覆盖；相反，公司在这种情况下会借更多的钱，这无疑是在削弱未来的竞争力。事实上，陷入"僵尸"状态可以被看作另一种形式的战略破坏，这种破坏将在未来显现出来。

因为我们对尾部风险感兴趣，所以还有一点值得详细阐述：由于尾部风险是指严重但罕见的事件，缓解这种风险的一种有效方法是在这些情况发生时释放现金，这意味着在我们考虑的三种风险能力来源中，来自风险转移的有条件现金在原则上是最有吸引力的。无论出现何种情况，保留现金缓解或安排可观的信贷融资都是可实施的策略。即使在正常甚至极好的情况下，它们不只是一种策略，也会产生成本。那么，一个诱人的可能性就是利用风险转移，将那些明显失败或战略破坏的情况精准地化险为夷。但如果我们能精确地执行尾部风险融资，又会如何呢？

以一家石油公司为例，它在 70 美元 / 桶的油价下可以享受丰厚的利润。该公司认为，如果油价在下一年大跌至 30 美元 / 桶，那么由于现金流严重短缺，该公司将不得不大幅削减运营规模，而要从这一状况中恢复过来并不容易。这代表着一种战略破坏，将削弱公司的长期竞争力和发展能力。对这家公司来说，加强风险能力的有效方法是购买执行价格为 30 美元 / 桶的看跌期权（相当于购买保险）。在这里，我们会面临一个常见的问题，而这个问题往往会使积极的风险管理停滞不前，也就是说，这样的头寸必须随着时间的推移不断续期，从而必须不断支付保险费而导致资金外流。这种资金外流很快就会让一些经理人无法忍受。

为了避免出现这种情况，该公司可能会决定出售其上行资产，为购买看跌期权提供资金（即如果卖出看涨期权，它一定会赔钱）。假如它以行权价 110 美元/桶出售看涨期权，那它就能完全为看跌期权提供资金。现在公司已经处理了尾部风险，并且没有给公司带来较大的精神压力。卖出看涨期权可以让我们眼不见心不烦，但当卖出的看跌期权是现金融资时，就不能这么说了。是的，尽管我们牺牲了一些上升的潜力，但我们这样做是为了实现抵御尾部风险的目标。这是一种优雅而有效的尾部风险管理方式。

在尾部风险融资中，风险转移的有条件收益还有一个容易被忽视的优点，即可以根据现金流短缺的大小进行动态调整。与缓解尾部风险的策略——持有现金与使用相同的现金购买看跌期权。除此之外，我们不得不考虑到持有现金通常所具有的低效率，即在所有情况下，包括非常积极的情况下，它都会出现在资产负债表上。我们还应注意这样一个事实，如果现金流短缺达到一定程度，现金就会被耗尽，或者说不堪重负。当现金耗尽时，风险缓解也就荡然无存了。相比之下，在看跌期权策略中，现金流短缺越严重，它所产生的现金注入量就会越大（之所以出现这种情况，是因为决定回报的标的现货价格同时推动了运营现金流的下降）。这种动态特征意味着它会"一路向下"缓冲不足，而且它不会像现金余额那样不堪重负。

因此，从尾部风险的角度来看，无现金期权策略具有一定的吸引力。它为想要做的事情提供了一个很好的心理路径——消除尾部风险，同时在公司决策过程中达成最少的摩擦，并发行尽可能少的看涨期权。或许正是出于这个原因，所谓的领涨策略（多头看跌和空头看涨相结合）才成为大宗商品生产商喜欢使用的策略。遗憾的是，这种合同没有被广泛用于一般绩效风险，因为这将让众多的公司部署类似的战略。

第 5 章
驯服黑天鹅

| 压力测试

这一章提出的复原力框架的基础便是痛苦阈值。每当我们无法实现自己的现金承诺时，我们就会感到痛苦，因为战略开始被破坏，在特别惨淡的情况下，我们甚至可能会拖欠债务。实际上，这意味着我们必须确立与生存（偿债）和兴旺（资本支出）相关的流动性要求。为了了解潜在的现金流短缺的影响，我们通过评估风险能力（现金和有条件的现金来源）来做进一步分析，以起到弥补短缺的作用。这样一来，我们就会对那些在比预期更差的情况下所能调动的金融资源有一个恰当的认识。对风险能力的分析是我们构建复原力的第二块基石。

我们讨论的这一点缺少了对于尾部风险情况本身的一些估计。我们试图就以下问题找到答案："现实情况下能变得多糟？""我们愿意接受多少剩余尾部风险？"我们可以尝试利用我们的数据和想象力，想出一个真正考验公司生存能力的方案。这样的练习通常被称为压力测试，它可以大大提高公司的尾部风险意识。重要的是，这些测试涉及公司的整体效益。我们正在进行的压力测试是企业集体层面的表现，重点是看公司是否有足够的复原力来承受真正糟糕的情况。公司的压力测试应围绕评估是否达到一个或两个痛苦阈值来展开，因为这标志着公司生存和发展能力的极限。公司的压力测试所带来的学习经验是，它让我们了解公司的突破点、距离这一突破点还有多远，以及公司在极端条件下的生存状态。这种做法所产生的洞察力反过来应该可用于公司政策的制定，以便我们在尾部风险和上行潜力之间达到防御平衡。

从前面关于风险图谱的讨论中我们可以清楚地看到，董事会不应抱有幻想，认为所有的情况都被涵盖了，只因为该公司有一个令人印象深刻的记录，其中描述了大量的风险。风险记录册在多数情况下只是风险因素的静态汇总；与此相反，压力测试是针对那些对公司有重大影响的具体情况而进行的。在极少数情况下，人们可能会认为，记录册中的一个风险因素可能会让一家公司破产，比如 Griddy 能源公司的电价持续飙升。在这些情况下，对单一风险的认识就显得格外重要了，因为它实际上已经成为压力场景。如果这种致命的风险已经被确定，压力测试应遵循以下步骤：（1）按照当下的情况审视公司的运营情况；（2）假设尾部风险事件已经发生；（3）考虑其对公司运营的影响；（4）不仅观察影响是否糟糕到足以将公司推至痛苦阈值以下，还要考虑它可能带来的任何风险资本。

　　风险记录册有时可以发挥作用，因为压力测试可以从记录册汇编的风险中被感知。然而，对于什么是合适的压力测试或如何进行压力测试并没有硬性规定。当我们设计一项压力测试时，它可以围绕一个具有足够影响力的特定事件展开，但我们通常会面对一系列相互关联的事件。我们应该始终对任何造成完美风暴的动态保持一定的敏感度。然而，实施压力测试的一个非常糟糕的方法是，假设记录册中的所有风险都神奇地同时出现，而这往往是不现实的。

　　这就引出了一个敏感话题：压力测试是否应该具有现实性。2008 年金融危机期间，美国财政部推出了 SCAP 计划①，它被广泛誉为压力测试使用的分水岭，它将压力测试特别强调为"严峻但可信"的场景。出于某种原因，它没有将其称为"严峻但不可信"的场景。很明显，我们想要某种

---

① SCAP 计划是指"银行应力测试计划"（Stress Capital Adequacy Program）。该计划是作为对全球金融危机的回应而推出的，旨在评估美国主要金融机构的资本充足性和应对极端压力的能力。——译者注

第 5 章
驯服黑天鹅

可信度。如果收入下降 100%，企业都死了，最后谁又在乎呢？做得太过火，人们会认为你很荒谬，并对这项工作失去兴趣。如果做得不够，就是对"移动的尾部风险"不够重视。当然，这种平衡行为更像一种艺术而不是科学。然而，我们至少应该提出"移动的尾部风险"这一问题，并进行相关讨论，以确定记录上的数据是否可能会超过一个实质性的数量，以及这对公司意味着什么。

我认为，压力测试从根本上讲与"移动的尾部风险"这一概念相关。我们的首要任务是，不要因为在过去的 10 年里，我们只看到了业绩的轻微波动就被哄骗得无所作为。这又回到了"试图从最近的过去推断未来"的傻瓜问题上。仅仅选取有限的一段历史时期，并将当时的环境考虑在内，就想推测出压力测试可能出现的情况，或导致我们严重低估可能发生的潜在范围。

新冠疫情大流行再次提供了有用的参考。以一家在东亚开展业务的公司为例，2019 年初，该公司想知道大流行病对其商业模式造成破坏的可能性。希望它能明智地认识到，在 2010 年代末遭受此类疫情影响的情况下，这并不意味着什么。相反，该公司可以假设类似 H1N1 病毒或 H3N2 流感病毒的事件可能再次发生（后者发生在 1968 年，造成 100 多万人死亡）。如果以几十年内收集的数据为考察范围，这些数据点就代表了分布的尾部。如果我们把视野拉长到几十年，我们就会发现尾部在过去移动过几次。当分析涵盖更大的人类历史跨度时，我们会发现更现实的迹象，表明事情可能会变得多么糟糕。现在，我们的压力测试不仅包括 H1N1 和 H3N2，还包括西班牙大流感，它达到了全球蔓延的程度（一连四波的流感影响了世界上大约 1/3 的人口，造成数千万人死亡）。很明显，这样的尾部事件至少应该被认为是百年一遇的风险，因此是足够可信的，而我们可能需要为此做一些准备。对于移动的尾部风险，事情可能变得比我们在历史记录中所观察到的任何事情都更加糟糕。原因很简单，事情是可以改变的。病毒的传染性和致命性越来越强，全球经济的连通性也比过去高得多。

根据上述推理，我们可以得出以下结论，即如何在一个充满不确定性的世界中使用压力测试。好的做法是，不要在最近的历史范围内考察压力测试，而是应该在较长的观察期内考察更严重的压力事件。这会让我们对尾部风险的实际情况有正确的认识。然后，我们需要认识到，尾部风险有可能再次移动。人们通常的想法是抓住记录册上最糟糕的事件进行考察，并不断寻找较之更糟糕的事件（除非记录册上最糟糕的事件已经足以令人震惊，这样我们考察的目的就达到了）。为了使尾部风险的移动在经济上有意义，可以考虑在可能的范围内，将记录中的尾部风险增加20%。不过，最终还是要根据情况来制定适当的策略。

任何成功的定期管理尾部风险的尝试，都必须小心行事，而不应将其视为繁重的负担。当分析技术过于复杂时，耐心很快就会被消磨殆尽。压力测试肯定没有免费通行证，面对企业的有限关注，压力测试必须表现出其优势所在。纠结于烦琐的研究方法并不明智。更经济的做法之一是直接使用财务数据来实施压力测试。本书所采取的立场是，分析公司风险的一个合适的基线结构是以公司的顶线（也就是公司的收入）为起点。然后，考量收入冲击会对利益底线（即痛苦阈值）有什么影响，这些影响为管理层掌控下的各种风险缓解措施所左右。这种思维方式也适用于压力测试工作。

如果我们从收入入手，问题就会简化为：如果公司的收入持续大幅下降，公司会怎样？如此大的收入下降代表着更精确的动态，而这种动态将

第 5 章
驯服黑天鹅

在细化的压力测试中得到确认。为了达到压力测试的目的，收入损失的幅度会有所不同，可以把前面所讨论的公司黑天鹅事件的 30% 的门槛作为考察的参考点。对大多数公司来说，失去近 1/3 的销售额已经是非常严重的状况了。正如我们对实证数据的分析所显示的那样，这是一个罕见的事件，处于分布的尾部。使用这种方法，我们前面提到的东亚运营商将用它所假设的足够大的收入冲击来替代大流行病可能发生的分析。当我们在运营层面制定风险应对措施时，尽管财务方法有其明显的局限性，但它对企业的复原力（即生存和发展的能力）有很大的帮助（我们将在本章后面再次讨论运营应对策略）。

压力测试对于驯服黑天鹅是必不可少的。影响测试结果的主要杠杆是风险能力，通过它我们可以加强企业的复原力。我们的目标是校准风险能力的数量，以便获得合理的尾部风险—收益平衡，即一个不能以任何明显的方式改进的平衡。实际上，这意味着我们要多次重复进行压力测试，以检验不同的风险能力水平。该公司可以选择采取行动，要么提高风险能力水平（如果发现复原力低得令人不安），要么降低风险能力水平（如果发现复原力严重超标）。这种主动的评估可以让我们全面了解公司在不同政策下的复原力。例如，经理们可能考虑扣留股息以提高现金状况，或者在收入下降时投放一种可能产生回报的衍生品。因此，公司的风险能力和复原力将会更高。现在，可以对公司的预期业绩进行同样的压力测试，以了解额外的风险能力对于公司与痛苦阈值的距离方面有何影响。对不同配置的风险能力进行这样的测试，可能会使我们了解要达到理想的复原力需要多少风险能力。

作为该过程的一部分，在提高风险能力方面投入的任何资源所带来的成本增加必须得到支持。与以往一样，我们从事着以风险换取收益的业务，这不会因我们谈论尾部风险而改变。虽然我们的基本目标是尽可能彻底消灭风险，但我们能做的其实很有限。有时候，想彻底消灭风险往往事与愿违。

尽管从压力测试中可以学到很多东西，但即使没有附加概率，我们也会再次面临这样一个事实：某种概率评估是必要的[①]。压力测试很容易动摇军心，引起我们的风险厌恶情绪，并引发风险反应，导致我们对风险的过度管理，这也是不可取的。我们知道，概率方面是决定风险成本的一个关键因素，它决定了提高复原力的行动范围。回想一下，我们之前定义的风险资本是指与一定概率的负面后果相关的财务缓解。尽管我们要容忍一些失败的可能性，但也要大致了解最终会发生什么，以及结果的可能性。

这里存在着一种紧张关系，一方面我们承认世界充满了很多不确定性，这意味着概率不可知；另一方面我们想要拥有某种测算概率的方法，让我们能够确定我们对黑天鹅的反应是否不足、适度或过度。这正是黑天鹅和移动的尾部风险令人抓狂的原因：我们无法知道事件会有多糟糕，也不知道发生的概率有多大，那么我们该如何优化呢？

尽管这种情况似乎令人绝望，但我们还是可以做一些事情的。至少，我们会在这个过程中得到启发，以实现我们的目标。这一策略在处理尾部风险方面没有明显的不足，也没有明显的过度。同样，我们可以利用数据的力量，以更直接的方式处理概率方面的问题。与其使用固定冲击的强度（在我们的例子中为30%），不如使用与预先确定的概率相关的收入下降。在这种情况下，我们将采取与我们相似公司的收入百分比变化的历史分

[①] 有人会说，压力测试从根本上说是一种非概率性的操作，其目的是避免过度依赖概率性方法。我们认为这种观点需要加以限制，因为对风险的分析永远不应该完全脱离可能性的概念，无论这种可能性是多么主观。

第 5 章
驯服黑天鹅

布,并查找代表 99 分位数的变化。这告诉我们,在只有 1% 的情况下,我们观察到的负收入变化大于这个数字。换句话说,这表明在任何一年里,经历更大负增长的概率为 1%。在企业营收中出现如此严重的尾部风险,可以被认为是百年一遇的风险。例如,对于美国制造业公司来说,收入下降百分比为 45% 的概率有 1%。根据这个数字,在未来一年中,我们会损失大约一半收入的概率是 1%。然后,我们可以让公司适应这种程度的负面变化,并观察它会对各种底线产生什么样的结果。

我们有充分的理由接受一些失败的风险,而忽略某些极端的可能性。我们之所以会忽略极端的可能性,是因为它的概率虽然不是零,但已经非常接近零,而风险成本也微乎其微。像小行星撞击巨型火山就属于这种情况。许多黑天鹅将永远潜伏在阴影中,概率虽不是零,但也不影响业务的正常进行。有些未知因素可能会改变我们所认知的世界,但我们从未听说过。有很多不为所知的可能性会带来严重的后果,尽管我们努力避免,但总有一天,这些可能性会把我们压垮。在接下来的一百年里,我们认为这样的事情至少会发生一次。因此,为了遵守这一哲学观点,我们永远不要让策略的失败概率低于 1%(另一个 1% 规则)。将概率设定为每年 1%,意味着公司在 100 年内失败的概率为 63.4%,也就是说,我们认为公司更有可能在未来 100 年内的某个时间失败(破产)。这是一个完全合理的假设,毕竟百年企业太少了。

如果报告公司失败的概率为零,实际上是认识论上的错误,因为这表明我们对控制不确定性因素的能力过于自信。因此,每当我们(主观地)预估概率更高时,就会传达出这个信息。如果概率低于 1%,我们就否定它,并以 1% 的概率传达信息。我们可以接受风险——它是不可避免的。在尾部的极端情况下,管理者们表示一下无奈也很正常。

退出方案

在上一节中，人们倾向于采用从收入这一顶线构建压力测试结构。在压力测试中，直接采用经营性似乎会让事情变得更加简单，因为痛苦阈值是根据我们为了生存和发展而需要维护的现金承诺水平来表示的。现金流以比收入更直接的方式与此相关。然而，这种方法忽略了一点，即公司的成本结构是决定复原力的关键因素，而且在某种程度上是由管理层控制的。当收入急剧下降时，一个大问题是成本会如何变化。我们如何快速调整成本结构以适应新的情况？我们是否坚持使用了大量难以缩减的固定成本？或者我们能否做出调整，使收入的下降与成本的迅速降低相匹配？后者显然属于风险较小的情况。

以经营性现金流为目标是为了掩盖企业风险的这些关键维度。这让人想起了灵活性是管理风险最基本方式之一的观点。灵活性意味着我们不会拘泥于一种运作模式——我们可以随机而变。灵活性与风险资本具有类似的风险抑制功能。当黑天鹅来袭时，缓解和灵活性的策略就变得非常突出。在压力测试中，我们需要考虑能够调动的每一个因素。若我们不够重视灵活性，可能会被迫储备比实际所需更多的风险资本，进而白白降低了股本回报率。这表明，风险资本和灵活性是紧密相连的。事实上，从风险的角度来看，它们在功能上是等同的。在管理成本结构方面的灵活性越大，我们为缓解任何给定的风险收入水平所需的风险资本就越少。

一旦跌破收益线，灵活性就会成为一个问题。对于可变成本，可以迅速缩减采购，以应对需求的下降。如果需求的下降最后终结了某一产品线

第 5 章
驯服黑天鹅

的发展，那么合理的做法是退出该头寸并停止相关的固定成本。如果在对企业风险的分析中，我们假设成本将无限期地维持在其基线水平之上，那么我们对风险和复原力的理解就将大错特错：复原力将被低估，而风险将因此被高估。如今，作为风险管理计划的一部分，企业对成本结构的动态分析做得太少了。今天，大多数公司在其计划工具中使用了不切实际的成本假设，这势必导致它们在受压的情况下所进行的成本假设是错误的。从本质上说，成本结构越自然地适应收入的变化，公司的复原力就越强，这是因为在这种情况下想达到痛苦阈值的可能性越小。因此，要对运营的灵活性进行预期，并将其纳入复原力的分析框架中。

关于灵活性的一个更深层次的问题是，最佳成本水平不适用于所有情况。我们可以将成本大致分为增值型和非增值型（浪费型）两种。我们接受成本，因为我们相信它们能让我们产生收入，为我们赚取正的利润，因此它们被认为是增值的。在基线预测中，可能所有成本都属于这一类（否则，我们为什么要为它们制订计划呢）。然而，随着公司收入的恶化和利润率的降低，越来越多的成本将开始被视为非增值性的。世界已经变了，在我们住的新房子里，有些成本已经不再合理了。因此，我们应该考虑使用退出方案，它可以恢复一定的保证金。这个成本调整机制制定得越好，我们对复原力的评价就越现实[①]。

我们可以把这一思路再向前推进一步。事实证明，痛苦阈值本身，就像运营成本一样，在不同的收入情况下是不固定的。随着收入的大幅下降，最优战略也可能发生变化。在这些新情况下，增加价值的成本也

---

① 请注意，负边际并不自动表明成本没有增值。我们必须考虑到反弹的可能性，以及如果现在成本降低，未来可能发生的阻塞成本。如果我们说成本不增加价值，就意味着我们已经考虑了需求增长和恢复的可能性，但仍然下结论说保持成本不符合我们的最佳利益。

减少了。公司的许多战略举措可能也是如此。也就是说,鉴于我们所面临的情况,我们很可能会决定重新考虑我们的战略。如果你愿意,战略会"收缩"。很可能,考虑到整体的发展前景已经恶化,我们不再对正在进行的一些项目感兴趣。由于我们现在对增长和创新的兴趣减少了,我们对资本支出的需求也减少了,所以痛苦阈值会自动向下调整。当这种情况发生时,对风险资本的需求也会减少。这种机制就像一种天然的对冲。

肯尼思·弗洛特、大卫·沙夫斯坦和杰里米·斯坦教授在1993年出版的一份出版物中提出了这一点。他们认为,在那些怀疑其投资需求与收入风险具有高度共变性的公司中,其对于对冲(风险转移)的需求较低。在这些公司中,流动性的供应和需求是自我协调的,不需要任何对冲形式的干预。当收入较低时,投资需求也相应较低。当共变性不那么强时,收入可能会下降,而资本支出需求不会相应减少。如果是这样,在收入较低的情况下,可以通过加强内部现金流,利用对冲来改善这种协调。他们以石油和天然气公司为例,说明调整机制在经济上是有意义的:随着油价的下跌,勘探的价值会下降。相比之下,制药业的公司在其投资渠道的价值和当前收入流之间的共变性要小得多。

第二个痛苦阈值,即债务偿还,也可能与收入的变化有关。在这个问题上建立一些预见性也是非常可取的,因为它对整体风险有重大影响。事实上,公司政策的一个目标是以增强复原力的名义,提高偿债成本与收入变化的同步程度。每当收入受到冲击时,我们希望能有一种使这些支出自动减少的机制。如果我们能做到这一点,它就会成为与退出方案相同的减震器,并以类似的方式减少对风险资本的总体需求。

赫兹公司的案例说明了当公司收入受到打击时,债偿成本向错误方

第 5 章
驯服黑天鹅

向发展的不幸后果，会使公司更加脆弱。贷款协议的条款规定，当车队的价值开始显示出下降的迹象时，对抵押品的要求也随之提高。事实正是如此，在最坏的情况下，赫兹公司的现金承诺增加了。当然，债权人只会顾及自己的利益。如果车队的价值下降，就像收入前景恶化一样，它们的抵押品价值就会下降，而追加保证金正是为了补偿这一损失，将风险维持在一个可接受的水平上。然而，对于公司来说，这种机制几乎可以确保在最坏情况下的脆弱性。尽管它们可能无法完全摆脱这种机制，但它是公司应该全力应对的事情。我们的想法是，在可能的情况下，让公司的负债方遵循这样一种方式：当公司收入下降时，利息和名义金额的支付就会减少。一个简单的例子是向金矿部门的公司提供的贷款，其利息水平与黄金价格挂钩。每当金价下跌，挤压利润率和现金流时，该公司就会以降低利息的形式得到解脱。在这种情况下，收入和现金承诺是正相关的，而不是负相关的，就如追加保证金催缴使赫兹公司进入破产管理一样。

为了进一步深入了解在负债结构中构建减震器的概念，我们可以考虑"或有资本"，或者将其亲切地称为"CoCos"①。使用这些工具的明确目的是在压力时期减少负债的负担，不仅针对持续付款，而且针对名义金额。可转换债券本质上是一种带有一系列息票的债券，但与其他债券不同的是，它会自动转换为股权，这取决于是否达到了某个触发水平。当这种转换发生时，通常会发生两件事：一是优惠券被取消；二是不再有名义金额需要偿还。因此，公司的现金承诺恰恰在公司难以兑现的时候减少了。与通常的配股（考虑到该公司的困境）发行不同的是，此次转股将以非常不利的

---

① CoCos 是可转换债券（Contingent Convertible Bouds）的简称，也被称为条件可转债。它是一种特殊类型的债券，在特定条件下可以自动转换为公司的股票或资本工具，而不需要持有人行使转换权。——译者注

条件进行，股权转让是在合理和事先协商的条件下完成的。

就减少尾部风险而言，CoCos 的结构似乎是天赐之物。然而，尽管这些工具颇具吸引力，在实践中却收效甚微。少数银行将其作为一种满足监管部门对资本化要求的有效方式，但在这个狭窄的领域之外，几乎没有人对此感兴趣。问题之一在于，如何就货币转换的触发条件达成一致。受公司自身影响的变量（如营收或净收入）不起作用，因为管理层可能会决定玩弄规则，操纵结果。那些不受管理者影响，并能充分捕捉到公司特定困境的触发因素非常稀缺。从建立一个正常运转的市场角度来看，更大的问题可能是缺乏一个被 CoCos 的特定支付结构所吸引的投资者群体。为了有机会投资于困境企业股权的机会而获得较低的票面利率，这不是很多投资者的做法。

作为这一节的总结，我们可以这样看待问题。公司之所以产生收入，是因为它有三套现金承诺：经营成本、资本支出和偿债（利息和本金）。维持资本支出和运营成本是战略执行（蓬勃发展）的必要条件，而偿债则是为了抵御灭顶之灾（生存）。由于偿债与生存有关，所以当收入受到负面冲击时，其他两项中的一项就必须放弃。这些因素中的一些变化是对新环境的自然适应，因此这些削减不应被视为"风险"或我们应该抵制的东西。真正的痛苦阈值是当我们开始不得不削减运营成本或资本支出时，我们以为它们最终会增加价值，于是我们就会击穿痛苦阈值，开始招致附带损害。我们可以这样描述增加复原力的程度：我们可以使任何现金承诺与收入积极吻合。越是这样做，我们需要储备的作为对业绩冲击缓解的风险资本就越少。

复原力与耐力

在实施公司风险分析时，一个重要的设计参数是时间框架。比如，我们决定把一年作为时间范围。我们现在想了解，根据我们所拥有的风险资本和灵活性，在未来 12 个月内，我们将如何应对收入下降 30% 的情况。将收入压力提高到这一水平，是否会导致我们努力与痛苦阈值保持积极的距离？如果我们的结论是，在这种情况下，我们甚至还没有接近清算或战略破坏，那么公司就会很好地应对尾部风险，我们就可能会倾向于认为公司具有复原力。

但是时间长了会如何呢？一场危机的持续时间很可能超过一年。中等水平的持续冲击可以像短暂但更加迅猛的冲击一样，让我们彻底垮掉。由此，我们引入耐力的概念，这个术语可以大致理解为长期坚持做某事而不迷失方向的能力。这个词暗含的意思是，这个过程有些令人不快或具有挑战性，因此它是对我们耐力的考验。

讨论往往围绕着复原力展开，这是最近非常流行的一个词。然而，耐力方面的问题也值得反思。如果我们要为尾部风险做一些准备，可能需要考虑最坏的情况会持续多久。现在，复原力和耐力之间的区别并不明显。有人可能会说，复原力是指"一个单位时间内"应对冲击的能力，当我们在分析中加入时间单位时，耐力就出现了。然而，时间单位的意义不是固定的，因为公司在展望和决定政策时可能会使用多年的期限。不过，在接下来的内容中，我们在提到复原力时将使用一年的时间框架，而在讨论耐力时，我们会把时间范围扩大到一年以上。

我们在危机中可以预期的持续时间当然是一个很大的未知因素，它对移动的尾部风险有很大的影响。某类事件可能会反复出现，但其后果的大小和持续时间可能会有很大的不同。可以从这个角度来看待病毒大流行及其对航空业的影响。随着旅行限制的实施，大多数航空公司的收入在短短几个月内下降了60%～70%。该行业的焦点很快就集中在这样的情况会持续多久的问题上。需求何时才能恢复？运营何时才能恢复常态？那时，疫情对财务的影响才刚刚开始，各个航空公司被迫卷入一场生存竞赛。很明显，经济低迷导致收入不足以支付成本。有些公司尚能坚持，有些公司则走向崩溃。这取决于它们的现金消耗速度和风险资本的情况①。随着时间的推移，如何熬过冬天成了人们最关心的事情。正如一位分析师解释的那样：

> 许多航空公司的失败往往发生在一年的最后几个月。第一季度和第四季度是最艰难的，因为大部分的收入是在第二季度和第三季度产生的……航空公司现在的目标是不惜一切代价生存下去，看看2021年的夏天是否会带来解决方案或出现更多的市场需求。②

企业风险分析中的X因素是，随着危机的持续，我们试图捍卫的战略会发生什么变化。我们希望风险资本所做的是缓解暂时的冲击。虽然这些冲击可能会过去，但不会影响我们业务模式的基本生存能力。真正的也是最不幸的风险管理失败是，在一些动荡爆发后不久由于流动性问题而倒闭，结果却在几个月后看到需求回升。例如，石油和天然气行业经常遭受价格的剧烈下跌。在此仅举一些较近的案例，1986年、1998年、2008年、

---

① 事实上，政府的支持是这场生存竞赛最具决定性的因素之一。由于这种支持，与创纪录的2018年（56家）相比，2020年（43家）的破产数量令人惊讶地减少了。然而，有人怀疑，许多破产只是因为2020年期间债务大幅增加而被推迟了。

② 到2022年为止，已有40多家航空公司在2020年倒闭，还有更多的航空公司将倒闭（cnbc.com）。

第 5 章
驯服黑天鹅

2014年和2020年都出现过这种情况。然而，价格暴跌一般不会超过一年，之后油价会恢复到有可能盈利的水平。一般来说，作为油气资产的所有者，你肯定不想在这么短暂的时间内一败涂地。因此，应对这种极度不确定性的公司会希望建立起足以持续一两年的缓冲。当然，在一个充满不确定性的世界里，没人敢说下一次衰退会持续多久。然而，我们可以得出结论：因为已经有准备的成本，这一结果会非常遥远，我们会认为这是一个我们可以接受的风险。准备足够的资源以维持18个月左右的危机将是一种非常合理的应对措施。

随着危机的持续，人们总是担心商业模式本身会崩溃。航空公司的高管们担心的是，新型冠状病毒及其多个变种会一直存在，在未来很长一段时间内都将阻碍旅行。在危机开始时，许多人很快就认为危机会迅速消退，并会"消失"。这反映了普遍的乐观情绪（否认？），也许这是对科学能力的坚定信念。如果是这样，旅游业将在很短的时间内恢复到病毒大流行前的水平。另一些人则回顾历史，得出结论说，病毒大流行通常会持续18~24个月，并以此为基准。还有一些人说，这个变种的冠状病毒可能永远伴随着人类。关于危机可能持续的时间，没人能给出明确的答案。当时的信息环境是非常不稳定和混乱的。

然而，我们的观点是，在任何事情发生之前，决策者想知道有多少资源可以合理地投入到风险资本中。为了这个目的，我们可以修改压力测试框架，以便在耐力方面有所体现，就像把螺丝拧紧一点。如果结论是我们可以经受住收入减少30%的考验，我们可以继续考虑收入减少40%的情况，并调查结论是否有变化。或者，我们可以深化压力测试，即收入冲击为收入减少30%，在这个水平上再保持一年。也就是说，30%的下降持续两年而不是一年。与基线测试相比，这也给公司带来了更多的压力。冲击的持续时间现在被正式纳入了测试中。我们可能会继续对公司的业绩施加压力，把它推得更高，例如调查两年内收入下降40%等。像往常一样，我们的兴趣在于公司如何以痛苦阈值的距离为参考点来应对这些情况。随着我们延长时间期限，或许我们将开始看到一些破裂的迹象。结果或许是战略被破坏但生存没有问题。这个反复的过程可以一直持续到我们确立了战略破坏和生存的突破点。也许我们会发现，如果收入下降50%，并且连续两年都是这么惨淡，那么公司就会耗尽所有的风险资本，生存的机会极其渺茫。

图5-2显示了一个复原力-耐力矩阵。该矩阵总结了不同的幅度和持续时间的组合是否达到了痛苦阈值。它一目了然地告诉我们，这个阈值的突破点在哪里。至于如何获得与突破点相关的可能性估计值，我们可以随时查阅数据库，并从类似的公司子样本中观察该级别的收入短缺发生的频率（如果我们使用超过一年的时间跨度，则会保持在较低水平）。也就是说，我们将数据驱动的概率与我们自己的特定突破点相匹配，以衡量其可能性。

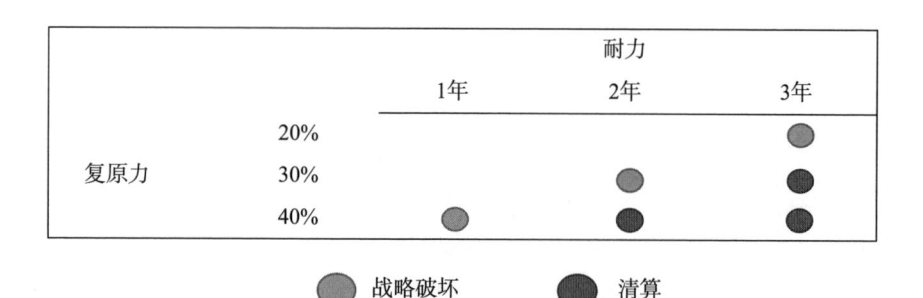

		耐力		
		1年	2年	3年
复原力	20%			○
	30%		○	●
	40%	○	●	●

○ 战略破坏　　● 清算

图5-2　复原力-耐力矩阵

从这种分析中，我们对自身的复原力和耐力有了更好的理解。基于这些结果，我们可以就"什么样的公司政策可能是合适的"进行一些很有益的讨论。也许我们的结论是，我们认为能够在收入降至 40% 的情况下维持两年是谨慎的，但在此之后，我们只能拭目以待了。到那时，我们将承受更大力量的摆布，但也只能听之任之。两年后，我们可以推测信息环境已经稳定下来，这样我们就能更清楚地了解商业模式的基础被破坏的程度了。在某种程度上，我们将不得不把公司的命运交到资本市场手中，由市场决定公司是否值得支持。我们不可能永远逃避。如果市场在某个时候决定不相信这家公司，那就只好说再见了。风险资本可以让我们摆脱这种局面。然而，我们所需要避免的是，短期流动性压力会引发破产或导致各种恐慌性的决定，从而削弱战略。当然，这也不是一个金融市场报道所乐见的情况，因为它们可能也处于恐慌的情绪中，和其他人一样被复杂的信号所左右。当恐慌情绪压倒了大多数人时，就会出现很多考虑不周的决定。如果风险资本能帮助我们避开这种危害情况的冲击，那就更好了。但凭良心讲，如果基本面不存在，我们就不能再继续烧钱了。

定量模型

一如既往，把最有才华和经验丰富的人聚集在一起，以精英管理的方式讨论政策，仍然是我们的最佳选择。这群人可以权衡各种政策选择的利弊。本章概述的分析框架旨在生成一个结构化的输入，以此促进对话和交流。从成本结构、风险能力和公司战略的角度分析收入冲击，似乎是一项艰巨的任务。如何在实践中做到这一点呢？答案是，只有使用定量（金融）模型才能成功地做到这一点。模型的目的是处理复杂的情况，并将其转化为对决策有用的东西。粗略的计算只能让我们了解那些到目前为止的状况。

在继续之前，读者不应该忘记，塔勒布特别警告我们不要使用定量模型。这是一个大家耳熟能详的情况。模型虽然看起来很复杂，但最终会使我们变得更加脆弱，因为它会导致傲慢和虚假的安全感，从而扭曲我们的世界观，并为黑天鹅创造先决条件[①]。由于黑天鹅是与预期相关的，而预期可以通过获得一个强大的模型来塑造。因此，该模型在"黑天鹅"的形成过程中具有潜在的关键作用。《黑天鹅》一书中一些更有趣的部分是塔勒布取笑那些基于柏拉图式的假设建立模型的学者，说他们品味很差，以至于真的相信这些模型。为了打消人们对这种由模型推动的傲慢所带来的"黑天鹅"效应的疑虑，让我们回忆一下对冲基金 LTCM 的故事。该基金由学术界的大师级人物和明星交易员的有趣组合操作，尽管使用了学术界所能提供的最好的风险管理技术，但还是险些把整个金融系统搞垮了。

21世纪前十年末期的大衰退背后的罪魁祸首很可能是金融机构惊人的激进放贷行为——向那些显然无力偿还的人发放抵押贷款。然而，似乎很明显的是，模式化的过度自信是一个重要的催化剂。对捆绑抵押贷款的投资级信用评级为市场参与者带来了一种平静，而这在股市上涨前至关重要。它解释了尽管风险致力于定量风险建模，却能够渗透到如此多的机构的原因。无能的评级机构在它们的模型中输入假设，基本上排除了抵押贷款大规模违约的可能性，所有人都相信了模型和算法提供的结果，这是一个教科书式的例子，说明集体的傲慢会导致黑天鹅的出现。

看着人们屈服于一个模型，然后开始把它视为真理的使者，这种情况已经出现很多次了。说服管理者相信量化模型的努力符合他们的最佳利益

[①] 塔勒布是位严厉的老师。首先，他告诫我们不要做预测。然后，我们又因为没有对预测进行一点风险调整而受到指责。当我们用一些看起来合理的钟形曲线来做的时候，我们又被打了一记耳光。

第5章
驯服黑天鹅

是很难的,但是一旦开始了,人们的态度往往会转变为绝对的信仰,就像模型不会出错一样。如果负责模型的人被认为是聪明的,并且善于自我吹捧,那这种情况就更容易发生。不知不觉间,这种模型已经获得了一种神秘感,人们在等待它的下一个结论时敬畏不已,就好比某种现代的神谕。

一旦开始构建模型,你就很容易被它的优雅所迷惑。这种体验是非常有价值的,会让你忘乎所以。模型永远不会完成,因为你总是想要更多。也许你一开始关注的是公司的复原力,它与公司的业务相关联,但现在你发现自己沉浸在模型的细节中,只专注于让它变得更好。模型本身消耗了你过多的精神能量,这些能量本可以用在更值得的地方,比如参与现实世界以及公司即将做出的决策。以我自己的经验来看,当你处于建模模式时,你的心态会变得日益柏拉图式。模型开发是一个舒适区,它有一种让你自己无限地陷进去的诱惑。你一定要警惕这一点。

这一切是否意味着不应该使用模型,最好放弃它们?绝对不是。相反,在一个充满不确定性的世界里,模型可以发挥重要作用。盲目相信任何模型是危险的,但完全不使用模型更糟糕。黑天鹅盲点不在于你所使用的工具,而在于你如何使用它们,以及你对待它们的态度。只有当你允许它们扭曲你的思维过程时,它们才是危险的。当你对模型的产出过度信任,并且在没有反思模型的假设(也不考虑外部的黑天鹅)情况下做出决策时,就会发生这种情况。如果我们坚持自己做得更好,事情应该会好起来。

精心设计的模型的优势是非常明显的。严谨的分析和学习过程带来的好处是实实在在的。由于企业的复杂性,如果没有模型作为支撑,要去了解自己的财务状况和风险状况是非常困难的。模型可以像火炬一样照亮黑暗,如果你尊重它,它就不会烧毁房子。事实上,作为风险监督的一部分，董事会应该要求建立这样一个模型。

在这一点上，我们必须澄清我们所谈论的是什么样的模型。我们所需要的模型与强调高级统计的模型是截然不同的，而后者才是塔勒布的主要目标。风险价值模型很好地体现了后一类模型的特点。它们提供了有关金融工具组合中固有的市场风险水平的相关信息。通过它们，我们可以评估与某一概率相关的最大价值损失。统计的复杂性在这里没有界限，所以对这类事情感兴趣的人可以度过愉快的一天。然而，对于有着长期战略的运营公司来说，它们完全没有意义。对于一家经营长达几十年的公司来说，在未来几天内参与金融工具行为的建模有什么意义呢？对于公司是否会被消灭或其价值创造过程是否会受到严重干扰，它没有任何能力做出判断。因此，风险价值模型应该会触犯那些应对黑天鹅的董事会中的董事们的敏感神经。

我们想要的是与众不同的模型，一个专门为公司提供复原力反馈的模型。再说一遍，只有当我们用财务数据——净利润、现金流、资产负债表和财务比率来表达风险时，才能做到这一点。这是我们捕捉公司整体风险、评估我们承受业绩重大冲击能力的唯一方法。现在市面上有很多处理财务预测的模型。不幸的是，它们中的大多数没有很好地描述企业风险，因其缺乏支持这种努力所需的分析水平和完整性，事情需要被提升到另一个层次。我们将要讨论的模型框架是风险预算的核心部分，这是一种为企业风险分析量身定制的方法。该框架在我之前的著作《赋权企业风险管理：理论与实践》(*Empowered Enterprise Risk Management: Theory and Practice*)中有更详细的描述，现总结如下。

一个可靠的决策支持工具的特点，首先在于它的分析和会计的完整性。它们共同确保了模型在任何时候都能真实地反映公司的情况。分析的

第 5 章
驯服黑天鹅

完整性意味着模型包含现实的动态,特别是在成本结构、联络能力和资本支出如何适应收入的冲击。会计的完整性指的是,在对未来做出任何假设的情况下,该模型能够以正确反映当前标准(如国际财务报告准则或美国公认会计准则)的方式表示公司的财务报表。这种完整性是模型的基石。正因为如此,这种模式才会赢得人们的信任。与传统的基于电子表格的金融模型相比,它应该得到不同程度的信任。传统的基于电子表格的金融模型因存在许多不一致和错误而臭名昭著。

其次,企业风险模型的核心是使我们能够非常容易地评估不同情境和政策的功能。这两个特性使它真正成为风险管理方面的决策支持工具。情境可以直接从收入短缺的角度来构建,也可以从特定风险因素的角度来构建,这些因素对业绩的影响已经被指定了(例如,钢铁价格上涨20%=成本上涨10%)。政策功能意味着人们可以改变有关政策的假设,并立即收到该政策如何驱动公司风险回报概况的反馈。它可以评估的政策包括收购、资本支出、杠杆、股息、对冲等,而它却经常在风险地图练习的过程中被忽略,但企业风险的主要驱动因素实际上是战略决策。例如,一次债务融资收购,可以最大限度地改变风险状况,但在某种程度上往往不会出现在典型的风险地图上。

为了完成向成熟的企业风险分析工具的转变,还需要另一个特性。我们需要用风险分析的结构来覆盖财务预测,这样我们就可以得到正式的风险指标,告诉我们"清算距离"和"破坏距离"。风险预算框架中的风险主要是用与痛苦阈值的距离来表示的。因此,我们必须就如何将这些想法更好地应用到有关公司达成一致。注意绘制与战略执行和偿债有关的现金流量图,是理解阈值的一个很好的起点,并可以进行另一轮有益的讨论。我们还必须考虑有哪些风险能力,并将这些因素明确地纳入模型:现金状况、来自风险转移的持续现金流和备用偿债能力。

制定资产负债表限制通常很重要，因为它们决定了我们的备用借款能力。为此，我们可以审查信贷设施、信用评级目标、财务契约和其他有关资产负债表实力的代用指标，以推断出不同情况下可能出现的借款机会。例如，契约可能规定，债务与股本的比率不得超过1，否则公司将违反协议。然后，我们可以假设借款只能持续到这一临界点，并指示模型将超过这一临界点的任何现金流短缺解释为投资不足。现在，我们已经在模型中确定了一个痛苦阈值，可以用来捕捉战略破坏，我们可以跟踪它在各种情景和政策下的发展情况。同样地，我们被迫拖欠债务（从而面临破产的风险）的时间点可以被定义，并作为模型的一个输出来跟踪。这意味着风险指标对外部风险和公司政策假设的变化很敏感（做出反应）。

这样配备的模型将公平地描述目前与痛苦阈值的距离，以及我们要如何才能在痛苦阈值的一侧结束。我很有信心地说，这种决策支持工具对几乎所有类型的公司都有很大价值，这与塔勒布关于定量建模的危险性的断言相反，这种价值观在一个充满不确定性的世界中尤为重要。不过，塔勒布的问题主要是我们对随机性所做的假设，对此我们还没有讨论这方面的内容。他似乎对使用最近和有限的数据来推断未来风险的倾向特别生气，就像大多数风险价值应用所做的那样。当存在巨大不确定性的时候，这种做法确实充满了危险。然而，一个显示未来财务业绩的模型，包含了现实的动态和正确的会计关系，将其与情境和政策联系起来，并具有理论上合理的结构来分析企业风险，是完全不同的事情。这种模型旨在了解我们对冲击的复原力，以及我们自己的决策对这种复原力所带来的后果。它不需要涉及任何关于随机性本质的不安全假设。

现在，我们可以在模型中加入一个概率维度，并实施一种被称为"模拟"的自动化场景形式。模拟涉及对公司绩效和/或影响它的各种风险因素所遵循的潜在随机过程进行假设。一旦对这些过程进行了描述，计算机就会生成大量的场景，比如上万个或更多。我们不再需要创造自己的场景：它们完全隐含在模拟结果中。此外，一旦指定了模型，我们就获得了一套全新的分析公司业绩风险的方法。我们可以根据模拟的结果分布（比如息税前利润分配）或运营基金得出任何类型的风险衡量指标，并从我们看到的情况中学习。我们还可以推导出表明突破痛苦阈值概率的风险度量，这将概率层面添加到"清算距离"和"破坏距离"中。

模拟方法实际上具有几个优点。就像一般的财务模型一样，它也为风险管理过程带来了分析的严谨性，并启动了一个学习过程，这可能是非常重要的。它迫使我们有一个更综合的视角，因为我们必须提出关于业务的不同方面是如何相互关联的问题。这种定量风险模型使人们有可能注意到一些最基本的风险原则。例如，我们可以将几个风险因素组合在一个集成的框架中，考虑到它们随着时间的推移倾向于共同发展的方式。为了正确地评估超级实体的风险（如投资组合或产生现金流的业务组合），我们必须考虑各部分之间的运动方式。这种共同运动的趋势可能是整体风险的重要决定因素，而模拟则为融入这一维度创造了机会。①

尽管有这些好处，进行模拟是一个更加敏感的步骤，因为现在我们正在对我们的决策支持工具中的随机性进行假设。塔勒布警告我们不要重蹈覆辙。当我们讨论模拟和概率计算是否使事情变得更糟或更好时，这取决

---

① 一位对黑天鹅理念很熟悉的观察者可能会说，这些共同行动的倾向是另一种柏拉图式的建构，这种信仰让我们变成了傻瓜。塔勒布讨厌提及相关性，这是一种实践中经常使用的共变的线性测量方法。的确，相关性有时会突然崩溃，但任何明智的建模方法都会认真对待这种模型风险，并调查历史上观察到的关系崩溃的后果。共同行动的强劲趋势应该为风险管理策略提供信息。一个问题需要牢记，在事物的尾部，一切都会走向极端。

于我们与什么进行比较。在某些方面，如果处理得当，那与公司决策者对风险的某些核心原则基本一无所知的情况相比，模拟是一种进步。如果我们使用模拟，我们就会明确地承认未来是不确定的，可能发生的事情与预算中假设的事情完全不同。我们意识到尾部风险可能会造成一些严重的痛苦，最好多加注意。所有这些都能使我们不再那么愚蠢；我们正在以一种非常积极的方式考虑各种结果，而不仅仅满足于一组即将过时的狭隘的预测。我们开始以一种不同的方式看待风险，它成了我们思维过程的一部分。

　　从这个角度来看，如果管理者们陷入了对随机性和偶发性不太适应的"预算"思维中，那么模拟模型就代表了一种改进。由于有能力将风险可视化，并将其表达为重要的底线，它有可能带来一种全新的看待公司的方式。问题的关键在于我们过于依赖模型，以至于我们认为任务已经完成，现在是安全的，因为模型就是这么说的。尽管我们已尽最大努力将尾部风险纳入模型，但仍有一些黑天鹅潜伏在模型之外。当我们忽略了这一点时，我们可能会让事情变得更糟，因为它可能会导致我们高估自己的复原力，对未来可能出现的情况准备不足。当我们假装模型是完美的，它的模拟分布能完全和充分地捕捉到尾部风险时，我们已经开始走上一条危险的道路。然而，当与压力测试相辅相成时，模拟开始变得相当不错，因为压力迫使我们从更大的视角认识到我们对随机性所做的任何假设的局限性。这提醒我们，在考虑绩效分布的尾部时，并不意味着事情会变得很糟糕。也就是说，即使建立了一些复杂的模型，我们也会保持谦逊而不是过度自信。

　　因此，模拟应该为我们服务，而不是与我们作对。它可以有效地充当一个红旗装置。如果组建了一个强大的模拟框架，并且没有随着时间的推移进行过多的修补，那么模型所显示的风险的任何实质性变化都可能告诉我们，有一些事情我们需要注意。在一家运行着这种模型的公司里，存在一个较长的低调的风险时期。然后，从一个季度到下一个季度，模型显示风险状况发生重大变化，引起了管理者们的注意，如图 5-3 所示。经过调查，管理者们会发现发生了三件事，它们改变了整个公司的风险状况。首先是提出增加股息，其次是扩大投资计划，最后是主要产品市场的恶化。这三件事结合起来，使风险状况发生了不容忽视的变化。模型的反馈促使管理者们修改他们的政策，并提出了更谨慎的风险状况分析方法。

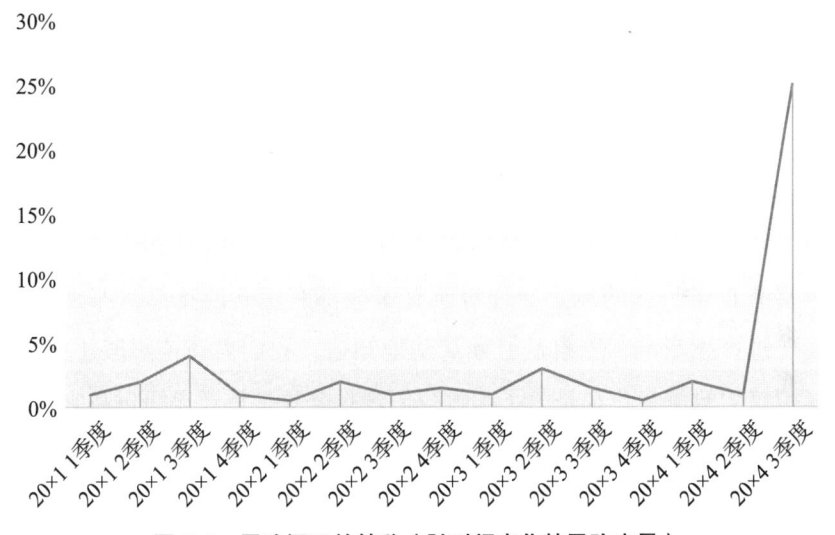

图 5-3　风险概况的转移（随时间变化的风险度量）

有两点值得关注。第一，模型的反馈引发了这些讨论。如果没有这个模型，一切都不会发生。股息政策、投资扩张和市场风险涉及公司不同部门的业务范围，但它们从未就其政策的共同影响进行过讨论。该模型将所有的东西都集中到了一个综合框架中。第二，模型发出的信号引导我们采取积极的行动，从而帮助我们克服那些容易将我们禁锢在某个特定路径上的惯性。视觉化的力量在其中很关键。因为模拟可以让我们将风险可视化，所以它们改变了我们的思维方式。通常只有当足够多的人看到问题，并开始以类似的方式看待问题时，才会采取行动。模拟所传递的风险概率是否准确并不重要。事实上，这是一个无法知道的问题，因为它们一开始就是主观的。然而，风险状况的变化对于其本身具有真正的意义，该模型可视化了这一变化，因此支持我们采取积极主动的行动。

在这个充满巨大不确定性的世界里，风险管理者必须尝试走一条黄金的中间道路。我们接受为分析复原力而设计的金融模型的力量，在某些情况下可以说是模拟的力量，但我们要抵制诱惑，不要感觉自己擅长于此就自鸣得意，而要充分考虑周全。我们需要成为模型的构建者，但要保持一定的敬畏感。

其实，目标很简单，就是让董事会充分了解公司对冲击的复原力，正如压力测试和类似活动所反映的那样。回顾一下，如果组织中某个技术高超、富有哲学头脑的风险经理对所有这些都有正确的见解，那是没有用的。要想产生影响，董事们必须清楚地知道，我们离痛苦阈值还有多远，任何拟议的政策变化都是为了了解我们现在是更接近还是更远离它们，以及什么样的冲击可以突破阈值。考虑到确保复原力和在大量场景中追求商业机会的目标，应该持续讨论风险能力是否合适。当董事会对这些问题有了合理的了解时，就达到了一个重要的里程碑。当公司的董事能够看到尾部风险的可能性及其大部分后果并将其内化时，就可以有把握地说，公司已经达到了非冒险者的地位。与你可能的想法不太一样的是，没有模型的助力，我们是不可能达成这个目标的。

第 5 章
驯服黑天鹅

| 流动性为王

在这个过程中，我们已经确定了几个复原性的决定因素。手头的现金、股权和经营的灵活性都有助于增强公司的防御能力。在这个列表中，我们可以加上内部产生现金的能力或"现金利润率"，其定义为收入减去运营成本。这也代表了一种风险缓解：每单位收益所产生的现金越多，在我们遇到问题之前所需要的收益下降就越大。现金利润率和营业利润率不是一回事，二者却是相关的。你可能会说，盈利或保持良好的成本纪律，也是良好的风险管理，因为这意味着，当麻烦到来的那一天，下跌的幅度会更高。由于利润率很高，我们将远离失败和战略破坏。

那么，归根结底，什么才是缓解业绩冲击最有效的方法呢？鉴于提高企业复原力的策略代价高昂，我们想知道它们在应对尾部风险方面的效果如何，想知道各种形式的缓冲器中哪些形式能更好地应对业绩的冲击，我们可以查阅数据。我与合著者克里斯蒂（Christie）和马里内利（Marinelli）一起，在第 2 章所描述的美国上市公司数十年的数据集来解决这些问题。我们对黑天鹅的经验定义是收入意外下降 30% ~ 90%。我们在这个分析中使用的底线是员工的人数，它代表了战略的执行。其前提是，一家公司越是调整员工人数以应对收入冲击，它就越脆弱。这与我们先前的论点是一致的，即过度削减运营成本是一种战略破坏。这与我们早前对"在应对同样规模的冲击，采取相对较大的削减，代表了企业的脆弱性"的观点是一致的。也就是说，如果同一行业的两家公司经历了惊人的 30% 的收入下降，其中一家调整了 10% 的劳动力，另一家调整了 20% 的劳动力，我们就可以推断后者更加脆弱。

总而言之，我们通过研究企业顶线（收入）的冲击如何影响底线（员工人数）来考量企业对尾部风险的抵御能力，这是由四个不同的缓冲器——现金余额、现金利润率、权益资本和运营灵活性所引导的。我们期望，所有这些缓冲器都能起到缓解作用，缓解收入冲击带来的打击。但它有可能确定一个"赢家"吗？

我们的研究结果基于对 10 个行业超过 14 万家公司年度的观察，一致指向流动性为王的结论。在很大程度上，现金储备是最能持续降低就业对收入冲击敏感度的变量。在现金储备方面，处于前 1/3 的国家可以减少大约一半的脆弱性（就业对收入下降 30%～90% 的基线敏感性减少了约 15%）。现金利润率也能降低脆弱性，但在统计和经济意义上并没有那么重要。这些结果对管理的影响将是，强调在比预期更糟糕的情况下支持提供流动性和财务战略，并在经济景气时期保持成本利润，最大限度地利用现金利润率提高风险缓解能力。

作为我们对复原力的实证研究的一部分，我们还调查了塔勒布关于规模和脆弱性之间的关系的猜想。从本质上讲，他也很奇怪地认为，规模有利于脆弱性。塔勒布关于规模的论断并没有形成一个连贯的论点，但他指出："在压力大的时候，规模会伤害你，在困难的时候，规模大并不是一件好事……脆弱性来自规模。"从字面上看，这一主张表明，我们应该预期脆弱性——这里定义为员工人数对巨大收入冲击的敏感性，是规模的一个增函数。

塔勒布的规模猜想没有得到我们的数据支持。事实上，这些数据与之相矛盾。我们的研究结果表明，小公司在两个方面受收入冲击的影响更大。首先，它们更容易经历这些冲击。样本中最小的 1/3 占所有黑天鹅的一半以上，这是一个明显的过度代表。其次，它们对这些冲击也更敏感，这表明在一定规模的收入下降时，与规模较大的同行相比，它们的平均就业削减更大。可能有人推测，这些发现反映了小公司更依赖于有限的创新和产品线的成功。相比之下，大公司往往在任何特定的时间都有更成熟的市场存在，并在产品组合中取得了一些成功。

在绕过规模的作用之后，现在让我们回到我们的发现，现金储备可以最有效地缓解收入风险。这可能表明，我们需要更宽容地看待公司的现金余额。与人们通常认为的"现金没有作用，应该返还给股东"的指责相反，现金余额很可能在承担风险的意义上发挥着作用。现金余额对资产回报率的不利影响真的如此严重吗？如果我们比较现金收益 1% 和用经营性资产收益 10% 公司的资产回报率，2% 的现金比率（现金/经营性资产）的资产回报率达到了 9.8%，而 10% 的现金比率则是 9.1%。如果我们承认我们正在处理巨大的不确定性，并发现自己离痛苦阈值的门槛还有不小的距离，那董事会就不应该对超出纯粹运营所需要的最低现金比率有太多的担忧。

至于那些为大量现金头寸担忧的投资者，也许他们主要担心的不是持有现金带来的机会成本，而是该公司的管理者们最终会用这些唾手可得的资金做些什么。正如上文所述，人们有理由担心，他们可能对市场收购已然失去兴趣，或者因为拥有大量现金所带来的普遍舒适感而失去成本控制。因此，公司需要向投资者保证，并提供证据证明公司管理良好，而且持有现金的这种副作用是不可想象的。这里面又有信任的因素。如果市场相信囤积现金不是别有用心，它们就会认为现金头寸确实是可以承受风险的，而且鉴于下一个尾部风险事件的到来只是时间问题，加强防卫是有意义的。①

---

① 当然，随着我们从最近的危机中走出，这种态度可能会减弱，因为市场再次证明，未来的时光只会更加美好。正如乔·罗根所说，健忘症是我们人类的困境，这一点金融市场已经多次证明。

这种对现金储备的背书并不是一张可以累积的空白支票。如果用本章的分析框架来说明，现金确实承担着风险。瑞典汽车制造商沃尔沃汽车公司的案例对于分析其中一些问题很有启发。早在 2007 年，由投资者维权人士克里斯特·加德尔（Christer Gardell）领导的 Cevian 资本投资公司就获得了沃尔沃公司的所有权，并游说沃尔沃公司向其发放 170 亿瑞典克朗的额外股息。它们辩称，沃尔沃公司的现金余额过多，在资产负债表上产生了不良影响。它的规模确实很大，超过 300 亿瑞典克朗，占其 2007 年总收入的 11%（根据经验，用于运营目的的现金约为 2%）。然而，公司的高管和董事们坚持自己的立场，选择了拒绝支付——加德尔不得不让步。随后金融危机爆发，人们大幅削减购车支出，沃尔沃公司 2009 年的营收下降了 30%，这似乎证明了沃尔沃公司的管理层的明智，而这一事件也一直在瑞典商界广为传颂，被视为一个调皮的侵略者被明智而有远见的实业家所击败的经典案例。

只是这个巧妙的故事经不起推敲。2009 年，尽管沃尔沃公司的收入出现了可怕的下降，但它的现金却实打实地增加了 130 亿瑞典克朗。即使像加德尔坚持的那样付了额外的股息，沃尔沃公司也不太可能耗尽现金，陷入流动性紧缩。现金头寸并没有承担风险，我们应该承认加德尔的观点——它是过度的。

捕捉黑天鹅

　　捕捉黑天鹅是一个典型的战略视角，因为它关乎混乱时期的竞争动态。即使是在行业的至暗时刻，我们也要努力占据上风，成为赢家。当我们这样做的时候，将风险转化为机遇就成为公司战略一个有意识的部分。

在风险管理的文献中，有一股潜流暗示着风险和机会是相伴而生的。这种观点认为，我们不承担风险就无法认识到机会，因此它们是有内在联系的。这种风险机会潜在的部分原因是，风险（坏结果）可以转化为机会（好结果）。理由是，如果我们足够强大和聪明，我们就能接受最初客观上的不利结果，并使其对我们有利。这表明，黑天鹅事件既是极端风险，也可能提供极端机会。在这一章中，我们之所以探讨"捕捉黑天鹅"的概念，是因为我们可以通过捕捉本来不会出现的机会，从动荡中获利。无论是谁抓住了黑天鹅，他们都能在危机中取得优势，即使不是绝对优势，至少相对于同行而言也会提升自己的地位。

当然，正如我们所见，黑天鹅是企业战略可能失败的时刻。我们承认，它们也构成了战略（和财富）可以被创造的时刻。这是一个贯穿商业历史的想法。只要有商业存在，人们就会设法利用别人的弱点。在危机期间，人们会暴露出很多弱点。我们不会考虑对运气不好的个体进行残酷的剥削和类似的秃鹫行为。然而，如果有人自愿接受做生意的风险，那么在不涉及任何胁迫或欺骗的情况下做生意，以牺牲某人的利益为代价增加自己的市场份额和利润并没有什么公平可言。任何为了利润而创建企业的人都必须接受这种可能性，这是规则的一部分。那么，捕捉黑天鹅就与如何在各种情况下成为一个更强大的竞争者，一个能在黑天鹅引发的危机中找到机会的竞争者有关。因此，我们应着手探索如何设计战略，以增加成功的可能性。

第 6 章 捕捉黑天鹅

┃反脆弱

"捕捉黑天鹅"只是另一种说法,即我们能够从黑天鹅事件造成的混乱中获得收益。从尾部风险事件中获得收益将我们带到了一个新的高度。实际上,我们不再仅仅是有复原力的或稳健的,而是寻求在击中得到改善。为了表达这个想法,塔勒布引入了一个新概念——反脆弱。根据塔勒布的说法,如果事情是反脆弱的,那么它们就是反脆弱的:

> ……从冲击中受益;它们在暴露于波动性、随机性、紊乱时茁壮成长,并喜欢冒险、风险和不确定性。

具有复原力的事物在受到冲击时能保持不变,它们能抵御冲击。与此相反,反脆弱性意味着在冲击或风险中变得更好。塔勒布继续说,我们应该试着识别"喜欢"波动的事物,并将它们与"讨厌"波动的事物(即那些无复原性和脆弱的事物)区分开来。期权合约就是一个喜欢波动的直接例子。当标的的参考价格大幅波动时,很有可能达到期权的执行价格,这使持有期权具有吸引力;相反,当价格非常稳定时,它成为平价的可能性更小,因此期权的价值就更低。

免疫系统是反脆弱概念的另一个很好的例证。压力源是指在日常生活中(比如饮食)进入我们身体的细菌和病菌,实际上它是免疫系统持续处于最佳状态所需要的。如果消除了压力源,系统就会开始衰退,并失去一些抵御威胁的能力。这样做的后果是,当真正严重的疾病出现时,身体就无法做出适当的反应了。例如,人们强烈怀疑,好心的父母不让孩子吃豌豆坚果实际上导致了花生过敏。但研究表明,受到过度保护的孩子的过敏概率更高,这使他们在长期内更加脆弱,尽管父母的意图是好的。同样的道理，保持室内没有灰尘是一个坏主意。①

　　塔勒布认为，现代性的悲剧在于过度保护，仿佛它的使命就是挤压生活中的每一滴可变性和随机性。社会不断为我们提供所发明的解决方案，使事情变得更方便、更舒适，这一过程将我们与自然因素隔绝并人为地抑制了随机性，这反过来又使系统内部的一切变得脆弱（正如塔勒布所指出的，具有讽刺意味的是，整个系统是一个整体）。它剥夺了系统赖以维持活力的压力源。就拿一个大部分时间都在家里看流媒体节目，吃着送到家的加工食品的人来说，那是一个最舒适和无冲击的环境。然而，长期缺乏身体挑战意味着他的感官会变得迟钝，肌肉也会萎缩。我们需要阻力来获取和维持我们的内在能量。

　　那么，当被剥夺了经常性的挑战时，人肯定会变得更加脆弱。如果我们生活在一个过度保护的环境中，我们就会像一个泡沫，更容易破碎，因为我们的防御能力更弱，脸皮也更薄——所有这些都让最近几十年出现的"安全主义"令人不安。根据卢基亚诺夫（Lukianoff. G）和海特（J. Haidt）教授的说法，这是一种文化或信仰体系。在该体系中，安全成为一种神圣的价值，胜过一切，无论潜在的危险是多么微不足道。②他们还指出，与更传统的身体安全观念相反，今天对安全的定义包括对情感伤害的保护。如今的观点是，任何人都不应该让自己的感情被践踏，而创伤的标准也在不断降低。因此，在美国，存在着对整整一代学生的"溺爱"（在其他地方也越来越多），在这个过程中培养出了更加脆弱的个体。在这种情况下，脆弱性是普遍存在的。

---

① 对于我们这些总觉得除了打扫屋子，时间还可以用在更好的地方的人来说，终于有了一些证明。
② 参考卢基安诺夫和海特于2018年出版的《溺爱美国人的思想》（The coddling of the American mind）一书。

第6章
捕捉黑天鹅

成为反脆弱者意味着我们需要养成一个非常重要的习惯：接受（暴露于）逆境并从逆境中进步。卢基亚诺夫和海特引用的研究表明，大多数人在经历创伤之后，在某些方面会变得更强、更好，这也被称为"创伤后成长"。根据之前所引用的金·卡梅伦（Kim Cameron）教授的说法，所有的经验都表明，消极在人类的繁荣进程中占有一席之地。只有在遇到障碍、挑战和不利的环境时，人才会展现出人类和组织的一些优质属性。

我们中的许多人可以用个人经历来证明这一点。我们为自己想成为什么样的人设定了长期目标，并努力达成那个我们真正向往的目标：慷慨、善良、快乐、合群和自信，成为别人信任和尊重的个人。然而，随着时间的推移，我们被事业和家庭生活所困扰。在所有这些忙碌中，我们开始忘记那些核心愿望，并停止向它们前进。因此，我们感到越来越不满，却不知道为什么。然后，就会有东西动摇我们。一些事情让我们遭受挫折，让我们意外地发现自己陷入了困境。此时，我们开始再次反省，问自己那些棘手的问题："我们的方向是什么？""我们真正的价值到底是什么？""我想成为什么样的人？"这些问题再次引起了我们的关注。我们重新振作起来，并且表现得更好。我们回到了真正的道路上，充满活力，更加坚定。我们甚至可能开始对所经历的磨难心存感激。用这种方式解决危机和应对挫折的人就是反脆弱的。

从逆境中成长的精神被综合格斗运动员康纳·麦格雷戈（Conor McGregor）生动地捕捉到了。在这项运动中，遭受失败会给人带来创伤，而且众所周知的败绩会永久性地打击拳手的信心，但麦格雷戈对失败有不同的看法。在反思最近的一次失败和在复赛中重新振作的机会时，他如是说：

事情就这样过去了，我在那里遇到了挫折，但挫折是一件美好的事情。我认为，失败是成功的秘诀，它让我到达了我需要到达的位置。①

虽然在大多数工作日里，麦格雷戈都算不上智慧的源泉，但他抓住了反脆弱心态的本质。塔勒布将这种特质提升为美国的一项伟大资产，即以理性的形式试错，承担风险，而不是以失败为耻。他将这种情况与日本和欧洲的文化进行了比较。在日本和欧洲，失败被视为耻辱。由于存在与"失败之耻"相关的尴尬，风险被隐藏在地毯之下，其结果是它们的社会缺乏活力和竞争力。

然而，需要注意的是，在"大多数人会在经历创伤后成长"这句话中，问题出在"大多数"这个词上。这与历史不断重复的事实是一样的——但只是在大多数情况下如此。关键在于细节，我们必须小心，不要把尼采的箴言"杀不死我的，会让我更强大"想得太过浪漫。永久性伤害的可能性是真实存在的。有时候，危机就是这样：虽然我们是为了最终取得更好的结果，但是我们并不希望一场危机发生在自己身上。然而，当危机真的发生时，如果这些选择摆在桌面上，那我们最好努力争取自我恢复和成长。在自我提升的团体中，其总体理念是，我们可以选择将其视为一次成长的机会，而不应沉溺于自怜和削弱的思维模式。以这种观点看来，个人层面的反脆弱性主要是个人选择的问题，应用正确的观点看待，采取建设性的态度并坚持下去。

---

① Mmafighting.com, 7 July 2021. Conor McGregor: Dustin Poirier is going to get 'taken out on a stretcher' at UFC 264 – MMA Fighting.

第 6 章
捕捉黑天鹅

回归正途

我们已经探讨了与个人有关的反脆弱性的概念，有人可能会问，它是否可以应用于商业环境？公司是否可以是反脆弱性的？如果可以，需要满足什么样的条件？如果我们要在企业中发现反脆弱性，这就意味着它们会在灾难中变得更好，并最终受益。有一种说法是，企业就像人一样，会随着时间的推移开始养成坏习惯——它们也会迷失方向，偏离"正确的道路"。这样做的公司目前还算不上最好的公司。最好的公司可能会受益于来自外部的压力，这可以帮助它们重新思考其优先事项，并重新发现真正的道路。

以上的叙述并没有太多想象的空间。第2章中引用的王经理的话暗示，成本效率并不总是他最优先考虑的，追求成长更有趣、更有意义。在经济相对较好的时候，管理者们并不希望自己成为"坏人"，裁掉员工或每天算计员工以削减各种开支。降低成本会带来分歧和冲突，而且他们可能担心这会对员工的士气产生负面影响。这种普遍不愿控制成本的做法表明，在正常经营的情况下，随着时间的推移，企业可能会变得懈怠和自满。换言之，它们开始徒增不必要的成本。如果公司经营状况良好，却无法对某一天陷入财务困境的威胁未雨绸缪，那其自律性就会逐渐消失。虽然大多数公司都有某种盈利目标，但这些目标是相对于某个参照点设定的，随着时间的推移和成本纪律（cost discipline）[①]的逐渐恶化，这些参照点可能会逐渐下降。在谈及企业的生命周期时，传奇企业家理查德·布兰

[①] 成本纪律指的是企业在经营过程中对成本的严格控制和管理。它涉及对各种成本因素的有效监控、预算控制、资源分配和成本效益分析等方面。——编者注

森（Richard Branson）说过这样一句话：

> 一旦一家公司进入中年危机阶段，它就很容易变得懈怠、超重、故步自封，并且像成年人一样，会花更多的时间照镜子，而不是寻找新的前进道路，看看下一个拐角处会发生什么。[①]

公司偏离正途的另一种方式是走多元化收购之路。如前所述，收购是一种破坏价值的活动。过度支付始终是个问题，因为实现的协同效应实际可能只达到收购的 30%~40%（被收购公司收购前市值的比例）盈亏平衡所需的水平。除此之外，我们还需要将合并后的整合阶段可能出现的所有问题都考虑进去。尽管公司集团扩张的最糟糕时期可能已经过去，但收购战略仍可能在资产负债表上留下一系列整合不佳的业务以及资产负债表上负担利润的大量商誉，从而拖累公司的盈利能力。因此，过度收购其他业务往往表明一家公司的使命已经偏离了正确方向，并沉溺于错误的乐趣之中。

对于迷失方向的公司来说，黑天鹅事件可能提供了一种扭转局面的契机，至少在某种程度上，它们给公司带来了足够的压力，迫使其管理者采取行动。消极的冲击会迫使管理者采取一些早该采取的行动，但当事情发展还顺利的时候，管理者很容易一再推迟这些行动。面对危机的时刻是人们考虑变革的意愿最高的时候。危机使那些在正常情况下会遭到太多反对的行动"合理化"。因此，"度过一场良好的危机"的概念应运而生，通常被理解为在某一时间节点来减少一些不必要的开支并做出艰难的决策。

斯堪的纳维亚航空公司的经验说明了一个道理：逆境可以激发人们对

[①] 参考布兰森（Branson）于 2014 年出版的《圣母之道：如何倾听、学习和领导》（*The Virgin way: How to Listen, Learn, and Lead*）一书。

第 6 章
捕捉黑天鹅

彻底变革的支持。2011 年底，当该公司爆发全面危机时，公司的领导层趁机利用了这种糟糕的情况。但有人对此冷嘲热讽，并传言公司管理层这样做是为了迫使强大而好斗的工会屈服，甚至描绘了一幅极其暗淡的景象。工会领导人被带到一边，单独坐下，周围都是面目狰狞的董事会成员和高管。破产律师出席了会议，以强调公司濒临破产的情况。最终，工会妥协了，接受了裁员以及其他条款和条件，这样做的总体效果是减少公司的遗留成本，以确保公司的生存。公司也因此变得更加精简，并有机会盈利。如果不是因为企业经营陷入了困境，这些结构变革是不可能实现的。

危机时刻也是恢复对核心业务的关注的时刻。人们很容易将注意力分散在太多的活动上，这也是公司业绩不佳的原因之一。当公司否定它们直到最近才实施的战略时（尤其是当新的首席执行官上任时），回归基础是一种常用的说法。如果没有发生重大的冲击，该公司可能会无限期地混日子。满足，或者说做得"足够好"，达到某种被认为可以接受的最低水平的做法就会继续存在。只要公司有一定的盈利能力，心怀不满的股东就不会反抗，以至于我们可能会产生一种错觉，虽然事情可以做得更好，有些事情也最终必须改变，但我们目前很好。要推动这类公司采取行动，就需要跨过一个门槛，而跨过这个门槛可能需要巨大的压力源。

因此，捕捉黑天鹅的一部分内容是企业的自我更新。我们会采取行动，变得更精简、更专注，并更积极地追求商业机会。负面情绪（你也可以称其为压力源）似乎在企业发展中也有一席之地，就像许多人经历创伤后便有所成长一样。在新冠疫情期间，许多已经出现的趋势正在加速发展，其中最主要的是向数字化转变。许多企业在绝望中启动了自己的在线解决方案，结果发现这是一种接触全新客户群的方式，从而开拓了新的需求。许多人还发现，与传统办公方式相比，数字化意味着他们可以用较低的成本来做事。我们都知道，数字会议或讲座的效果相当不错，在灵活性和无需旅行方面有很多好处。起初这是一种无奈的做法，后来却带来了一些意想不到的长期好处。重新思考的意愿，也就是产生变革的突破口，往往是在必要的情况下产生的。

抄底

企业的自我更新是企业在重大动荡中变得更加强大的一种方式，因此，在非常动荡的情况下，调整战略将具有一定的灵活性。如果竞争者受到传统因素的限制，压制了它们的调整能力，比如被限制在某个地理区域，那么这对更多"自由经营"的公司是有利的。在2020—2021年期间，瑞安航空公司和维兹航空公司虽然肯定无法避免严重亏损，但事实证明，它们更善于根据当时的前景开通和关闭航线，并在整个欧洲范围内灵活运营。反过来，能够在这一时期行使其灵活性，似乎是基于与信息系统相关的更深层次的组织能力。拥有一个运行良好的数据基础设施使公司有能力在不同的部门之间进行协调和沟通，这是体制更加僵化的同行无法轻易复制的。当变化速度很快的时候，这种敏捷性就派上用场了。这些公司的首席执行官也喜欢指出，他们预计欧洲的航班容量将大大减少，因为有更多的航空公司濒临倒闭，那么一旦旅行等出行开始恢复到疫情前的水平，他们的公司就将从复苏带来的增长中获益。值得注意的是，维兹航空公司的股价在2021年达到了历史新高，我们可以认为，这反映出该公司在行业普遍遭遇困境时提升其战略地位的能力。

第 6 章
捕捉黑天鹅

另一个更有机会"捕捉黑天鹅"的方法是购买以低廉价格出售的资产。这几乎是所有经理人和投资者都乐于承认的技巧。资产出售确实是解决金融困境和产生足够流动性，以保证公司得以喘息的一种常见做法。在重大衰退期，资产处置总是倾向于激增，因此从表面上看，危机似乎确实创造了一些机会。

恐慌抛售通常不是一个好主意，因为人们不得不接受一个比正常出售更低的价格。经济低迷时似乎不是卖出股票的好时机，因此，唯一合理的解释是，这反映了企业的绝望，因为它们难以产生满足持续现金业务所需的流动资金。在这种情况下剥离的资产很可能会以低于公允价值的价格出售。出现这种情况是因为出售方的谈判能力较弱。对它们来说，资金和其他战略选择正在迅速枯竭。如果廉价出售不是避免破产而持续做出的努力，而是清算的一部分，这就意味着之前的所有者已经破产，并永远失去了潜在的一切反弹空间。因此，没有人争夺控制权，也没有人要求溢价，这对买家来说更划算。

对于出售资产的公司来说，资产出售是一种战略破坏，因为这代表了对公司资产组合的仓促和次优调整。正如我们所讨论的，构建复原力（驯服黑天鹅）的一个关键好处是避免在动荡时期失去对公司资产的控制。根据定义，竞争对手的战略破坏对你来说似乎是一件好事，因为它们处于防御状态，而不是试图占据更多市场份额。正如瑞安航空公司和维兹航空公司的高管所暗示的那样，在全军覆没的极端情况下，另一种有利于那些一息尚存的公司的机制是，消除一些竞争，并从市场中剔除一定数量的产能，从而巩固它们的市场力量，增加价格上涨的空间。

对于实力相对较强的竞争对手，如果它们能设法将自己变为低价交易的购买方，那么这种情况可能会带来更好的结果。从买方的角度来看，卖方不得不接受的降价出售代表了价值创造，因为它们以低廉的价格获得了资产。捕捉黑天鹅是为了收购具有长期潜力的资产，这些资产能与我们现有的投资组合很好地结合，并以折扣价出售，关键是如果不是受到冲击，我们是不可能买到这些资产的。

这一切听起来非常好，但这些机会真的存在吗？托德·普尔维诺（Todd Pulvino）教授的一项研究提出了这个问题。① 据航空公司承认，它们通过出售资产来提供自身实施商业计划所需的流动资金。普尔维诺在分析二手飞机市场时发现，航空公司的财务状况是决定交易价格的关键因素。与这一假设相一致的是，实力较弱的公司的销售价格比市场平均价格低 14% 左右。粗略地说，卖方的这种损失就相当于转移到买方口袋里的价值。还有研究表明，在其他市场背景下也有类似规模的价值转移，例如当公司出售上市公司的少数股权时。②

我们可以假设尾部风险事件越是短暂，这种下跌就代表着买入的信号越明显。我们在上一章中指出，石油和天然气市场在几个世纪以来出现了大量的价格暴跌的情况。在这些时期，整个行业都陷入了严重的财务困境。然而，我们也注意到，该行业通常会在相对较短的时间内处于低迷状态。尽管有这些与灾难擦肩而过的情况，但截至 2020 年，该行业依然屹立不倒。这表明，市场中存在着一些内在机制，能够将价格恢复到足够数量的公司能够盈利的水平。这还表明，不良资产的买家有很好的机会能从他们的投资中获得有吸引力的回报。

---

① Pulvino, T. C., 1998. Do asset fire-sales exist? An empirical investigation of commercial aircraft transactions. *Journal of Finance*, 53, pp. 939–978.

② Dinc, S., I. Erel and R. Liao, 2017. Fire sale discount: Evidence from the sale of minority equity stakes. *Journal of Financial Economics*, 125（3）.

第 6 章
捕捉黑天鹅

这种逆周期资产收购恰好发生在 1999 年，当时石油市场正经历一次衰退，价格跌至接近 10 美元 / 桶的最低点，这对于现在来说就是闻所未闻的低价（即在现代）。挪威佐贺（Saga Petroleum）石油勘探公司因国际收购进展不顺利而陷入了危险境地。该公司主要通过债务为交易融资，因此其资产负债表很弱，很容易受到油价暴跌的影响。当油价最终开始复苏时，该公司执行不力的衍生品投资组合却大量亏损（是的，你没有看错。它们忘了把离岸利润和衍生品回报收益之间的税收差异考虑在内，所以衍生品头寸最终在油价上做多）。该公司以惊人的速度消耗资金，探索了各种战略选择，但最后别无选择，只能接受一家规模更大的挪威同行的投标。这家公司恰好是挪威海德鲁公司——一家财力雄厚的大型工业集团。由于佐贺公司的压力状况，挪威海德鲁公司能够谈判出对己有利的条款。在交易完成时，油价已经开始回升到危机前的水平，因此合并后的实体随后获得的现金流是巨大的。这可能是挪威海德鲁公司历史上最亮眼的一次收购，恰好是在危机中进行的。

大样本证据进一步支持了这样的观点，即买家可以从它们所购买的公司的财务弱点中获益。[1] 迈耶（Meier）和瑟韦斯（Servaes）教授发现，收购陷入困境的卖家所带来的公告日收益要比平均收购高出 2% 左右。按美元计算，这意味着市场价值与基准相比平均增加了 3000 万美元。有趣的是，他们没有发现被收购公司的经营绩效在统计学上有着显著的改善，也没有发现这些收购创造的整体价值有任何变化。因此，他们将其归因于卖方的议价能力较弱。在基本保持不变的总价值中，陷入困境的公司的买家能够获得更大的份额。

---

[1] Meier, J.-M. and H. Servaes, 2020. The benefits of buying distressed assets. *Journal of Applied Corporate Finance*, 32, pp. 105–116.

机会资本

我们如果看看这里发生了什么，就会发现逆周期买家所做的是充当流动性的提供者。在某些时候和某些地方，流动性是稀缺的，而且有巨大的溢价。在这些情况下，额外的美元（或其他货币）的边际价值非常高。谁拥有流动性，谁就可以决定条款。正如规则所规定的那样，谁拥有黄金，谁就能制定规则。而在经济萧条时期，流动性就是黄金。陷入困境的卖家没有流动性，但它们却迫切地需要流动性。因此，我们应该内化这样一个观念，即额外的一美元的边际价值在不同的公司是不一样的，在不同的自然状态下也是不一样的。

这一观察结果使流动性成为一个战略问题，而且应该在整个行业的基础上进行分析。它融入公司战略的方式如下。

采取措施，确保在你最需要流动资金的时候，也就是行业内普遍缺乏流动资金的时候，拥有关键的流动资金，因为此时你可以利用别人的弱点所带来的战略机会。也就是说，在设计你的财务政策时，要使它们能够在特定情况下产生现金，即你可以假设会出现大规模的危机，而其他人需要通过贱卖来生存。

这种对流动性的战略观点意味着一种思维模式的转变，而不是只关注自己的风险资本。我们开始意识到，危机中的风险和机会取决于风险资本的事前差异。因此，了解我们的竞争对手在资本方面的储备情况就成了一件有意义的事情。如果我们发现它们的资产负债表似乎相当疲软，流动性也很差，那么我们可能就发现了一个有条件的战略机遇。这是一个潜在的逆周期投资机会，由于竞争对手存在的弱点，我们得到了这个机会。如果

第6章
捕捉黑天鹅

它们更强大，积累了更多风险资本，机会就不会存在了。不管出于什么原因，它们没有这么做，我们都必须评估它们缺乏风险资本对我们的战略是否意味着什么。我们的关注点会从我们自身的恢复能力转移到我们能否在危机情况下抓住任何可能出现的机会上。我们可能会发现，我们有足够的风险资本可以让我们安然无恙地度过最坏的情况（即驯服黑天鹅）。而我们不太可能在这种情况下聚集力量收购资产（即捕捉黑天鹅）。

要想继续进攻，我们需要的就不仅仅是能保证我们安全的风险资本。这里的"风险资本"也可被称为机会资本，它由构成风险资本的同一种金融资源组成。不过，其目的是不同的。风险资本吸收损失，而机会资本则是吸收竞争对手的损失，使我们能够在最坏的情况下充当流动性的提供者。从这个角度来看，还有另一种意义上的现金结余可能是"有效的"。之前我们说过，现金可能作为持续运营的一部分在发挥作用（处理收到的付款和应对某种意外情况），对此我们补充说，现金可能在吸收潜在的现金流短缺的意义上发挥作用，而且现在我们认为现金可能通过为逆周期的投资机会提供资金而发挥作用。

机会资本的概念完全符合管理者对"财务灵活性"的偏好，这种偏好有充分的证据支持，它通常被定义为当机会出现时拥有足够的财务实力抓住创造价值的机会。天生的机会主义管理者喜欢在财务上不受约束，这样他们就可以在短时间内采取行动（而不必去市场上找钱）。这样定义的"财务灵活性"不一定是一个逆周期的概念，尽管这种可能性是绝对存在的。

对于局外人来说，很难说现金是不是从针对不那么幸运的竞争对手的资产的角度来运作的，因为这其中存在着一种秘密行动的因素。一家公司通常不会公开声明这种意图，因为这可能会提醒目标公司有人在觊觎它们。如前所述，以超额现金余额的形式保持机会资本，将成为公司管理团队与对公司感兴趣的投资者和分析师之间的信任问题。安排备用信贷条款可能是为逆周期机遇做准备的一种方式，它比大量现金余额更少招致投资者的鄙视。不管怎样，它都提供了一个审视资本明显过剩的公司的视角。在急于判断一家公司资本过剩之前，我们至少应该有这样一个想法，即应该让大量现金头寸在其他意义上发挥作用，而不是为了满足即时的流动性需求。图 6-1 总结了这一观点，说明了现金头寸原则上由三部分组成——它们在某种意义上都在发挥作用（但其中的机会资本和风险资本这两部分要打上问号）。我们必须看一看公司的竞争格局和资产负债表的健康状况，才能对一些不确定的范围做出判断。

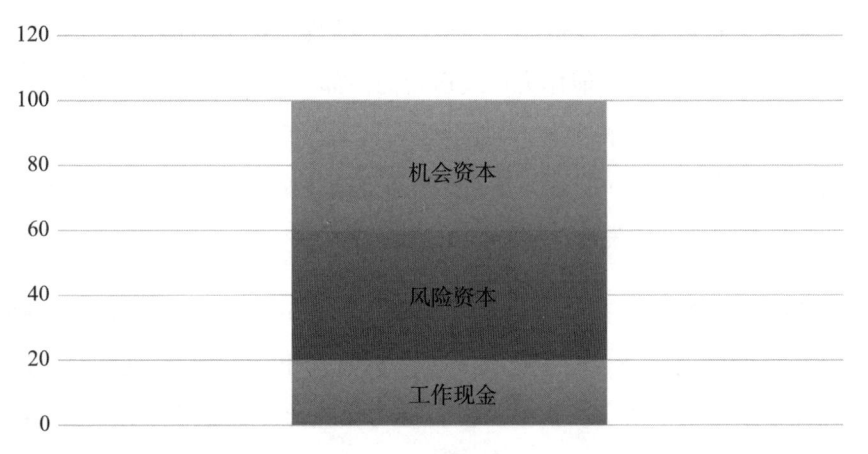

图 6-1 战略现金

由于逆周期的投资机会深埋在分布的尾部，如果机会资本——就像风险资本一样——是有条件的，而不是一直闲置在资产负债表上，那通常会更有效率。理想情况下，我们想要的是一种以触发投资机会的相同事件为条件的融资来源。如果尾部风险事件 X 导致资产被以具有吸引力的低价出售，那么我们所持有的金融合同应该是这样的：如果 X 发生，资本就可以使用，而不是其他情况。这样一来，现金就不会在任何情况下被闲置在资产负债表上。相反，我们专门设计了一个解决方案，即在机会出现的情况下为我们提供所需的资本。拟订金融合同时可以考虑逆周期的投资机会。要做到这一点，我们就需要一个触发点，而这个触发点要尽可能地反映竞争者接近财务困境的情况，并可以假设资产出售是对这种困境的部分反应。

正如我们所看到的，拟订这类合同在原则上是可能的。例如，轮胎制造商米其林在2000年设计了一个为期五年的银行信用贷款，其中包括一个提取保险贷款的选项。该选项的触发事件是美国和欧洲的GDP增长率下降，如果增长率低于1.5%（前三年）或2%（后两年），该贷款就将被激活。该选项背后的逻辑是，米其林公司的收入被认为与整体经济的增长高度相关。因此，这种融资机制具有抑制风险的功能：资金将在合理的、预先协商的条件下被释放。

如果商业活动下降到一定程度，就会降低米其林公司内部产生现金流的能力。要想了解这类合同如何支持逆周期的收购战略，我们只需想象一下，合同中提到的不是国内生产总值增长，而是行业业绩的某些指标。更大胆的做法是，在合同中规定，如果一组选定同行的业绩低于某一水平（可以假设它们正在经历困难，而且低价销售的可能性非常大），那它将释放资金。这代表了一种更有针对性的逆周期机会的融资形式。首先，它提高了在那一天到来时获得充足融资的概率。理论上，它还可以节省成本，因为触发事件的发生概率很低，因此支付给银行的费用或利息要低于标准信贷安排的情况，而标准信贷安排可以随时提取。

为了进一步说明更精确和有条件的机会资本的形式，我们可以看一下商业生产行业。这些产品通常出现在衍生品市场上，允许你拟订各种金融合同（如远期、掉期和期权）。看跌期权合同的执行价格原则上可以与重要同行的财务困境相一致。这应该可以大致计算出它们耗尽流动性的价格。在这一点上，一些额外的财务实力对一家相对较强的公司来说是非常有意义的。因此，例如，如果一家石油公司觉察到 45 美元/桶的油价会给它的一些竞争对手带来麻烦，那它可能会发现以 45 美元/桶的油价作为执行价格购买看跌期权是个机会。这将在流动性的边际价值可能很高的情况下释放现金流，从而扩大进攻性战略的范围。

虽然这在理论上非常不错，但以机会出现为条件来为逆周期收购融资的做法可能并不现实。的确，这可能不是一种可以经常使用的方法。然而，鉴于金融工程的进步，更多此类合同已经成为可能。所以，当你制定下一个财务战略时，为什么不考虑一下这类做法呢？或许你已经注意到，一些拥有有趣资产的同行最近一直利用大量的债务大举发展，这使它们的抗风险能力降至极低的水平。如果你的结论是，一旦发生重大事件，它们就会陷入困境，那么你也许应该做一些准备工作，在贷款中加入一个条款，以便在发生重大事件时获得适当的融资。我们可以假设，你为这种有条件的信贷额度支付的额外基点将被弥补，因为你有可能抓住这个千载难逢的机会。

事实上，由于公司资产市场的固有特征，制定一些精明和前瞻性的财务战略是有必要的。关于这个话题的一个有趣的理论在 1992 年就发表了。[①] 这项研究的作者安德烈·施莱弗（Andre Shleifer）教授和罗伯特·维什尼（Robert Vishny）教授认为，存在一种所谓"资产出售的均衡方面"（the equilibrium aspect of asset sales）的东西。他们的意思是，在一个行业

[①] Shleifer, A. and R. Vishny, 1992. Liquidation values and debt capacity: A market equilibrium approach. *Journal of Finance*, 47, pp. 1343–1366.

中，所有的公司往往会受到同样的负面影响，这些负面影响促使一些公司通过出售资产来生存。这一特点使行业内可能没有足够多的买家来收购不良资产，取而代之的是财力雄厚的金融投资者。因为不具备实现协同增效的专业技能，所以他们无法像行业买家那样对资产开出高价。因此，出售资产的公司损失更大，因为它们受金融家的支配，而这些人想利用它们的弱点，却不想为协同效应支付额外的费用。这方面的理论被普尔维诺的前述研究所证实。研究数据显示，市场总体状况以及谁是交易的买方就如预期的那样重要。当行业处于衰退期，很少有行业参与者有能力出价时，甩卖折扣是最大的。当金融机构介入，充当流动性的提供者时，折价达到了峰值，即基本价值的30%！

资产出售的均衡方面是任何潜在的逆周期收购者都应该借鉴的一个观点。他们很可能也会受到导致其同行采取出售资产等绝望措施的环境的负面影响。该领域任何公司的现金流都将受到冲击。因此，从当前的前景来看，一旦行业开始走下坡路，这一看似温和的举措可能会成为一个非常不同的、风险更大的主张。尽管潜在的收购者或许无论如何都能成功，但运气总是青睐有准备的人。这一规律强化了将逆周期移动作为战略的一部分，并成为执行积极计划的理由。一些准备工作可以发挥作用，让我们有足够的财力并能快速行动。为强调这一点，我们可以回到挪威海德鲁公司对佐贺石油公司的逆周期收购上，并思考这样一个事实：尽管挪威石油和天然气行业的另一个重要参与者挪威国家石油公司（Statoil）多年来一直关注佐贺石油公司，但没有收购它。挪威国家石油公司也受到了低油价的影响，尽管它很想收购佐贺石油公司，但由于其所有权归挪威政府，它无法迅速筹集到所需的股本。因此，当机会出现时，该公司正在经历一些财务约束，因此不得不将其割让给挪威海德鲁公司。佐贺石油公司的资产负债表上的杠杆率过高，以及在战略上遇到困难的事实都是一个信号，表明机会可能即将出现。挪威国家石油公司本应制定创造性的金融策略，以利用这一点获利，比如购买价外看跌期权。然而，令挪威海德鲁公司高枕无忧的是，这并未发生。

安全飞行

我们已经看到，能否通过低价购买资产来捕捉黑天鹅，取决于获得风险资本的途径的差异，这种风险资本可以缓解出现的冲击。那些拥有最多缓冲资本的公司最有可能占据有利地位，因此我们必须开始考虑相对于竞争对手的资产负债表的状况。这里还有另一个因素在起作用，这个因素往往会放大已经存在的脆弱性差异，并有利于那些已经相对较强的主体。

我想到的是金融市场变幻无常的情绪，或者有时被称为"风险偏好"。历史告诉我们，市场接受风险的意愿可能在眨眼之间就发生变化。可以说，风险偏好是"随时间变化的"。金融市场在过度和绝望之间摇摆。有时，它们几乎忽略了风险，乐于接受任何有风险的前景，而不会问太多关键性的问题。在其他时候，人们的情绪几乎完全相反——市场最想要的是安全，几乎完全规避风险。

要想了解这种随时间变化的风险偏好是如何产生的，不妨考虑一下，在繁荣时期乐观情绪盛行，资本充足，其直接结果是资产价格上涨；在扩张阶段，任何获得资金的困难都被暂时搁置——财务主管很有可能会得到他想要的一切。实际上，我们可能会看到从未预料到的情况：糟糕的业

第 6 章
捕捉黑天鹅

务、本不应该启动的战略、以宽松的条件获得的融资。当这种情况发生时，融资方几乎没有尽职调查。每个人最担心的是缺席市场盛宴。随着金融中介机构风险规模的攀升，标准不断下降，提供的条款也越来越宽松。银行不再像以前那样坚守契约，招股书对潜在风险的描述也变得越来越模糊和轻描淡写。私人债务迅速积累，在此过程中产生了大量不良投资。这就是经济繁荣的故事。

经济繁荣可以持续数年，直到某个消息的到来，导致这一过程发生逆转。由于资源配置不当，繁荣本身也埋下了危机的种子。当愚蠢的行为最终被揭露时，糟糕的投资会暴露出来，被证明是对资金的浪费。大量的投资必须被减记。对于金融中介机构来说，这些资产贬值可能会带来大麻烦，因为它们会耗尽股本基础，甚至可能达到让银行的生存都受到质疑的程度。可以预见的是，它们履行主要职能——将资金从储户转移到生产性项目上——的意愿和能力基本消失了。

在这个转折点上，整体的风险偏好突然发生了转变。繁荣变成了萧条，所有人都急于退出。人们不再希望冒险；相反，投资者现在更看重安全与稳定。人们疯狂地向另一个方向狂奔，这就是所谓的"逃往安全地带"。这种挤兑导致任何被冠以"避险"名号的资产的价格都会上涨（历史上美元和黄金一直是可靠的避险工具）。除了那些为数不多的能够传递安全信息的少数资产之外，其他所有需要资金的人都可能发现，资金变得越来越稀缺、越来越昂贵。历史经验告诉我们，在危机时期，获得资本将成为企业战略决策的决定性因素。对于公司（乃至整个世界）的发展方向，不确定性和普遍的困惑增加了。

有趣的是，"逃往安全地带"为安排机会资本提供了一些新的创造性金融策略，即拥有在极端不稳定时期可能出现的任何时机采取行动的手段。

如果你认为在这样的经济动荡时期，某样东西可能会升值，那你可能会希望在你的资产负债表上有一些这样的资产。当经济的其他部分崩溃时，它们会升值，这一事实可以为你提供所需的逆周期融资。根据这一理论，鉴于美元（到目前为止）的趋势是逆周期升值，拥有过剩的美元现金是有意义的。投资黄金实际上也是有意义的——即使是一家制造业企业！尽管这一战略很难成为主流，但美国帕兰提尔科技公司（Palantir Technologies Inc.）实际上从 2021 年就开始囤积黄金，理由是希望对冲未来的黑天鹅事件。这与它们制作软件的日常工作是完全不同的①。该公司没有明确说明在未来危机期间利用机会的目标，但这是完全可以理解的。

在外部资本流动枯竭的同时，另一种动态可能会加剧脆弱企业的不幸——对更强大的同行有利。在这种情况下，问题的关键在于能否获得内部流动性。回想一下，在 2009 年金融危机期间，沃尔沃汽车的现金头寸增加了 130 亿瑞典克朗。这一增长的最大原因是营运资本的大幅减少。当该公司看到其订单逐周缩减时就决定降低成本。这一点也不令人惊讶，我们从以前的经验中了解到，这种灵活性意味着更低的风险，它们行使期权，停止了一些采购，这意味着对库存的投资大幅减少。利用现有库存进行生产是沃尔沃现金流增加的重要原因。因此，在一个潜在的危险时刻，这种机制产生了大量有益的内部流动性。这虽然对沃尔沃公司有利，但并不意味着风险消失了，它只是被推到了供应链的更下方，推到了沃尔沃公司的供应商和供应商的供应商那里。沃尔沃公司这种庞然大物的订单枯竭给这些公司的生态系统带来了问题，其中许多公司规模很小，它们严重依赖汽车生产商的订单收入。在一个系统中，来自外部冲击的风险必须落在某个地方，而且往往落在最脆弱的地方。

---

① 据彭博社报道，美国帕兰提尔科技公司用购买金条来对冲黑天鹅事件。

第 6 章
捕捉黑天鹅

"逃往安全地带"的逻辑和营运资本机制对于捕捉黑天鹅来说是重要机制,它们非常符合风险不成比例地落在弱者身上的一般模式。当危机发生时,任何财富的差距都有可能扩大。社会上许多经济实力较弱的阶层,其收入更容易受到冲击,而且依赖于高度周期性的企业。这一点在新冠疫情期间表现得淋漓尽致,因为所谓的零工经济,即酒店行业中灵活的、通常是短期的工作,因实施的限制而遭受重创。零工经济由许多低净值的独立个体组成,他们靠工资生活,因此限制措施很快就给他们带来了痛苦。相比之下,在慷慨的财政政策和货币政策的推动下,已经富有的人从繁荣的股市中获得了意外之财。随后的许多报告显示,新冠疫情极大地推动了财富分配的不平等,这强化了先前存在的性别、种族、年龄和地理等多方面的差异。国际乐施会执行董事加布里埃拉·布彻(Gabriela Bucher)指出,亿万富翁已迅速挽回了损失,对他们来说,经济衰退已经结束。他评论说:

> 我们将见证有记录以来最严重的不平等现象。贫富之间的巨大鸿沟正被证明跟病毒一样致命……妇女、边缘种族和民族群体在这场危机中首当其冲地成为受害者,他们更有可能陷入贫困、饥饿,并被排除在医疗保健系统之外。①

弱者在危机中首当其冲成为受害者,这似乎是事物发展的一个重要原则。塔勒布也注意到了这一点。他曾坦言,作为一个人文主义者,他讨厌黑天鹅,因为它们往往带来不公平。现在,富人不需要像曾经的贵族那样直接参加战争,所以只有当发生变革的时候,风险才会或多或少地落在富

---

① 国际乐施会称,超级富豪在创纪录的时间内弥补了新冠疫情的损失,但数十亿人将在贫困中生活至少 10 年。

人身上①。总体来说，尽管"弱者承担的风险更大"是急剧变化时期一个令人遗憾的特征，但我们对变革抓住了那些因自身政策而变得脆弱的企业参与者更感兴趣。至少作为企业，我们需要思考这种可预测的机制是否会带来机会。

总而言之，在危机发生后，弱者的收入和利润比强者消失得更快。他们在很大程度上会被优先考虑安全性的资本提供者所回避，从而使他们最终承担了企业降低风险措施的惨烈后果（如减少库存）。他们很难进行足够的投资，因此会在竞争中落败。他们将变现部分资产作为生存手段，这为实力较强的公司提供了买入机会。这些都是重复出现的固有模式，这就是为什么希望一个为充满不确定性的世界制定策略的管理团队应该将其内化。

在继续讨论之前，我们可以反思这样一个事实：在新冠疫情期间，尽管最初出现了恐慌和严重的反应，但资本市场并没有失灵。我们并没有看到像预期的那样，出现"逃往安全地带"的情况。这在一定程度上是因为与大衰退时期相比，银行的资本化程度更好，没有转向恐慌模式。然而，最重要的是，政府和央行的慷慨政策（它们决定向市场注入大量流动性）发挥了作用。近年来，当系统性危机来袭时，这已成为首选的应对措施。政策制定者已经从经济危机期间所犯的错误中吸取了教训。20世纪30年代大萧条时期，当时的政策反应是收缩性的，而不是扩张性的。现在，保持公众对于金融体系的信心的必要性已被充分理解了。我们不希望动物精神（animal spirits）②失控，因为恶性循环很快就会变成自我实现的预言。

---

① 或许不仅仅是那时。对于富人来说，安全正成为一个大问题，因为显然他们是攻击的目标。投资于加强安全似乎总是解决之道，而不是试图消除首先导致这种不稳定局势的不平等现象。

② 凯恩斯在其著作《通论》（*The General Theory of Employment, Interest, and Money*）中提出了"动物精神"的概念。该概念是指人们在决策和行为中表现出的情绪和信心的因素，也用以形容资本市场上投资者的躁动不安。——译者注

第6章
捕捉黑天鹅

因此,奥巴马政府推出了问题资产救助计划(troubled asset relief program,TARP),旨在大衰退期间拯救陷入困境的金融机构。因此,在21世纪10年代初的欧债危机期间,马里奥·德拉吉(Mario Draghi)曾高调宣称,欧洲央行将"不惜一切代价"。因此,当时的美联储主席艾伦·格林斯潘(Alan Greenspan)有一个著名的倾向,在出现问题的第一时间降低利率,从而"拯救"市场(这种行为是如此一致,以至于它获得了一个名字——格林斯潘对策)。

既然政策制定者已经吸取了教训,那他们是否已经成功地消除了"逃往安全地带"过程中最糟糕的一面?当然,他们成功地避免了一些最糟糕的后果。这当然是件好事,因为丧失对未来的信心是一件非常危险的事情。然而,有一种叫作道德风险的东西,即当市场参与者注意到这种对以往过度行为的慷慨承保,并且明知事情会变得多糟糕的底线时,他们会冒险采取新的风险。冒险的好处归私人所有,而后果则由社会承担(看看雷曼兄弟的高管们是如何在公司倒闭的情况下像强盗一样逃脱的吧)。在某种程度上,金融体系鼓励了不计后果的冒险行为,这将我们推向了下一场危机。也可能有一天,金融体系将无法被拯救,因为泡沫会越来越大,而政府应对泡沫会付出越来越沉重的代价。每当官员们介入时,他们的能力就会再一次受到损害,公共债务的不断增加和超发货币加剧货币贬值。

担心这些不正当的激励措施可能预示着未来金融崩溃的不仅仅是准备者。蒂姆·李(Tim Lee)、杰米·李(Jamie Lee)和凯文·科迪伦(Kevin Coldiron)在他们2020年合著的《套利危机与金融新秩序:利差交易崛起》(*The Rise of Carry*)一书中认为,自20世纪90年代初以来,世界经济一直处于一个强大的"套利机制"中,这意味着波动性一直被政策制定者所压制。利率政策的直接目标是为此前的过度行为纾困,支持资产价格波动，而非长期稳定。在套利机制中，系统产生了大量的杠杆和流动性，这既支持了市场，也使系统变得脆弱。如果因为利率意外而撤销支持，市场可能就会因此而崩溃。其结果将是杠杆解除并使注入的流动性收缩。他们推测，当救助系统的能力耗尽时，可能会出现一个"临界点"。由于套利机制与中央银行和法定货币体系存在内在联系，其最终崩溃可能意味着当前体系本身的终结。在通货膨胀失控的情况下，中央银行自身会在某一时刻失去偿付能力，无法对利率进行控制（即将利率压低至足以保护资产的价格）。这种"不可想象"的事件将是整个时代的"黑天鹅"。

风险策略

捕捉黑天鹅是指抓住机会，如果不是因为一个重大事件没有宣布它即将发生，这些机会就不会出现，即"黑天鹅"不会出现。如果你比同行强大得多，那么你不仅仅具有复原力，而且还具有反脆弱性。在这种情况下，反脆弱性的意义在于，你有机会从当前的混乱中受益，至少在明显优于大多数竞争对手的基础上提升自身地位（但这是以牺牲他们的利益为代价的）。

已有的观点是，相对实力是一个战略变量，管理团队也应该这样看待它。我们不应该完全以企业为中心来应对疯狂不确定性，而应该考虑这种冲击将对我们所在的体系所产生的影响。在一个平静期经常被大规模冲击打破的世界里，我们必须习惯将这一观点作为企业战略过程的一部分。

第 6 章
捕捉黑天鹅

当然，首要任务是检验我们的缓冲区和灵活性，以合理地抵御冲击。把我们自己的"后院"打理好（或者说驯服黑天鹅）是我们的首要任务。然而，在这之后，我们应该看看窗外，想想下一步的问题：我们是哪个系统的一部分？它将如何调整以应对同样的冲击？在这样的事件中，系统中的不同参与者将如何表现？谁是最脆弱的？与我们相比，它们的复原力可能有多大？如果事情发生了，谁有可能被资本市场拒之门外？我们是否感觉到相对实力的差异可能会带来任何机会？

我们所说的策略与逆向投资策略（即我们在别人的财务困境中获益，以便在那天到来时从他们假定的恐慌行动中获益）并不一样。然而，我们之前提到了逆向投资者的诅咒，那就是尽管你偶尔是对的，但大多数时候你是错的，并且在赔钱。尽管坊间从不缺少一些逆向投资者大赚一笔的故事，但从总体上看，这并不是一个在财务上表现良好的策略。重要的是要清楚，从企业的角度来看，这并不是一个战略。真正的商业战略已经到位，并在所有场景中发挥作用：公司进入新市场、开发新产品，等等。通过抓住逆周期投资机会来捕捉黑天鹅，正是该商业战略的补充。

为减轻逆向投资诅咒，确保该战略是值得的，我们首先应该验证某些竞争对手是否有采取防御行动的现实机会，我们可以在下一次衰退中利用这些机会。应该对它们的财务状况进行分析，只有当分析令人信服地指向一个不可否认的弱点时，我们才可以继续行动。在机会主义中必须要有纪律。我们不只是想增加任何可能出现的反常资产。相反，它应该是针对那些能够提供良好战略配合的资产，那些我们在运营和管理方面具有一定优势的资产。无论如何，我们都想把这些东西添加到自己的投资组合中，但我们发现这类资产在正常情况下要么无法获得，要么价格太高。如果没有这两个条件——同行采取防御行动的可能性很明显，以及相关资产非常合适——那么机会资本的价值将很快降为零。我们不应该被"在别人疲软时买入"之类听起来不错的蛊惑所左右,更不应该把它对我们的吸引力当作不努力的借口。这种方法需要具备分析性。

我们正在寻找一些证据来证明,对于同样的冲击,有些玩家可能更容易受到损失。高杠杆和现金短缺的实体尤其令人感兴趣,特别是如果它们最近增长迅速。如果你已经开发了第 5 章所讨论的那种高质量的决策支持工具,为什么不花一个下午的时间用它来运行一些竞争对手的数据呢?进行一次压力测试,看看结果如何。

当复原力差异被确认后,我们就可以探讨其战略意义。为了将其转化为机会,我们还需要确定一个合理的机制。我们谈论的是收购竞争对手还是部分清算其资产?是通过它们以无法比拟的方式扩大市场份额,还是通过降低价格把它们赶出市场?只要发现存在以上可能性,我们就想把它们纳入我们的战略计划,并开始做一些准备工作,以便在冲击发生时我们能够很好地采取行动。如果分析结果指向这个方向,我们就有理由在我们的缓冲区增加机会资本,以确保我们有能力进行资本运作。

这种流动性战略分析的结果是,如果我们发现竞争对手越弱,我们就应该储备越多的现金。如果我们发现一个竞争对手接近其痛苦阈值,那它就很容易受到冲击,从我们的角度来看,流动性的边际价值就会上升。再次提醒大家,任何逆周期的举措都需要投资。这对于资产收购来说是显而易见的,因为我们需要资金来执行交易。不过,任何旨在攫取市场份额的扩张都是如此。扩张总是需要投资的。

更微妙的一点是,采取这样的行动意味着我们是在冒险,并大幅增加我们的风险。这又回到了早先风险资本和交易资本之间的区别。要想采取

第 6 章
捕捉黑天鹅

战略行动，你需要两者兼备。在危机中，我们大概已经在消耗我们的风险资本了，而这些风险资本正是用来承受这样的打击的。机会资本不仅需要为我们的逆周期扩张提供交易性资本，还需要一些风险资本来支持它。如果没有它，我们自身的失败风险和战略破坏的风险可能很快就会成为制约因素。原因很明显，事情可能会变得更糟。正确把握时机是逆向策略的主要困难。只有在事后才能清楚事情触底的时机，而且只要事情继续恶化，看起来就会持续更长的时间。我们基本上是在赌一种观点，即事情会恢复正常，在这种逆转绝无可能的时候，我们将更少动用我们的资源。如前所述，许多人认为，新冠疫情大流行是叠加在世界上的一种节奏冲击，一旦过去，秩序就会恢复正常。如果这是你的信念，那么这确实看起来是一个买入机会，是发起进攻的好时机。然而，任何基于这种观点采取行动的人都要冒着新的病毒变种出现，致使疫苗无效的风险。只有在更晚的时候，它才会变成一个"不言自明"的买入机会。

由此可见，逆周期投资应被视为一种有意识的冒险行为，其本身就是一种风险回报权衡：有机会大赚一笔，但代价是随后会增加由困境引发的战略破坏的风险。只要机会资本没有被消耗殆尽，它就起到了风险资本的作用，可以缓冲进一步的亏损。如果你想利用看起来很好的投资机会，那么一旦困难时期持续下去，你就将面临更大的流动性紧缩风险。换句话说，在市场上一定要小心，更重要的是，不要仅仅因为爱上了一个想法，想获得它带来的炫耀权力，就推出一个逆周期的行动。在一个充满疯狂不确定性的世界里，意识形态和宠物思想永远不应该作为决策的推动力，因为这往往会成为我们走向毁灭的开端。

在事物的尾部，风险和机会之间的界限是模糊的。这涉及大规模的财富再分配。有些战略被破坏了，这对其他人有利。在某种程度上，这些财富再分配可能是可以预测的，这意味着我们应该开始将其视为或有的投资机会。在这种情况下，我们可以通过采取一些积极的措施，增加表现良好的概率。我们已经做好了采取行动的准备，也知道应该注意什么。鉴于黑天鹅的性质，我们没有办法知道下一次的驱动力是什么，混乱的细节看起来总是不一样的。然而，我们在本章中讨论的模式是相当普遍的。最终，冲击会转化为对收入、成本和资产/负债价值的影响，从这一点来看，风险资本可能以相当可预测的方式塑造任何特定同行群体的竞争态势。实力较弱的企业降低投资、削减和出售资产，而实力较强的企业则可以扩张、购买资产并普遍寻找机会。

　　捕捉黑天鹅是一个典型的战略视角，因为它关乎混乱时期的竞争动态。即使是在行业的至暗时刻，我们也要努力占据上风，成为赢家。当我们这样做的时候，将风险转化为机遇就成为公司战略一个有意识的部分。然而，在本书中，即使没有引入任何竞争对手，风险管理的战略作用也应该是清晰的。一个关键论点是，黑天鹅有可能造成重大附带损害——战略破坏。我们还得出结论，黑天鹅有可能完全终止战略——全军覆没。风险管理的一个更典型的形式是，针对已确定的风险，在评估各种风险的基础上采取风险缓解行动。尽管这种识别和评估的方法可能非常有用，但它并不是传统意义上的战略。相反，如果我们从分析总收入变化的范围开始，并询问成本结构和这种负债如何对此做出反应，那么这种设定与实现重要企业目标的关系就会紧密得多。正是在这种情况下，我们才能够对公司是否具有复原力得出一些有意义的结果，比如公司是否有抵御风险的能力，以及它是否有可能在大部分情况下生存和发展。当我们将这种分析扩展到竞争对手和我们运营的生态系统中的其他组成部分时，风险的战略性就很清晰了。

第6章
捕捉黑天鹅

将相对风险视为战略变量需要有一定的思维模式。这是一种充满活力和前瞻性的态度。我们在早些时候提到了软件制造商帕兰提尔公司，该公司采用了一些"艺术性"的金融策略，比如投资黄金。帕兰提尔公司自诩为一群自由思考者，不受传统智慧的束缚。它们显然已经内化了一个事实，即疯狂不确定性是游戏的名称。也许这就是当今世界的主要资产之一：能够以创造性的方式超前思考，着眼大局，不太在意战略是否遵循过去的既定模式。当不确定性泛滥的时候，仅仅将公司管理得像一座孤岛，参照经过验证的教科书做法，可能不会为你的成功铺平道路。

此外，在一个充满不确定性的世界里，管理者需要适应突发事件的作用，并预测它们对企业战略的重要性。当发生重大变化时，那些迄今为止被隐藏起来的机制就会被激活。契约可能被违反，保证金要求可能被触发，关键员工可能离开，等等。同样，在正常情况下永远不会发生的竞争态势也会被启动。风险经理应该是了解这类突发事件并对其进行规划的专家。对未来突发事件有着敏锐认识的公司是有优势的。它们可以做必要的准备，从而更有决心地采取行动。展望未来，而未来总是不透明的，纯粹是不确定的。但是，我们对广泛的模式——需求破坏、逃往安全地带、低价出售，等等——有足够的了解，可以知道事情可能沿着哪种路径发展，也可以了解公司所采取的战略。因此，基线战略（即公司如何赚钱的概念）应该附带一个附加条款，以便在出现大规模混乱的情况下发挥作用。也就是说，设计的目的是捕捉黑天鹅。

驾驭黑天鹅

如果第一批的黑天鹅（从商业角度来看）开发了地球，第二批黑天鹅让我们掌握破坏地球的技术，那么也许第三批黑天鹅将会帮助我们走出原先的困局。现在只有黑天鹅可以拯救我们。

我们已经认识到风险与机遇形影相伴。灾难来临也可以让部分人从中渔利。能够做到这一点的公司符合反脆弱的标准，混乱对它们而言不是坏事。反脆弱的公司往往偏爱风险，愿意更多的动荡接踵而来。这不同于常规的风险规避，后者更偏爱确定性和稳定性。

现在，我们探讨另一种逻辑，即企业应积极地爱上风险和与之相伴的上行空间。这种观点的另类之处在于，我们不是坐等危机发生后采取行动；相反，我们心存对黑天鹅的敬畏，带着"舍不得孩子套不着狼"的态度，毅然决然地闯进冒险地带去迎接极限挑战。在这种情况下，即便出现最坏的情况——全军覆没，也在所不惜。现在的目标是最大限度地发挥战斗力，迎接无限的可能性。这就是"驾驭黑天鹅"的策略，紧紧抓住黑天鹅的脖子，让它带着我们在蓝天之上翱翔。①

本章将分析如何不是惧怕，而是利用黑天鹅的能量为企业带来福祉。不管是黑天鹅还是白天鹅，能创造利润就是好天鹅。实际上，在黑天鹅的理论框架中并没有排除巨大的正面后果。在某些情况下，它可以为你及你的企业带来累累硕果。塔勒布明确指出，应对方法之一是主动接纳黑天鹅，积极发现其中所蕴藏的机会。塔勒布建议采取的策略包括：审视企业本身在应对黑天鹅时可能出现的不足之处并加以改善，密切地关注黑天鹅不断变化的动向以及其中可以利用的机会。我们必须强调的是，加强巩固自身对黑天鹅的免疫力是拥抱黑天鹅的基础及前提，厉兵秣马，才能使黑天鹅为我所用。

---

① 天鹅确实是会飞的，这让比喻更加生动。

风险转移

人们对待黑天鹅的态度千差万别。有些人乐于享受安逸的田园生活，有些人则喜欢自由攀登悬崖峭壁。一系列复杂因素形成了这些差异。在面对恐惧时，生理因素起了决定性的作用。大脑中有一个部分被称为杏仁核，在检测和应对威胁的神经系统中起着关键作用。人们通常认为男性承担风险的能力较强，这反映了睾丸激素水平的重要性。社会经济因素（如财富和经济收入）会影响我们对风险的容忍度，环境变量亦是如此，例如，最近经历的是收益还是亏损。事实上，决定我们对风险态度的变量还有很多。

规避风险是每个人的正常反应。我们希望处于风险最小的境况中，尽可能地规避风险，这是我们从事任何工作都会考虑的重要因素。纯粹的爱好风险其实属于挑战自我和寻求刺激，是比较少见的。肾上腺素紊乱的瘾君子确实存在，但在近百亿的人口中占比颇少。

假如你属于厌恶风险的类型，那么风险管理对你尤为重要。因为风险管理的目的是确定性和安全性，这是很有意义的。这种类型的人通常会把大部分积蓄放在低风险的有息证券上，虽然他们知道风险更高的股票市场会有更高的回报。他们甚至会愿意为风险管理付出代价，因为确定性会让人高枕无忧。相比之下，风险爱好者则会做出截然不同的选择。他们倾向于选择不同品种的投资组合，如IPO和衍生品，选择风险较高的投资方案，即使他们会遭遇亏损（即交易后的实际货币价值为负数）。大获全胜的自豪感胜过了在统计学上亏损的事实，这也是彩票市场经久不衰的原因。

企业应该规避风险还是相反？这是一个值得深入讨论的问题。不应该仅仅因为经营企业存在风险就断定管理者偏爱风险，接受高水平风险的人也不等同于"风险爱好者"。大多数公司相信自己所从事的事业，并期望从经营中获益，因此正常的风险是值得承担的。答案其实相反，企业应该两者都不是。从理论上讲，企业对待风险的态度应该是中立的。只要认为企业的目标是使长期价值最大化，我们就能得出这一结论。① 为此，企业应最大化现金流的预期（单纯从数字角度看），而不是只关注于收益和损失的分配。职业经理人的决策应该秉承选择最高预期价值的原则。

一旦我们引入附带损害的前景，计算就会发生变化。正是由于附带损害的预期，风险管理才有了意义。不过，风险管理最终的目标都是使预期价值最大化，这决定了管理者采取的风险规避的行为方式。如果他们只是对尾部风险中可能会出现的后果做出反应，并将其纳入未来的现金流中，结果其实就是表面化的规避风险行为。我们在第 3 章关于公司风险管理的理论中已经讨论过了。

是否有企业的行为酷似风险爱好者？当然有，这一理论被称为风险转移。为了理解该理论，我们必须先弄清楚为什么贷款人和股东在风险承担方面会有不同。贷款人只关心如何拿回他们的本金并收取利息。这种观点使他们变得保守和谨慎，而不会去寻求风险（当你读到导致金融危机的借贷狂潮时，或许你很难相信，但这确实是教科书的描述）。银行希望来贷款的公司有很高的利润，这能使它们放出的贷款有安全保证，并会产生新的贷款业务。它们当然不希望那些公司的经理人鲁莽地去从事投资，最后使银行承受不良贷款的风险。

---

① 这个前提绝不是被广泛接受的。许多人强调企业的社会责任。读者可以参阅我的《授权企业风险管理》(*Empowered Enterprise Risk Management*) 一书，以了解关于这一主题的详细讨论。

第 7 章
驾驭黑天鹅

股东们有着截然不同的算计。他们当然明白，偿还债权人之后的财富都将归属股东，所以他们真正在乎的是企业的上升潜力，期待产生利润，甚至是暴利。他们天然具有"免责"的优势，这是公司法的显著特征，称为有限责任。有限责任的本质是，股东不对公司的债务承担个人责任，公司是独立的法律实体。该实体作为贷款协议交易的对手方，承担与之相关的所有责任，但在发生违约的情况下，债务人只能收回公司本身拥有的资产，而不能追索投资于公司的股东资产。因为企业承担有限责任，所以银行无权向投资者要求补偿企业资产总值与偿还银行借贷金额之间的差额。[1]

有限责任意义在于：第一，股票持有人只会失去他们的原始投资。但是这已经是一个相当大的风险了，他们失去了一家即将倒闭的公司的股权，也就是债务值超过资产清算值的公司。在这种情况下，贷款人就只能自认倒霉。第二，也是高度相关的是，由于有限责任的保护，股东可以不必惧怕风险。由此可以得出惊人的结论——在公司内完全没有必要采取任何措施来降低风险。事实上，根据风险转移的逻辑，风险经理没有必要设法去减少风险，而是可以设计更多的风险！

这种情况是如何产生的？根据延森（Jensen）和麦克林（Meckling）教授提出的风险转移理论[2]，股东实际上拥有的是公司资产的看涨期权。在这种情况下，行权价格，即期权持有人选择行使期权的价值，就是债务的面值。由于有限责任的存在，股东的回报永远不会低于他们为获得期权

---

[1] 在独资企业和普通的合伙企业中同样存在着无限责任，这意味着合伙人（投资者）对公司产生的债务负有个人责任。银行可以要求公司的董事，甚至是有限责任公司的董事签署协议，让他们个人负责。然而，这是银行和董事之间的单独协议，如果董事不希望有这种风险，那他们可以拒绝。

[2] Jensen, M. C. and W. H. Meckling, 1976. Theory of the Firm: Managerial behavior, agency costs and ownership structure. *Journal of Financial Economics*, 3, pp. 305–360.

所付出的代价——即初始的股权投资。这种回报结构与市场上交易的任何期权都是一样的：人们预先支付期权费，而损失永远不会超过这个数额。然而，上升的空间则是近乎无限的，当资产的价值超过贷款的名义价值时，股份持有人就会收割这笔意外之财。这就是为什么有限责任本身可以诱发一种热爱风险的心态，而这与股东在生活的其他领域对待风险的态度无关。

在一个充满不确定性的世界里，有限责任制确实具有相当大的吸引力。如果意外事件引发了灾难，我们可以壮士断腕、弃卒保帅。另一方面，如果我们逮到了黑天鹅事件发生时的有利机会，可以充分利用它，我们将获得不菲的收益。股东具有与期权持有人相似的命运，所以期权投资者偏爱价格的上蹿下跳。

我们现在讨论的这些，与前面章节的内容似乎风马牛不相及。我们讨论了风险使公司战略破坏引发的破坏性情况，并得出结论，要尽可能地避免这些可怕的结果。潜在的附带损害让人心惊胆战。风险转移的理论确实与这种强烈的反感相背离。如果两者能够共兴衰，就意味着企业管理者同时面临着避免风险和拥抱风险的机会。在水火不相容的两种势力下要做出选择，风险经理的日子比我们想象的要艰难得多。

面对风险是逃避还是迎接？答案在大多数时候应该是妥善管理。股东和经理都希望让公司持续发展下去，而不是寄希望于有限责任这种风险管理工具。失败风险和战略破坏产生的损失非常严重。对于一个正在盈利或即将盈利的公司，仅仅因为责任是有限的，就把赌注压到风险最大的投资中，显然是欠缺考虑的。企业的价值产生于坚定地执行战略，用相对较长的时间，可持续性地不断产生业绩。这是与金融期权有所差别，因为后者的时间跨度是非常短促的，是赢是输会很快见分晓。在期权到期后，一切必须重新开始。这就是为什么期权投资者希望每天都会有大小事件发生——希望这个世界不得安宁。因为只有这样，他们才能大显身手。与此相反，股东和管理者却祈求稳定性和连续性，寄希望于在安定的大环境下发挥公司的相对优势并创造新的价值。

除了这些论据，我们还可以考虑感情方面的因素。企业创始人对自己一手建起的企业有一种情感依恋。大多数业主关心企业的资产，同时也会关心企业的员工。因此会排斥在冒险项目上投资的计划，尽管那些项目一旦成功就会带来意外之财。与此同时，要知道银行不会对股权投资者承担风险的行为充耳不闻。当他们的行为即将构成真正的风险时，银行会要求收取高额的利息，作为对放贷风险的预防措施。仅仅是怀疑风险可能发生，就足以促使银行或其他放贷方提高溢价。在这些情况下，股东最终以更高的利息支出承担了潜在风险的成本。假如他们要求较低的利率，就必须说服银行，他们将执行双方商定的商业计划。但这种承诺会使他们的声誉受到影响。假如经理们承诺遵照商业计划，但实际上却开始承担更多风险。因此，声誉效应给风险转移带来了另一项限制，除非我们谈论的对象是那些即将逃离所在国家的欺诈者。

银行还可以要求在贷款协议中附带一项或多项契约，而不仅仅是用管理人员的声誉来保证银行的利益。设置这些契约的目的是限制企业管理层做出对债权人不利的事情。例如，契约可以规定，如果业绩低于某个阈值，公司就有义务发行更多股票或停止资本支出。契约也可能是为了限制某些会对银行产生负能量的行为发生，如支付股息或发放新的贷款，债权在法律程序中具有较高的优先权。契约在实践中被普遍使用。

尽管风险转移的逻辑是学术界的最爱，但它却是一个高度理论化的模型。通俗地讲，这往往是一锤子买卖。你有机会一次性下注，要么得到高额回报，要么彻底破产。事实上，现实世界很少出现与理论模型类似的情况。这种情况通常会发生在企业接近破产的时候。在这个节点上，当前的业务状态已经是焦头烂额，丝毫没有胜算的可能。企业几乎丧失了生存能力。由于业绩不佳，公司的资产价值接近债务价值，破产就在眼前。这时的策略应该是，既然无论如何挣扎都会失去一切，那为什么不战略性地利用有限责任呢？

然后，即使在这种情况下，数据也难以支持风险转移的说法。埃里克·吉尔杰（Erik Gilje）教授调查了一大批美国公司，其中部分公司的财务业绩正在下降。① 在逐渐接近困境的时候，没有明显的迹象显示这些公司正在增加新的、有风险的投资项目。实际上与风险转移的假说相反，陷入困境的公司比正常的同行投资更少，因而风险也更小。原因有两个方面：第一，贷款契约能有效地限制过度的风险行为；第二，在接近困境的企业中，资金很快就会变得稀缺，所以缺乏资金来进行风险性的押注。事实上，商业生态是能够自我调节的。即使想赌一把，你也很难拿出孤注一掷的赌资。陷入困境通常意味着财政紧张，即普遍缺乏资金。更为重要的是，对于大多数公司来说，有什么理由表明有吸引力的高风险项目正等待开发。一家美国中西部的制造业公司怎么可能突然改变经营策略，决定改行从事从朋友那里听说的印度洋航运业？实际情况是，当业绩出现趋势性的转变时，企业的选择目标会变得很少，而一个理想的高风险项目只存在于学术界的想象中。

我们如何看待有限责任与风险转移？结论是，将风险转移理解为投机的赌注并不准确。契约、声誉的影响和缺乏赌注资金都是障碍，适合的高

---

① Gilje, E. P., 2016. Do firms engage in risk-shifting? Empirical evidence. *Review of Financial Studies*, 29（11），pp. 2925–2954.

风险项目也不是唾手可得的。① 纯粹意义上的风险转移并不是发掘黑天鹅潜力的途径，驾驭黑天鹅必须以不同的方式进行。

优秀的战略

还有另一种更直接的方式可以让企业"钟爱风险"——寻找并联系黑天鹅，塞翁失马焉知非福。主动让疯狂不确定性为我们所用，未来或许会一败涂地，但是也可能飞黄腾达。当我们发现百年一遇的契机时，我们不应该束手束脚、优柔寡断。理想的情况是我们应该撬动杠杆来最大限度地把握机遇。这就是驾驭黑天鹅的精髓。有限责任只是一部分，绝非理论家们口中假设的风险转移。驾驭黑天鹅是在聚光灯的舞台上展现出对冒险的热爱。当你有一个功能强大的战略时，借助黑天鹅的力量一飞冲天是适合的方式。优秀的战略意味着它符合当下的形势，站在时代的风口浪尖上等待起飞。

讨论到这里，我们就进入了企业战略的领域。企业战略领域的理论家们一直在努力发现成功战略的特质，无论是动态能力、组织文化、以客户为中心，还是其他因素，所有这些都很重要。但在大多数情况下，对于成

---

① 这并不意味着银行可以在防范企业风险转移方面高枕无忧。风险可以通过其他方式转移，例如派发股息，耗尽企业中必要的风险资本。假如结合所谓的"资产剥离"的方法，那么势必会损害债务方的利益。在这种做法中，公司首先出售产生现金流的资产，然后用所得款项向自己支付股息，这对借贷方尤其有害。这会导致公司用于支持债务的现金流下降（因为业务剥离），以及支撑股权的基础减少（因为额外的股息）。当然，银行也可以针对这一点制订契约，但银行有时似乎会忘记对契约的坚持，特别是在经济繁荣时期。

功的战略而言，似乎某个因素尤为关键。其实一个出色的战略是一次完美的博弈，下注得到的回报是丰厚的。在此过程中一定是有人为这个转变做好了充足的准备。由于幸运，或是先见之明，抑或两者兼而有之，他们实现了目标，成功抢占到供给侧最重要的位置。曾有一段时间，诺基亚公司被誉为灵感之源，因为它们生产了当时世界上顶级的移动电话。它们做了某些正确的事情。① 因此，企业的一个完美战略有时可以被认为是划时代的标志。当然其回报的价值也是惊人的。② 如果发现自己的创举与此类条件吻合，就需要迅速扩大规模，竭尽全力提高知名度，使劲踩住增长的油门不放松，义无反顾地冲入风险偏好区域。

踩下油门意味着将防止盲目增长的警告抛诸脑后。好高骛远的战略设计也与一些重要的研究结果背道而驰。俗话说"马无夜草不肥，人无横财不富"，通过常规增长来实现大幅度盈利是很难的。人们想当然地认为，当产量增加时，总会有足够的需求出现。蒂姆·科勒（Tim Koller）教授和合作者编写的一本重量级教科书中指出，一般来说，增长的最佳流程是，先设定符合当前形势的战略模式，然后再实现增长。③ 如果能实现盈利，那么这种模式的增长便是正确的，应该扩大业务规模。对于常规业务，科勒的建议值得借鉴。然而，与此平行的是，还存在另一种逻辑，即黑天鹅

---

① 当然还有些特别优秀的战略。似乎可以无限期地产生回报。当可口可乐出现时，不仅带来了令人兴奋的美食享受，而且带来了与众不同的色、香、味、型的感觉。可口可乐的成功产生了连锁反应：其品牌在文化中根深蒂固，在全球范围内建立了庞大的分销网络。对于当时的一些较小的饮料制造商来说，可口可乐实际上是一只战略黑天鹅。由于这种准垄断性，可口可乐似乎可以永久地延续到未来。

② 货币化是重要的注意事项。美妙的产品与卓越的投资是不一样的，尤其是在这个时代，大部分人认为这些东西应该是免费的并且可以立即在线获得。那些因为太便宜而没有付钱，选择非法下载本书的人应该知道我在说什么。

③ 参考科勒、戈德哈特（Goedhart）与韦塞尔斯（Wessels）于2020年出版的《测量和管理公司的价值》（*Measuring and Managing the Value of Companies*）一书。

第 7 章
驾驭黑天鹅

逻辑。假如战略中存在某些因黑天鹅出现而形成的机会，但是没有得到充分的开发利用，那你应该及时抓住时机，追求增长的最大化。不同的企业处于不同的商业背景。常规业务状态不具备巨大的上升潜力，而一个出人意料的独特的战略则可以成为你驾驭黑天鹅的有效手段，以及让你飞黄腾达的天赐良机。

我们不难发现，在当今世界，平庸的表现已是常态，无论对个体还是企业都是如此。人们的注意力和点击量都集中在少数幸运的赢家身上。回想亚马逊公司和脸书公司，这些幸运儿抓住了几乎所有的机会。一个只有少数精英及大量平庸之辈组成的商业体系会呈现出长尾形态的分布特征。这些以陡峭的角度向右倾斜的结构图，就是幂律分布。其特点是，大量的结果分布在略高于最小值的位置。换言之，绝大多数的企业只是处于中庸之道。部分高精尖赢家的存在，导致分布图尾部比正态分布要更长且更厚。这就是著名的"二八法则"。最初，它是以投入和产出之间的关系为参照的，例如，20%的劳务产生80%的结果；应用到管理方面，该规则表明20%的客户产生了公司80%的销售额。这里我们稍作调整，在受幂律支配的情况下，大约80%的战利品被20%的参与者获得。许多现实世界的重要现象遵循这种分布而不是近似正态分布。例如书籍的销售以及Instagram上粉丝的分布，也呈现幂律分布态势。

不少商业模式基于这个观点，即狠抓优秀的投资项目，对失败的项目表现出最大的容忍度。例如，电影行业就是按此思路运作的。许多影片难以引起观众的共鸣，票房价值很低，无法覆盖制作成本。然而，轰动娱乐界的大片的一旦出现则立马弥补了一切亏损。风险资本家和其他早期投资者同样遵循这样的商业模式，即依靠少数投资标的可观的回报，弥补所有失败项目上的损失。他们意识到了这一点，用非常高的投资回报率来折现为未来投资的现金流。回报率可能高达30%～40%，远远超过了根据传统资产定价模型的回报。这意味着风险资本家要求项目显示出500%～1000%的投资回报潜力，并预期在3～5年内实现。根据传统金融的回报率，风险投资公司将标准定得如此之高，等于直接拒绝了其他不少好项目。但是它们会告诉你这样做的原因，是为了确保该项目有潜力一炮而红。如果不存在这种潜力，它们压根不感兴趣。因为它们知道，在10个投资项目中，大约有9个项目要么是完全亏损，要么勉强达到收支平衡，剩下的1个项目必须"不鸣则已，一鸣惊人"，否则风险投资公司就会赔钱。

这种类似"曲棍球棒"的增长曲线出现在某些行业（包括互联网、电信、信息科技、生命科学、生物技术，以及清洁和绿色技术等行业）中，吸引着许多公司与投资者的参与。这当然不是巧合，上述这些行业属于高风险、高回报的范畴。为了简单起见，让我们将其统称为"科技行业"。为什么科技行业会产生大量可供利用的黑天鹅？因为科技行业本身就处于创新的最前沿。数字化已经占据了我们生活的很大一部分，如今对生活方式有影响的创新都来自科技应用。当金钱和人才结合在一起，就像硅谷这样的地方，创新就会永无止境。

还有一些技术工作本身带有黑天鹅的因子。科技使得某些信息的传播成本远低于物理世界，传播范围同样也不可同日而语。得益于全球性的互联网，你可以实时在全球任何一个联网的角落发布产品或服务（同时在一定程度上甚至可以避开当地政府的严格控制）。这就是所谓的可扩展性。在数字领域，只要有足够的吸引力，几乎所有的商业活动都是可以具有"全球性"的，同时还叠加了网络效应。在网络经济学中，商品或服务的价值随着用户的增加而提升。例如，像《堡垒之夜》（*Fortnite*）这类游戏就受益于网络效应，更多的参与者使游戏更具吸引力。这种情况有多种原

第 7 章
驾驭黑天鹅

因：更多的游戏机会、更热烈的游戏氛围、更大的市场轰动效应，这些都给产品的制造商产生了丰厚的利润，它们可以进一步投资，使游戏迭代并变得更加有趣。当网络经济发挥作用时，成功是必然的。许多视频播主发现，一旦浏览量达到一定数量，决定搜索结果的算法就会向你输送越来越多的用户。有了流量便有了更多分享的可能，取不足以奉有余，最终形成马太效应。

基于上述原因，我们所说的出色的战略经常出现在数字化领域。其中的商业模式不受物理位置的限制和成本的影响，以在现实世界难以实现的方式大行其道。然而，这也不是说除此之外就绝无仅有。有吸引力且可扩展的战略在许多领域都存在。例如，我们可以考虑理查德·布兰森（Richard Branson）爵士所热衷的颠覆性战略。他的程式是：找一个传统的、缺乏创造力的行业，这个行业的经营者早已不关心客户。然后提供一次核心产品的升级，以及对用户友好的版本，无须顾及行业内的传统成本，把在位的领导者拉下马。这可以成为一个新时代已经到来的商业概念，并且可能会有一个好的发展。该战略吸引人的地方在于，它抓住了人们对变革的渴望。某种程度上颠覆者会感到，他们本身就是战略级的黑天鹅，而原先在位的领导者对过去的成功已感到麻木，对于这类事情的发生只能目瞪口呆。

一个战略是否行之有效，在事实结果产生之前是难以确定的，它需要根据当前真实的证据来加以证明。当有越来越多的信息表明我们确实是在做正确的事情，就可以肯定我们已经踏准了时代的节拍，正在采取相应的行动。一个优秀的战略会带来惊人的增长，所以问题在于如何设计出这样的战略。踩下油门对公司又意味着什么？接下来我们将研究不同的杠杆方式。我们希望在多个领域最大限度地发挥杠杆的作用，尽可能多地设法利用未来的黑天鹅。我们将看到，杠杆不仅能应用于金融领域，还可以体现在人力方面。与通常的建议相反，我们现在想要的是各种不同的速度与杠杆，并将其发挥到极致，即使会带来毁灭或战略的彻底失败也在所不惜，因为这就意味着我们在追求黑天鹅的风险效应。

| 增长的动能

追求增长和扩大规模听起来很简单，但是在执行增长的过程中会面临诸多挑战：招聘专业性强的员工、值得信赖的供应商、有吸引力的产品销售渠道，等等，这些都是企业的负担，会给公司带来一定的压力。此外，还有一个我们反复提及的问题，增长的前提是必须得到资助。出资方是必不可少的，因为投资于增长的收益将在未来逐步显现。这是否会使得目前的财务状况入不敷出？要等到多年以后，增长投资才会带来资金回报。那么，应该如何为增长提供资金，以支持一个雄心勃勃的战略呢？财务教科书说人们应该从分析优势和劣势着手来计算出最佳的债务和股权组合，粗略地看这两种选项都是很容易获得的，我们可以随意挑选。也许在一个成熟稳定、所有权分散的公司里，管理者可以这样考虑融资组合，同时默认其对组合比例有完全的自主决定权。当然，对于这样的公司，增长通常都不是最重要的问题。

计划扩大企业的战略规模时，首先需要尊重原始股权投资者的看法，我指的是那些为公司启动投入资金的人。他们希望以最适合的方式来规划后期的资金使用问题，即最大限度地保留他们的上升潜力，从黑天鹅带来的机会中获益。保存上升空间是他们的首要目标。我们讨论的是一个不仅

第 7 章
驾驭黑天鹅

具有吸引力而且有机会成为行业冠军的战略。鉴于黑天鹅的稀缺性，这种上升潜力是非常宝贵的。既然如此，那么你一定不会希望有很多股权投资者加入，因为这会稀释你的股权权益。

这里还涉及另一项至关重要的东西——控制权。我们会为了控制权不择手段，与其相关的收益甚至会超过我们从财务收益中获得的追加购买力。首先，我们可以发号施令。担任首领本身就颇具价值。由于手握大权，我们可以享受组织内外部利益相关者的尊重，展现出社会精英的姿态。甚至当我们足够富足时，能够以慈善家的姿态回馈社会，这一定会成为我们人生中的高光时刻。与控制权的溢价相一致的是，金融市场对控制权给予了较高的估值。每当交易使得控制权发生变化时，购买方必须支付超过交易前的市场价值。这种控制权的溢价，部分解释了为什么企业的收购如此昂贵——当前控制权的所有者必须得到足够优惠的条件才愿意放手。每当公司出现控制权之争时，拥有较高投票权的股票价值往往比拥有较少投票权的股票价值要高。控制权对我们来说是一项非常重要的权益。

实践战略并计划扩大战果有一项前提条件，就是保护好我们的股权。换言之，不断借助股票市场融资并非经济社会的最佳选择，至少不是最理想的方案。真正的目标是保持我们的控制力，避免稀释在驾驭黑天鹅过程中的盈利。所有这些都表明，包括债务在内的其他融资来源是扩大战略规模最适合的方式。这样做并不仅仅是为了进行风险转移，用可预期的有限损失换取更大概率的成功，还是因为我们坚信这项战略的吸引力，其最终的强劲表现将确保产生的现金流不仅足以偿还债务，而且还能产生巨大的股权回报。

我们可以将上述杠杆的论点与教科书中对债务利益进行比较。在教科书里，有一种被称为"权衡理论"的概念，即公司应该权衡债务的税收利益与财务成本。因为利息支付是可以得到税收减免的，但这会为给财务带来负担，甚至会使财务陷入困境。

减税是一项利好，但这并不是债务的真正优势。债务最有价值的地方在于，在不稀释或失去控制权的情况下扩大规模。杠杆可以被理解为由债务融资产生的资产比例，它放大了股权回报率，并可以用最体面的方式最大化回报收益。表7–1诠释了这种收益放大的效果。假如以100美元的股权资本计算，我们假设资产的预期回报率为10%，如果我们只投资这100美元，那么回报将会是110美元，关于这10美元的收益是可以马上落袋为安的。随着债务的增加，股本的回报率也会随之同步增长。如果我们设置了最大的杠杆率，预期的股本回报率是100%。现在我们口袋里就会有100美元，资产总值整整翻了一倍！① 同时，我们手握控制权，依然可以继续保持一个成功企业家的形象。这就是为什么杠杆对许多人来说如此诱人。

表 7–1　　　　　　　　　杠杆与增长

	股本/美元	债务/美元	资产/美元	资产回报率	股本回报率
	100	0	100	10%	10%
增长 扩大规模 扩张	100	100	200	10%	20%
	100	200	300	10%	30%
	100	300	400	10%	40%
	100	400	500	10%	50%
	100	500	600	10%	60%
	100	600	700	10%	70%
	100	700	800	10%	80%
	100	800	900	10%	90%
	100	900	1000	10%	100%

① 为了便于阐述，我在计算股本回报率时没有考虑利息支出。这笔费用实际上应该从净收入（即公式中的分子）中减去。

第 7 章
驾驭黑天鹅

我们思考一下表 7-1 的实际含义。我们先假设投资与回报的二维图表是线性增长的。换句话说，当投入第一笔 100 美元的资金时，我们可以获得 10% 的投资回报。当决定投入更多资金时，回报率仍然是 100%，投资金额不断增加达到了 900 美元，我们决定打算再投入 100 美元，这样投资还能一直保持 10% 的回报吗？投资的边际回报应该是递减的，是否可以换一种方法？假设先去投资最有价值的部分，然后去投资那些次优的部分——比较前一部分稍微差点，最后开发那些略有盈利但仍然值得尝试的部分。这只是一个假设，在任何领域的风险投资中，在做出决定之前，都必须三思而后行，也就是说必须加以验证。然而，对于一项出色的、实战性强的战略必须刮目相看，不能一概而论。在一个不确定性和垄断成风的世界里，边际收益实际上不是呈现收缩状态的，反而是呈现喇叭状愈发扩大的，事实的确如此。这是因为最初的成功会吸引更多的成功，在这里网络效应和口碑发挥了重要作用。

毋庸置疑，提高杠杆率是有代价的。其中的副作用就是更高的风险，甚至是毁灭。我们所拥有的股权在这时候是很危险的，此刻股权不仅象征着权利，还存在着相应的义务，代表了相应的责任。资本全军覆灭的可能性隐约可见。然后，这些胆大妄为的冒险家有自己的观点。如果真的失去了所有投入的资金，也就顺其自然吧。冒险是值得的，毕竟我们此生有机会与黑天鹅相会，敢于刀口舔血，企图从黑天鹅那里得到机会，这是罕见的事情。如果放弃这样的机会，那更是一个错误、一个遗憾。多亏了有限责任，我们不会遭受比失去所有的投资更凄惨的情况了。已经趴在地板上的人是不会摔跤的。相较于一家历史悠久的老牌企业，它们绝不会因短期的投机性机会，而押上长期价值创造的赌注。而我们则不同，面临巨大的上升潜力的诱惑，我们对风险的容忍度被大大拔高了。

驾驭黑天鹅，意味着面对让人望而生畏、汹涌而来的怪物，我们就像英雄好汉那样毫无惧色。这不是轻率无知，就像硅谷那本著名的畅销书——《思考，快与慢》（Thinking, Fast and Slow）中所坦诚的一样，恰恰相反，我们严格控制风险与掌控业绩的短期变化。我们可以避免所有与战略直接相关的风险。尽管风险投资公司也一直在努力寻找黑天鹅，但在承担风险方面却有着非常严格的限制。它们会展开广泛的调查（大多数提案最终会被拒绝），用一种非常务实的方式监督业务发展。它们可以刨根问底地查找失败的原因。① 因此，必须要确保执行过程严格受控。

如前文所述，更快的速度势必带来更大的风险。当杠杆被加入投资组合后，风险和回报同时都会被放大。人们常说，时间和不确定性从某种意义上说是同义词——延长时间跨度，你将会面对更大的不确定性。速度与风险之间的关系同样如此。一旦踩下油门，提高杠杆率和增长率，就会有更多意外出错的可能。我们以特斯拉公司为例，该公司早年以惊人的速度增长，伴随而来的是一个又一个失误。考虑到杠杆作用，这或许会是一个严峻的问题，因为弥补损失的空间将变得更小。我们最不希望因为一个本可以避免的失策遭遇滑铁卢，而不得不与债权人纠缠，甚至对簿公堂，使我们的创新之旅遭遇难以逾越的障碍。这就使得风险管理变得更加重要。我所说的风险管理，是指识别、评估和应对可能破坏企业绩效的威胁。正如风险专家约翰·弗雷泽（John Fraser）所认为的，这个过程可以使我们能够找到正确的优先项。换言之，将资源和管理注意力集中在最需要的地方，从而确保战略的成功执行。他的观点是，变化的速度越快，你就越需要一个严格的风险管理过程。

驾驭黑天鹅虽然以杠杆率的最大化为前提，但也要密切关注风险的存

---

① 事实上，管理团队的缺点位居名单上的第一位，产品或技术未能如期发布也在前三位。

在。企业的日常活动中伴随着大量的风险敞口，这是企业在运营过程中无法避免的，包括货币风险以及信息系统的中断、故障等。风险管理旨在尽可能多地消除这些干扰，使我们能够心无旁骛地专注于业务，在某些情况下，甚至可以助我们一臂之力承担这些风险。企业在商业上的成功是我们所追求的"积极的"风险。文献中一个叫作"承担风险的优势"的概念认为，由于技能、经验和资源的组合，使我们在某个领域有独特的优势，能够处理该专业领域内出现的任何风险。因此可以忽视相关度很小的风险，集中某些独特的优势去应对核心战略上的投资风险，并给予它们最大的权重。

自恋的积极意义

当与战略相结合时，杠杆可以帮助企业快速增长，从而带来可观的回报。如果我们想进一步加速，就不妨考虑将组织的文化与"驾驭黑天鹅"的使命相结合。从计划驾驭黑天鹅开始，所有以前被认为是负面的问题，甚至是酝酿黑天鹅的温床，现在开始发现都是有意义的。首先，你需要让人们超越自己，为事业献出一切。乐观的态度有助于做到这一点，即使这意味着忽视对尾部风险的警惕。反正失败不是一种选择，那为什么还要谈论它呢？此外，辅之以你相信能让员工畏惧的管理手段，以推动人们全力以赴去实现业绩最大化。现在是时候真正放手一搏了，当已经狠心下决心驾驭黑天鹅时，目标决定了一切，无须证明通向目标成功的道路的合理性。

除了财务杠杆问题，我们还要讨论管理层的人格魅力及激励机制，让公司全体员工狂热地投入工作。将油门踩到底，让引擎发动机处于最大功率与极限功率之间，再加上天时、地利、人和，我们就能驾驭黑天鹅。我不想将我所说的称为"人力杠杆"，因为这不是一个恰当的术语，但它给了你一个重要的提示。驾驭黑天鹅过程中需要面临艰巨的挑战，需要依赖具有特殊性格、特殊类型的掌舵人。他们怀有强烈的成功欲望，愿意做出必要的牺牲。这样的人能够承受压力，做出大胆的决定，不会被传统的世俗观点所束缚。吸引他们的是财富和地位，以至于有时会不惜一切代价。

对理想候选人的描述是否像一个自恋的人？事实上确实如此。我们之前抨击过的由于缺乏同理心而造成的黑天鹅的自恋者，现在摇身一变成了稀缺的宝贵人才——舵手。当我们的目标是树立业务的容错性，避免黑天鹅突然袭击的时候，自恋的首席执行官所采取的策略很可能会引起质疑。但当我们的目标是驾驭黑天鹅时，自恋的品性就会大显身手。不要希望让自恋的人去管理业绩在稳定增长的公司。如果没有令人精神亢奋的机会，那么他们必须找到其他途径来满足对荣誉、成功、金钱的渴望。这就是潜在的风险根源：勃勃野心与刻板现实之间的差距会驱使他们篡改财务账目、进行收购或参与到衍生品的投机中去。这些做法会引起关注、产生兴奋感和满足感，但同时给企业带来了高风险。从任何其他利益相关者的角度来看，这是冒失鬼的所作所为。

我们又要再次对杠杆带来的风险与回报进行权衡，只不过这次是在人力方面。我们准备增加负债（通过雇用极端的职业经理人，他们很容易给自己和公司带来麻烦），以此得到他们给资产价值创造的提升，进而提高股权回报。一旦驾驭黑天鹅成功，股权回报的上升潜力是很大的。这使得我们对风险管理变得更宽容，我们开始接受不讨人喜的自恋者。凯

第 7 章
驾驭黑天鹅

茨·德·弗里斯（Kets de Vries）教授对两者权衡的解释如下：①

> ……拥有自恋的性格——浮夸高傲、自我吹嘘、漠视他人，是进入企业高层的先决条件……尽管他们的能量和目标可以不断推动企业发展。但是过度的自恋行为会出乱子，最终会导致组织遭殃！

以埃隆·马斯克为例，我不去揣测他是不是自恋的人，但他的极端性格与野心是有目共睹的。至少按照学者对自恋者的认定标准方法衡量，他确实很符合条件。请看下面的声明，注意他在代表公司的位置多次使用了"我"作为代词：②

> 今天早些时候，我宣布正在考虑以每股 420 美元的价格将特斯拉私有化。我想让你们知道我这样做的理由，以及为什么我认为这是最好的发展道路……我坚信当每个人都专注于执行，致力于实践我们的长期使命时；当没有不正当的动机试图损害我们所要实现的目标时，我们便会处于最佳状态。……以下是我设想的私有化对所有股东，包括我们所有员工的意义。……从本质上讲，我正在努力实现一个计划，即让特斯拉公司能够以最佳状态运营。

在马斯克的词汇表中，"不可能"这个词是不存在的。他甚至吹嘘人类未来会居住到一个遥远的星球上去，这个星球上缺乏大气层，以及许多我们赖以生存的关键资源。据说他愿意容忍失败并保持内心平和，但与他有过共事的人都表示，马斯克既让人感到非常害怕，同时也能鼓舞人心。在员工眼中，马斯克的赞美值得他们付出最大的努力。换句话说，如果我

---

① 参考《如何管理一名自恋者》（*How to manage a narcissist*）（hbr.org）。
② 这段话摘自 2018 年 8 月 7 日发表的致特斯拉股东的信《特斯拉的私有化》（*Taking Tesla Private*）。

们拥有一位领袖人物，我们就会不惜一切代价来实现他的宏图伟业。这正是我们为实现驾驭黑天鹅而想要寻找的人才。遗憾的是，你不可能直接给马斯克打电话，邀请他负责你的企业。他身上所体现出来的一些特质，正是你考虑聘用的对象所应该具备的。当站在时代的风口浪尖时，稳扎稳打的行事作风并不适用。

除了向员工宣传公司的雄心壮志，用激励和恐吓来管理公司之外，我们还可以借助提升绩效目标的方式来进一步提升公司业绩。对公司领导层的激励也是另一种加快发展速度的杠杆。马斯克的薪酬方案充分体现了这项原则，而且颇具传奇色彩。2018年，特斯拉公司董事会批准了一项计划，该计划包括了多个方面的目标。如果实现，马斯克就将获得异常丰厚的薪酬。2020年，由于特斯拉公司的市值在六个月的均价上远远超过了1000亿美元的要求目标，马斯克得到了首笔激励奖金。此时的特斯拉已经是世界上估值最高的汽车制造商——尽管其汽车业务尚未实现盈利。由于这一壮举，马斯克获得了价值约为6亿美元的期权，这使他在福布斯亿万富翁榜上的排名上升到了第五位。对于有自恋倾向的人来说，这种认可与金钱奖励具有同样的价值。

如果说特斯拉的奖金战略具有征服世界的潜力，那么也不无道理。我们再一次得出了不同于第2章的结论。我们在第2章中谈及制定不切实际的目标也是产生黑天鹅的源头之一，这些目标会诱发人们做出盲目的行为。设定了目标就决定了实践的方法。将宏大的期权计划交给经验老到的高管，你会得到"拉高出货"绝妙的机会：用简单粗暴的交易手法使期权在行权时的价格短暂拔高。然而，另类的战略会使情况截然不同，特别是在二元对立的情况下，在大获全胜或满盘皆输之间。扩大激励措施实际就是踩下油门踏板，使我们能够进一步扩大风险和回报的规模。

未来会告诉我们,特斯拉公司的估值是否会像在撰写本书时那样傲视天下。它也可能成为一只毁灭世界的黑天鹅。假如市场意识到利润不可能达到人们的期望值,其估值就将坍塌,市场会对其重新进行价值评估。由此可能引发市场对所有的上市公司进行重新评估,随之而来的是股市暴跌。然后引发实体经济的衰退,循环的负反馈会降低特斯拉汽车的销售量。而绝望的高管们可能会伪造销售数字,这将不可避免地引发更多丑闻,进而扼杀特斯拉的命运。如果发生这种情况,任何参与者都会因为缺乏判断力而受到惩罚。特斯拉的原始股东们已经实现了目标,拥有了丰厚的回报。特斯拉公司确实拥有卓越的战略,驾驭黑天鹅不是谁都能做到的。

另外两家公司的故事

还有一家同样制定了出色的战略并认真执行的公司——奈飞(Netflix)公司。该公司成立于1997年,起初涉足DVD租赁方面的业务,但最终流媒体引起了其创始人的关注。这项新兴技术当时正在寻找适合的应用平台。就企业战略层面而言,这些技术尚未得到充分应用和开发。例如,流媒体音乐平台Spotify是在2006年推出的,与奈飞公司对这项技术感兴趣的时间相差无几。同样,也不存在什么神奇的商业运营,所需要的是时机的到来。一切都会水到渠成,有一小群人结合了技能、远见和运气,找到了方向。奈飞公司的创始人之一马克·伦道夫(Marc Randolph)承认,并不存在什么独特的创意,一切可行性都是在付诸实践的过程被逐步发现的。① 他们采取的方法是不断调整最初的设想，找到成功道路上的绊脚石，然后在迭代的过程中不断加以修正，直到最终找到了一条通向成功的康庄大道。

奈飞公司在恰当的时机从流媒体内容发行发展到内容制作。这种涉足内容创作的做法是战略冒险的最佳实践。它们准备加大赌注，认定这就是未来的方向。虽然早期有许多反对者（"这永远不会成功"是一句经常被提及的话，以至于它最终成了伦道夫出版的书的书名②），但时间最终会证明，它们走对了方向，奈飞公司的内容创作成为一座里程碑。关于这项新战略，只有一个问题：内容创作的代价高昂，奈飞公司不得不投入大量资金来提供内容。摆在面前的困难是，将如何为这样大规模的扩张寻求资金呢？在奈飞公司的案例中，答案是债务。公司开始疯狂借贷。从2006年到2020年，奈飞公司增加了大约160亿美元的新债务。至于股权，它们事实上发行了约12亿美元的股票，但也陆续回购了超过10亿美元的股票，所以相比之下，净值只是一个很小的数字。因此，奈飞公司的杠杆率飙升。在该公司的历史上，有几次负债与资产的比率已经超过了80%。

与驾驭黑天鹅的精神一致，奈飞公司的故事相当于一项战略在债务的助力下一飞冲天。结果黑天鹅将这项战略带到了全新高度。首先，流媒体成瘾是全球普遍现象，特别是刷剧变成了一种潮流。某种程度上，世界改变了，而且这种势头似乎不会在短时间内减缓。同时，另一只黑天鹅——新冠疫情大流行出现了，进一步强化了这种趋势。宅在家里，沉浸在流媒体服务中不失为一种理想的娱乐方式。现在我们可以更加沉溺其中，而不

---

① How success happened for Netflix, Co-Founder Marc Randolph（entrepreneur.com）.
② 即《复盘奈飞：从一个点子到商业传奇》（*That Will Never Work: The Birth of Netflix and the Amazing Life of an Idea*）。——译者注

第 7 章
驾驭黑天鹅

用感到内疚。奈飞公司成了赢家，这主要归因于它们对内容的押注取得了成功，比竞争对手更胜一筹。世界转向了一条全新的道路，一些人通过精准定位，从变化中牟取了暴利。奈飞公司无疑是其中之一。公司在2020年底的市值远远超过2000亿美元。那些紧紧地吊挂在黑天鹅脖子上的人都发了大财。

其实当时还有另一家与奈飞公司同期崛起的公司，这便是挪威航空公司（Norwegian Air Shuttle），简称挪航。这是一家位于奥斯陆的航空公司。挪航在航空业中拥有不少优势。公司采用了省油的机队和精简的成本结构，并拥有一个值得信赖的品牌形象，将"挪威人爱吃鲑鱼，喜欢在峡湾山脉中徒步的健康形象"发挥到极致。它们还受益于开放的态度，敢于挑战传统航空巨头垄断价格的权威。它们不像其他廉价航空公司那样省去了一些刚性成本，而是通过增加航班频次使成本结构大幅低于其他航空公司。这似乎是经营一家航空公司最正确的方式。因此，客观来看，该战略是明智且具有可扩展性的。事实上，规模经济在航空领域相当重要，民航客机是极为昂贵的生产工具，必须保持高利用率才能确保盈利。挪威人把这项战略用到了极致。

于是，挪航将油门踏板踩到底。由于担心失去控制权和稀释上升潜力的收益，挪航限制了股权发行。然而，贷款人却非常乐意提供贷款，飞机制造商和租赁公司也为挪航提供了慷慨的条件。2006年初，挪航的杠杆率比奈飞公司更高一些（60%：40%），在2012年被奈飞公司短期超越（79%：81%），但到了2019年挪航明显处于高杠杆的状态。那时，挪航的杠杆率已经达到了惊人的95%，而奈飞公司的杠杆率已经开始趋向于70%以下。挪航对风险的容忍度非常高，或许这要归因于创始人比约恩·克奥斯（Björn Kjos）曾是一名战斗机飞行员，善于挑战极限。他们对成功充满着渴望。任何读过克奥斯自传的人都会明白，他和公司其他人对他们的竞争对手北欧航空（Scandinavian Airlines）公司无比愤慨。挪航要让普通民众感受到北欧航空公司在事实上形成了价格垄断。

由于上述原因，挪航需要能够承受巨大的风险。挪威航空公司的历史上充斥着各种失误和事故，这让人想起特斯拉混乱的起步阶段。例如，2010年冰岛火山爆发后，空中交通陷入停顿，该公司也被卷入其中；2014年圣诞节期间，由于技术问题，大量旅客被滞留在他乡；该公司大量投资的波音737 MAX机型最终被停飞；货币对冲造成了巨大的损失，几乎使该公司破产。在很长一段时间里，该公司被北欧航空公司监视着，这是一次明目张胆的商业间谍活动。正如你开始感觉到的那样，挪航在这些年的经历说明了如何在加快增长的同时迎接风险，以及速度和风险是如何如影随形的。由于扩张速度太快，超越了组织管理和治理的能力，导致事情经常走向失控。

经历这一切之后，公司仍打算迎难而上，认为未来可期，直到新冠疫情的出现。由于人们的出行被限制，所有的航空公司都出现了收入大幅度下降。相比2019年，2020年的出行量下降了65%左右。对于高杠杆下的挪航，这样的后果非常严重，公司营收的同比降幅接近80%。从2019年第四季度到次年同期，情况变得更糟，降幅达到了惊人的93%。图7–1将挪威航空公司自2006年以来的累计增长与奈飞公司的增长进行了对比（根据2006年收入统计连续四个季度的滚动收入计算）。从图中我们可以看出驾驭黑天鹅后战略的变化，同时还清楚地展示出新冠疫情的大流行，如何使挪航的驾驭黑天鹅之旅戛然而止，而同样的事件却让奈飞公司的业绩更上一层楼。

第 7 章
驾驭黑天鹅

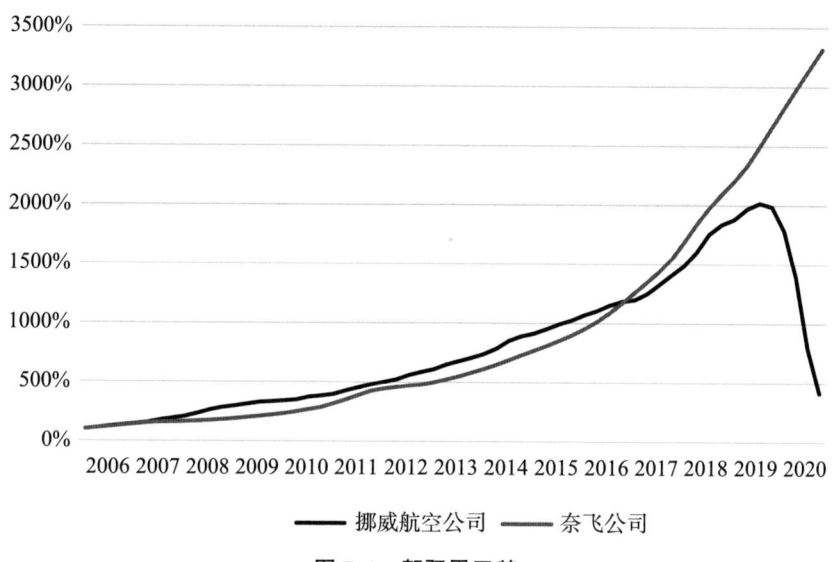

```
3500%
3000%
2500%
2000%
1500%
1000%
 500%
   0%
   2006 2007 2008 2009 2010 2011 2012 2013 2014 2015 2016 2017 2018 2019 2020
        ——— 挪威航空公司     ——— 奈飞公司
```

图 7–1　驾驭黑天鹅

即便公司遭遇战略破坏，挪航仍在尽力维持经营。2020 年期间，员工甚至拒绝入住酒店房间，因为他们担心公司无法在退房时结清房款。这就是在战略崩溃时会遭遇的窘况。

旅程的结束

挪航做错了什么吗？是否像一些批评者所说的，挪航对债务的滥用应该受到惩罚？这取决于每位读者自己的观点。通过驾驭黑天鹅，用债务作为动力推动增长，它们以一种特殊的方式实践其战略，扩大了商业版图。不管这是不是一项高瞻远瞩的战略，当时确实有很多人是这样认为的。在

21世纪初，挪航的市值只有几亿挪威克朗，到了2010年代其市值猛增到接近140亿挪威克朗。①

需要强调的是，挪航并不是风险转移的案例——它们遵守承诺，大胆冒险。该公司的愿景、雄心以及对风险的容忍度都是公开透明的。这使得那些认为挪航应该更关心其权益人——员工、供应商、客户、债务人等的论点显得缺乏说服力。假如员工对公司的经营方式感到不满，他们完全可以另谋高就；担心挪航有可能无法履约的客户可以转向其他公司预订航班；在过去的20年中，那些没有接触黑天鹅引发的上行潜力的贷款人，一直支持着这家企业的发展。在克奥斯的自传中，没有说明他有意利用有限公司的免责权将公司作为赌注（正如风险转移假说部分所提及的）。② 相反，这个男人深爱着这家企业。

不过，值得注意的是，无论是从新冠疫情暴发前，还是在暴发阶段，克奥斯一直在剥离其在公司中的股份。2018年初，克奥斯和他的长期盟友比约恩·基斯（Bjorn Kise）拥有的投资公司持有该公司26.8%的股份。而到了2019年，这个数字已经减少到17%左右，而且还在持续下降。2020年3月31日，剥离继续持股比例一路下降到4.6%。克奥斯是在行使退出权。正如我们前面所提到的，持股退出是一项风险管理工具。这意味着退出已经失去吸引力的企业。既是为了及时止损，也是为了保全已经到手的收益。任何投资策略都应该有一个退出计划，在驾驭黑天鹅的实践中，该策略就变得尤为重要。因为这给股市造就了许多完美而令人羡慕的故事。因此，对原始投资者来说，即使最终未能达到期望的利润，估值的大幅上

---

① 值得一提的是，其巅峰时刻就发生在新冠疫情大流行前夕。在2019年第四季度，其市值再次上升到130亿挪威克朗以上。

② 参考《克奥斯自传》(*Hoyt og Lavt*)。

第 7 章
驾驭黑天鹅

涨也会让他们获利颇丰。这一点很重要，他们仅仅参与其中就能积累下惊人的财富。为此，如果该策略在相当长的时间内一直表现卓越，那么在适合的时间行使退出权就显得尤为睿智。

因此，战略的最终结局是一方面。当然，克奥斯和他的团队更希望一切能够按计划进行，最终让挪航成为业界翘楚，并带来源源不断的利润。如果达不到这个目的，那么退而求其次，就是在战略失控之前尽量将创造的财富变现。这就是一定要有后撤的准备，因为它是驾驭黑天鹅的重要组成部分。在风险投资的早期，人们已经接受失去所有投资资金的可能性。这就是赌局的组成部分，需要承担风险才能让雪球滚动起来。然而，一旦战略已经产生了巨大的价值，就不必担心损失所有本金的结果，从中取走部分利润才是上策。

大家可能会想，在最需要的时候，忠心耿耿的股东是否应该勇敢站出来力挽狂澜拯救公司？这样的想法对我们所处的现实世界来说或许过于浪漫，但英雄确实存在。2020 年，理查德·布兰森就是这样做的——他尽可能多地保留了维珍集团（Virgin Group）的工作机会。当他的航空公司耗尽现金时，布兰森甚至把心爱的加勒比海岛兼度假胜地内克岛（Necker Island）作为抵押，以获得贷款，使公司继续运营。客观地说，克奥斯也做了同样的事情。早期，当挪威航空公司经历了一次周期性的灾难时，他把自己的房子作为抵押品。但面对新冠疫情这个无底洞时，他实在心有余而力不足，他最正确的操作就是退出并让已有的收益落袋为安。

黑天鹅，是蜜糖还是砒霜

驾驭黑天鹅是最好的战略吗？上文中我们暗示过，仅仅让人们认为这是一个不可多得的战略就足以产生巨大的影响。我们可以进一步提出这样的论点：只要人们认为该战略足够有吸引力，那些原来平淡且毫无新意的战略也可能想搭个便车，打算在黑天鹅这块大蛋糕上分食一口。有些人经不住诱惑上了车，即使他们的理智告诉他们这条路可能是一条死胡同。

我所说的就是资产定价的"泡沫化"。在这种情况下，人们并不关心现金流或风险等基本因素。促使人们愿意投资的是对价格持续上涨的预期——即便我很愚蠢，投资买入了一只价格虚高的股票，那么谁能保证市场上没有一个比我更愚蠢的人愿意支付更高的价格，买走我手中的股票呢？现实的情况是，市场上还有比你更傻的傻瓜，这样一场博傻竞赛就是资产泡沫的核心——基本面和当前价格的背离。正如科勒教授与其合著者在书中提及的"当人们忘记估值原则时，危机就会发生"。

根据当前信息为一项价格高于其合理价值的项目投资，通常是傻瓜才会做的事情。但在一个不确定性的世界里，我们必须放弃这种绝对的想法。事实上，为泡沫摇旗呐喊也可能是很划算的，即使它具备了庞氏骗局的所有特征。为什么呢？因为这毕竟是相当稀缺的，而且有可能让你得到不错的回报。这些都是黑天鹅的素材。你会自愿加入"傻瓜敢死队"，或者暂时装得像一个傻瓜，当假傻瓜在盲目购买时，需要密切关注基本面，以免拿到击鼓传花的最后一棒。不过，假如你的目标是想要尝试有趣的疯狂不确定性，希望赢得大奖，那么也是一种不错的选择。你很可能已经意识到这是一个骗局，我们会看到大量离奇的定价，但仍会投资其中。约

第 7 章
驾驭黑天鹅

翰·梅纳德·凯恩斯（John Maynard Keynes）——这位 20 世纪以来最伟大的现代经济学思想家之一，在早期作为投资者经历了一系列错误和挫败后，开始考虑这个现象。他的说法是，我们可以在装傻方面做得更好。在意识到这一点后，他随后重建了他的财富帝国。

我们举一个比特币和其他加密货币的例子。这些加密货币从 21 世纪 10 年代到 20 年代初的上涨幅度惊人。对大众而言，这些加密货币具有令市场疯狂的所有标准特性：源于民间的反体制运动，实际用途非常有限（甚至没有），被各路人马所吹捧，价格更是被中间商刻意抬高。我们该怎么做？制造黑天鹅的方法当然是戳破泡沫，也就是说我们应该做空，这实际上是对泡沫即将破灭的押注，[①] 就像史蒂夫·艾斯曼（Steve Eisman）这样的投资者在 21 世纪 00 年代末的金融危机前所做的那样。他的故事还为好莱坞电影《大空头》（The Big Short）带去了灵感。其中展现的观点是，抵押债务的市场是建立在沙堆（永远无法偿还的房屋抵押贷款）上的。这一小部分投资者的逆向分析是正确的，更重要的是他们掌握了时机。

从黑天鹅中获益的另一种方式是进入风口，因为它可能会延续相当长一段时间。我们缺乏与之相关的案例，但做空并不总是有效的，要充分考虑黑天鹅的各种可能性并与之同行。这或许意味着放弃原有的刻板偏见，但假如能因此获得丰厚的回报，谁又会在乎呢？如果结局不好，你也不必让任何人知道你在明显的庞氏骗局（从事后看来）中遭受了损失。困难的部分当然是如何确定尽早进入的时间点。价格持续上涨的时间越长，人们就越会怀疑我们正在接近运行的终点——不可避免的崩溃。

[①] 我现在还无法确定数字货币是不是无用的，它是基于投机的目的而被创造出来的。假如美元和中央银行遭遇淘汰，加密货币或许会从当前系统的灰烬中浴火重生，成为新系统的组成部分。在这种情况下，这些加密货币的兴起可以视为对集体潜意识的提醒，突破点日益临近。现在加入其中或许还不算太晚。

这种与狼共舞的方法从股票市场与新兴技术的故事中可以一窥端倪。在股票市场，没有什么炒作题材能比技术引领革命更让人兴奋的了。这一点在2001年股市崩盘前得到了广泛的印证，任何与互联网有关的事物（只要在企业的名字上添加.com就可以轻松获得）都会受到热情追捧。每个人都想加入这股浪潮。在2001年股市崩盘前的15年里，股市的牛市运行得非常稳健。

这一切对企业的领导人有什么启示呢？这种长时期的"时间窗"带来了机会，可以利用投资者的财富和轻信，就像许多加密货币在比特币经历了不可思议的崛起之后所做的那样。在泡沫环境中，你不必是真正的企业家——只要兜售故事，做好包装（即美好的愿景和增长的承诺），让有影响力的分析师参与进来，你就能坐收渔利。在我们为黑天鹅带来的收益欢欣鼓舞的同时，我们都会认识到其中的欺诈成分而感到内疚。为此，我们或许会去寻找看似无限的上升机会。当然，这是在孕育黑天鹅并促使其发育长大，而目前我们更感兴趣的是黑天鹅还没有壮大到可以起飞的时间段。

挪威海德鲁公司在1965年决定加入一个在北海钻探石油的财团。这纯粹源自机会主义的考虑，因为该公司此前一直是一家化肥和轻金属的生产商（当时的世界对公司的多元化经营比较宽容）。由于科学家们几十年来一直在说挪威大陆架上没有石油可供开采，因此大获成功的可能性极小。1958年，挪威地质调查局甚至敦促挪威外交部在做决策时不要将在挪威海岸发现石油的可能性考虑在内。然而，该公司最终发现了石油，这是挪威成为世界上人均最富有国家之一的开始。[1] 这也使挪威海德鲁公司成

---

[1] 在该行业中，大型生产领域的玩家被称为"大象"，而不是黑天鹅。但在我看来，这些大象最初也是黑天鹅，因其产生了深远的影响力并且被当时的科学界赋予了低概率。

第 7 章
驾驭黑天鹅

为横跨三个行业领域的巨头。

这与 21 世纪 20 年代初的市场形成了鲜明对比，很多外部压力迫使市场参与者转向绿色能源，这是一个没有可供利用的黑天鹅环境。每一个领域都只剩下低利润的项目。过去的时代是美好的，作为黑天鹅素材的资源开采领域已经是明日黄花（尽管不断有关于开采小行星的讨论）。最近的黑天鹅来自科技巨头——亚马逊、谷歌、脸书等，但即便在科技领域，人们也感到唾手可得的好果子已经被采摘殆尽了。在 2020 年的一篇论文中，尼古拉斯·布鲁姆（Nicholas Bloom）教授与其合著者调查了正在进行的研究数量、生产率与经济增长之间的关系。[①] 虽然投入创新的资源数量增加，但生产率却在稳步下降。他们对自己的发现总结如下：

> 对不同的行业、产品和公司的调查表明，研究工作正在广泛开展，而生产率却在急剧下降。摩尔定律就是一个很好的例子。今天，实现计算机芯片密度翻倍所需的研究人员数量比 20 世纪 70 年代初多出了 18 倍以上。更普遍的情况是，我们在任何地方都会发现，优秀的创意以及随之而来的指数级别的增长却凤毛麟角。

如果第一批的黑天鹅（从商业角度来看）是开发了地球，第二批黑天鹅是让我们掌握破坏地球的技术，也许第三批黑天鹅将会帮助我们走出原先的困局。现在，只有黑天鹅才可以拯救我们。

---

① Bloom, N., C. I. Jones, J. Van Reenen and M. Webb, 2020. Are ideas getting harder to find? *American Economic Review*, 110.

The Black Swan Problem
Risk Management Strategies for
a World of Wild Uncertainty

| 后 记 |

黑天鹅的理论教会了我们什么？对我个人而言，它深刻影响了我的世界观。我对（即将过时的）僵化的意识形态以及科学范式，对我们决策带来的负面影响变得愈发敏感。我开始打算利用自己和他人身上的真实感受创作一个有吸引力的故事，分析其背后的机制，然后通过选择性地解释反馈回来的证据，并加以培育和验证。在这个日益分化的社会背景中，各种模式变得普及，人们选择性地加入各种意识形态团体，找寻自身的意义，这些团体给他们带来了正义感和归属感。然而，社区往往会逐步演变成为回声室，压制不同的观点。常识让你从不同的角度所做的思考，但在社区内都会遭遇批判。既定路线是不容置疑的，刻板偏见愈发严重。我们身处后真相时代，这是一条危险的道路，决策的核心为人们的冲动所驱使，未来的黑天鹅或许将源于此。

塔勒布提出的观点令人耳目一新。这完全不同于传统的思维模式，是一种以经验为基础的看待世界的方式，（几乎）脱离了偏见与意识形态。让我们找到真正有效的方法——在真实的、可能是严酷的条件下被证明是实际有用的方法。它植根于实践，从街头市井平民生活中孕育出的经验智慧，帮助我们对意料之外的转折持开放态度，并根据环境的动态变化认识其中蕴含的机会。另一方面，这种看待世界的方式告诫我们要警惕复杂和程式化的结构，它们只能存在于受到保护和非自然的环境中（如学术界）。注意那些试图将"柏拉图式"的美强加到现实世界中的人。如果可以，请好好利用这些真正有效的方法。当认识到自己陷入思维陷阱时，我们能辨识并从中解脱出来。对我来说，这一切都很有意义。

我在本书中尝试在黑天鹅框架上叠加各类理论。尽管黑天鹅令人生畏，但我们还没有尝试过从价值最大化的角度来看待疯狂不确定性，而这正是公司必须要做的事情。当然，我们希望在经历大风大浪后依然能发展壮大，但是不愿意付出过度的代价来实现。资源是稀缺的，我们希望把精力倾注在创造新的和令人兴奋的事业上，而不是为灾难做准备。因为对于大多数人来说，这并不是一个最好的选择。我们希望最大限度地发挥自己的才能，参与到这个美好的世界中——在追求机会和扩大视野的过程中享受美好时光，而不是把目光和注意力聚焦如何在下一次灾难中生存的单一目标上。

我们从前文的讨论中得出的结论是，我们需要为可能发生的、超出常规的事情做一些准备。找到方法来加固我们的薄弱之处，在实现目标的过程中不被拖累。所以为预防风险所付出的成本也是应该的。让我们在任何时候都要保持活力、效率和信心，保持向前发展的动力，以实现梦想。

我不相信自己是天之骄子，或者被幸运女神眷顾而能避免各种灾祸。我们都需要依靠自己尽量杜绝灾害的发生。因此，在驾驶时，我不会轻易地超越其他车辆，尽管我内心很想这样做。当孩子们在车上时我尤为谨慎，只有当需要走指定的道路和视野无障碍时，我才会变道。坚持遵守这一规则，发生车祸的概率微乎其微。我并没有付出什么代价，因为我已经

后　记

　　完全接受了这个事实：大胆的高速行驶只会让行程时间减少几分钟。这么做对我的生活没有任何影响，也无须做出特别的妥协，一切只是培养一种习惯而已。我还认识到，前车司机开得太慢并非对我的挑衅。换句话讲，我已经找到了一种管理尾部风险的方法，同时避免被其影响生活质量。即便看到绿色的通行箭头，我也从来没有忘记向后视镜看一眼。这就是我在一个充满不确定性的世界中对尾部风险的小小规定。我当年的驾驶老师假如知道这件事，一定会很满意的。

　　这本书的写作是我在打造一个体面的人生旅程中的最后一步。你是否知道国家会制定一些激励政策，鼓励民众准备一些生存保障工具包？为应对社会基本功能中断而储备三天物资，对大多数人来说是一件相当明智的事情。这不需要花很多钱：一些干粮、一个净水器、一个便携式炉子、一个电池驱动的收音机和其他一些应急物品。假如突发危机来临，这些东西将发挥相当大的作用。想象一下，没有电，商店关闭，你的孩子看着你，他们很害怕但是相信爸爸肯定有办法。但如果你不得不告诉他们，对不起孩子们，我们完全没有吃的、喝的或用来取暖的东西，你会有什么感觉？光是这些设想就足以让我们不寒而栗。

　　尽管上述道理是显而易见的，但我们似乎从未有过最基本的灾难应急计划。多年来，我完全赞同这是一件好事，但就是没有去做。妨碍因素不是钱——应急计划总的开支甚至还不到购置一台电视的三分之一。真正的问题是，觉得这有些无聊。我们最喜欢拿着手机保持着植物人的姿态傻傻地看着。这需要耗费时间，尽管我们常常抱怨缺少时间。由于被工作、养育孩子和其他被认为是必须的事情所困扰，我们不愿用仅剩下的一点时间来准备应对未知的灾难。

　　但我最终还是去做了。在这样做的时候，我感受到了灾难预言家们所说的：在准备过程中，你会找到慰藉。这其实很有意思。假如你有孩子，你可以花一个下午的时间来做这件事，和他们一起去购买必要的设备。这会稍带点冒险的感觉，你们可以讨论一旦危机降临要一起做些什么。于是我们做到了尾部风险管理，同时不会对当下的生活造成负担。这便是态度的问题。

疫情严重时我实际上购买了 14 天的干粮，而不是推荐的 3 天。我一生中从未经历过这种情况，但我毫不犹豫地设想国际贸易的崩溃，这是现代社会的薄弱环节之一。我相信灾难预言家们所说的，当被剥夺了供应品时，我们只需 72 小时就会退化成动物。如果人们为抢购卫生纸大打出手，想象一下接下来会发生什么？我把界限定在了 14 天，是因为两个星期后，权力机构要么已经设法做出反应，使基本的生活用品供应重新恢复；要么它们已经完全瘫痪了。在这种情况下，我们将走向一个没有法治的世界，我无意为此做准备。到那时，我们只能随机应变，我知道自己很可能撑不了多久。注意，我其实并不太关心什么会导致贸易的中断。许多种类的黑天鹅都可能带来这样的结果，至于是哪一种引起的并不重要。这是黑天鹅发挥可怕影响力的领域，所以我选择它构建了上述情景。

总而言之，我已经为疯狂不确定性做了一点点准备。这种感觉很好，我们可以继续专注于生活和工作，同时让自己更具有灵活性，而代价却完全可以忽略不计。与此同时，我不会认为这个计划是万无一失的，可以完全高枕无忧。像以往任何时候那样，我们要认识到自己对于预测事物如何发展的局限性，虚怀若谷。或许隔壁的好心老太太会在苦难中的某一天将枪口指向我，抢走我的物资。相对于应急计划，这将是另外一只黑天鹅。风险往往不会因为我们对它的反应而消失，只会换一种形态出现。但至少我针对黑天鹅的准备工作是有意义的，它让我开始思考，并根据得出的结论采取行动。在我看来，无论如何，这些都是风险管理的范畴。

后 记

  公司也应该采取这样的路线,为尾部风险做一些必要的准备,从而保护公司当前已经创造的价值,但所采取措施的成本不能影响商业目标的达成。诸多因素使企业领导者不愿意为难以预见的事故做好准备。为了动员人们采取行动,他们需要明朗自己的观点,进行讨论与对话。在本书中我一直强调,制订风险预防计划从经济角度看是有其必要性的。它有效地防止了企业遭遇被毁灭或战略破坏的可能性,当然这不应该影响到其他业务的展开。如何平衡双方的关系是对决策者的考验。就我来说,为了避免让孩子们处于困境,促使我采取果断的行动。企业领导者同样应该意识到,许多人与公司的战略方针密切相关——如果公司经营失败,员工、供应商以及客户的利益都会受到损害。虽然在经济方面高管们已经赚得盆满钵满、衣食无忧,但是许多其他权益人并非如此。失败的重担会压在他们身上。那么,你是否足够关心他们?你会继续进行由债务资助的收购吗?即使它明显地让公司利益受损。你会为了兑现每股收益有关的奖金而将杠杆率提高至1∶30吗?你是否会把成本压到最低,而这样做会削弱他人的抗风险能力?你这样做的动机是什么?

  莱尔德·汉密尔顿(Laird Hamilton)是一位传奇的冲浪者,他更懂得如何正确评价颠覆式创新和由此带来的巨额回报,他对卓越的创新有着如下看法:

>   一切伟大的成就都烙有创造者性格的印记。你是谁?你是否关心他人?当发现有人在生死挣扎,你是否会放下手头的工作,施以援手?你是一个有原则的人,还是投机主义者……假如你在诚信方面有太多的不良记录,那么你的书架子上装饰了多少奖杯都没有意义。[1]

---

[1] 参考汉密尔顿所著的《自然之力:身体、灵魂与冲浪》(*Force of Nature: Mind, Body, Soul, and, of Course, Surfing*)一书。

The Black Swan Problem：Risk Management Strategies for a World of Wild Uncertainty

ISBN：9781119868149

Copyright © 2022 by Håkan Jankensgård

Simplified Chinese version © 2023 by China Renmin University Press Co., Ltd.

Authorized translation from the English language edition published by John Wiley & Sons, Inc.

Responsibility for the accuracy of the translation rests solely with China Renmin University Press Co., Ltd. and is not the responsibility of John Wiley & Sons Inc.

No part of this book may be reproduced in any form without the written permission of the original copyright holder, John Wiley & Sons Inc.

All Rights Reserved. This translation published under license, any another copyright, trademark or other notice instructed by John Wiley & Sons Inc.

本书中文简体字版由约翰·威立父子公司授权中国人民大学出版社在全球范围内独家出版发行。未经出版者书面许可，不得以任何方式抄袭、复制或节录本书中的任何部分。

本书封底贴有 Wiley 激光防伪标签，无标签者不得销售。

版权所有，侵权必究。